SDGs時代の
グローバル開発協力論

開発援助・パートナーシップの再考

重田康博・真崎克彦・阪本公美子 編著

古沢広祐・平山 恵・林 裕・髙橋清貴・齋藤百合子・西川 潤 著

明石書店

序　文

　前世紀末、国際開発は袋小路に入ったように見えた。順調に成長しているかのように見えた東アジアは経済危機に陥り（1997年）、アフリカはHIV／エイズへの有効な対抗策を見出していなかった。旧ユーゴスラビアではほぼ10年紛争が続いており、世界銀行やIMF、WTOに対する市民社会の反発も強かった。

　しかし新ミレニアムに入り、ミレニアム開発目標（MDGs）を目指して貧困削減への努力がなされた2000年〜2015年の間には、援助協調への取り組みや、抗エイズ薬の無償配布、天災や紛争に対する緊急支援体制の整備、携帯電話などIT技術の広範な普及等々の成果が上がってか、世界では広く、貧困削減や初等教育普及、保健指標の向上が看取されるようになった。MDGs時代は、国際開発が一定の成果を示した時代と言える。

　2015年にはMDGsが持続可能な開発目標（SDGs）に移行することとなったが、このSDGsが対象範囲とする2015年〜2030年の期間は、貧困削減や援助協調といった言わば理想主義を前面に掲げられたMDGs時代と異なる様相を呈し始めている。中国など非OECDドナーの台頭によってOECD諸国主導の援助協調は退潮し、2017年のアメリカ・トランプ政権の発足から「〇〇ファースト」という言葉が乱発される一国中心主義が世界のいくつかの国の行動指針となってしまっている。

　このようにグローバル開発協力は、MDGs時代に一定の成果を上げたものの、2015年を始まりとするSDGs時代には、様相を異にした課題が現れていると言える。全体として貧困層の底上げは成しえたものの、いくつかの側面で不利に直面している人々は、現在でも深刻な貧困や暴力、人権侵害に苦しんでいる。そういった「不利」を被っている人々としては、女性、子ども、高齢者、少数民族、難民、外国人労働者、障害者などが挙げられる。彼らの「不利」は、紛争、天災、差別、暴力、強制退去などによってより強調される。

本書、重田康博・真崎克彦・阪本公美子編『SDGs時代のグローバル開発協力論―開発援助・パートナーシップの再考―』は、これらSDGs時代の新しい開発課題に着目し、議論を展開している。特に、紛争、暴力、災害、人身取引、援助プロジェクトによる住民の強制立ち退き等による、脆弱層の貧困化、人権侵害、格差拡大に分析の焦点が当てられている。これらは2030年までを展望する国際開発の課題として重要なものである。本書の議論に基づき、日本国内で、さらには国際社会において関心が高まり、グローバル・パートナーシップの下に対策が進められることを期待する。

　本書は国際開発学会の「開発経験の実証的考察を通した発展・開発のあり方の再考」研究部会の研究成果の一部である。当学会の活動の成果が本書のような形で、多くの読者の目に触れ、それによって世界の国際開発が幾分でも望ましい方向に進展するのであれば、それが当学会の求めるところである。出版に至るまでの編者、執筆者、編集者等関係各位の尽力に、心より感謝したい。

2019年9月

国際開発学会会長
立命館アジア太平洋大学教授
山形辰史

はじめに

　2010年以降日本を取り巻く国際環境は大きく変化しています。G7の時代からG0（ゼロ）さらに中国やインドの新興国が台頭し、2008年の世界を揺るがせたリーマン・ショックと共にG20の時代が到来し、米国のトランプ大統領の登場と共に、気候変動抑制に関するパリ協定からの離脱、米中貿易摩擦など第2次世界大戦以降国連を中心に人類が築いてきた、国際協調、安全保障、貿易交渉の枠組みなどが大きく崩れようとしています。このような国際環境の変化の中で、開発援助も大きな転換期に差し掛かっており、これまでの開発援助の再考が求められており、開発援助に代わり「開発協力」という用語が使われるようになっています。

　さらに、現在の開発協力の世界では、「パートナーシップ」や「グローバル・パートナーシップ」という開発アプローチが求められるようになっています。これは2015年9月に採択された「国連持続可能な開発目標（Sustainable Development Goals、以下SDGs）」のゴール17の目標が「グローバル・パートナーシップ」の活性化を目指していることも影響していますが、開発協力を行う場合もはや一つのアクターが単体で支援や協力のアプローチをするのではなく、他セクターやマルチステークホルダーとのパートナーシップ方式で協力する事例が多くなっています。

　本書は、このような「SDGs時代のグローバル開発協力」に焦点をあてた国際開発学会「開発経験の実証的考察を通した発展・開発のあり方の再考」研究部会の2015年度から2019年度までの主な研究報告の内容をまとめたものです。本書を発行した本研究会の発足の経緯は、2011年3月11日の東日本大震災を契機に、同年12月23日の「原発震災から再考する開発・発展のあり方」研究部会（於：東京外国語大学本郷サテライト）が立ち上がったことです。この研究部会は、原発事故が人びとの日常生活に与える影響やその背景にある構造について研究を進め、日本ひいては途上国の開発・発展、そして開発協力・国際協力のあり方について考察することを目的としました。

本研究部会は2014年まで続き、2015年度からは国際開発学会「開発経験の実証的考察を通した発展・開発のあり方の再考」研究部会と新たに名称を改め、2015年から2016年は「世界の格差・貧困問題の新たな地平―資本主義・経済開発を見直す」のテーマに実施し、2017年から2019年までは「グローバル開発協力を考える」をテーマに開催しました。名称を変更した本研究部会は、原発震災から得られた教訓を開発研究全般にフィードバックさせることを通して、国際開発学会の主たるテーマである途上国開発の諸課題を批判的に実証し、同時に開発のあり方やガバナンスとしての国家や市民社会など開発のアクターのあり方を検証し、グローバル開発協力における開発の課題やアクターの役割を問うことを目的にしています。

　本書は、これまでの開発協力・対外援助を見直し、南と北の諸国間、二国間の援助を超えた、「グローバル開発協力」の視座と実践について検証しています。そして、開発協力・対外援助の問題からその限界が近づいているといわれる中で、各執筆者からの具体的な事例を通じて「グローバル開発協力」とは何かについて、読者の方々と一緒に考えていくことを目指しています。本書の「グローバル開発協力」の考え方の要点は、①地球規模の視点を持ち、人間開発、社会開発、草の根参加アプローチへ転換すること、②SDGsに貢献するグローバル・パートナーシップを目指していくこと、③「人間の安全保障」の視点を取り入れること、④民主主義的価値と政策環境を改善(Enabling Environment、市民社会スペースの確保)すること、の4点です。

　本書の内容は、第1部の「戦後の開発援助の変化とグローバルな貢献」(序章～第2章)では、開発論、開発協力・対外援助の問題と見直し、SDGs時代のグローバルな開発協力のあり方について考えています。第2部の「開発援助の再考」(第3章～第5章)では、紛争と難民、復興支援、農業開発の3つの事例を取り上げて、援助を再考します。第3部は、「世界の貧困と格差問題」(第6章～第8章)として、国連や世界の多くの国々が2030年までにSDGsの達成を目指す中、実際には国内の貧富の格差が拡大する国、都市と農村の経済格差が拡大する国、土地問題や土地紛争で住民の人権が脅かされている事例を取り上げます。最後に第4部は、「グローバル開発協力への展望」(終章)として、国益優先の時代を超えて、担い手間の「共感」や「協働」を醸成

するSDGs時代のグローバル開発協力のあり方を考えています。本書の最後には、昨2018年スペインで亡くなられた西川潤先生（早稲田大学名誉教授、元国際開発学会会長）の1997年の本研究部会の「開発と倫理―倫理的開発学を目指して―」の報告をご遺稿としてご家族の了解を得て補章に掲載させていただいています。

　2019年8月29日に横浜で開催された「第7回アフリカ開発会議（通称：TICAD7）では、その規模の大きさと華やかさと共に、盛んにパートナーシップという用語が使われていました。2019年のTICAD7の首脳などの議論の中では、「アフリカはこれから援助ではなく企業による投資やビジネスの時代だ」や「質の高いインフラ投資」を行っていくなどの声が多く聞かれました。アフリカの現状を考えると本当にそれでいいのでしょうか。企業による投資やビジネスの必要性も認めつつ、その一方でアジア、アフリカなど世界の途上国には貧困者、脆弱者、難民や避難民など不条理な状況で生活せざるをえない人々がまだまだ存在しています。今後本書で紹介されているような本当の「グローバル開発協力」の必要性が問われています。

　本書は、そのような問題意識を基に、9人の経験豊富な研究者が開発援助やSDGsを批判的に実証し、フィールド調査や現場体験に基づいて執筆したものであることを強調しておきます。

2019年10月

国際開発学会「開発経験の実証的考察を
通じた発展・開発のあり方の再考」研究会
編著者を代表して
重田康博
真崎克彦
阪本公美子

SDGs時代のグローバル開発協力論
―開発援助・パートナーシップの再考―

目　次

序　文　　　　　　　　　　　　　　　　　　　　　　　　　3
はじめに　　　　　　　　　　　　　　　　　　　　　　　　5

第1部　戦後の開発援助の変化とグローバルな貢献　　11

序　章　SDGs時代の開発協力を考える　　12
   Ⅰ　本書の問題意識の背景と目的　　12
   Ⅱ　グローバル開発協力を考える　　14
   Ⅲ　本書の基本方針と構成　　27
 おわりに　　31

第1章　戦後の開発論の変化とグローバルな貢献
　　　　　―日本の政府開発援助（ODA）を事例として―　　32
   Ⅰ　開発論の変化　　32
   Ⅱ　政府による開発協力の変化とグローバルな貢献
　　　　―― 日本のODAを事例として　　44

第2章　SDGsと世界を変える新たな枠組み　　52
 はじめに　　52
   Ⅰ　国連の新目標（SDGs）に内在するさまざまな側面　　54
   Ⅱ　持続可能な開発・発展は、何を目指すのか　　57
   Ⅲ　世界を変革するためのビジョン　　65

第2部　開発援助の再考――事例編1　　71

第3章　紛争・難民時代に考える「開発協力」
　　　　　―日本の自立によるグローバルな協力を目指して―　　72
   Ⅰ　「SDGs」の流布と「文化的暴力」？　　73
   Ⅱ　SDGs達成のために見過ごせない紛争・戦争　　75
   Ⅲ　「難民支援」の「人道支援」へのすり替え　　77
   Ⅳ　紛争・戦争と開発を考える　　82
   Ⅴ　開発と倫理 ―― 武器輸出という戦争加担　　83

	VI	グローバル市民科学の可能性	85
	おわりに		90

第4章　「開発援助を評価する援助関係者」を考える
──アフガニスタンをめぐる復興・開発援助── 93

はじめに　93
 I　開発援助の再考？　95
 II　「援助関係者の認識」
　　──アフガニスタン復興・開発援助を再考する私たち　96
 III　自らを囲い込む援助
　　──開発援助を「プレゼンス」という名で解釈する　99
 IV　治安のギャップ
　　──私たちの見る紛争影響国とそこに暮らす人々の見る生活　103
おわりに　107

第5章　主権者を置き去りにする援助
──モザンビーク農業開発プロジェクトからの再考── 111

序論　111
 I　プロサバンナ事業とは何か？　113
 II　プロサバンナの背景
　　──食料安全保障とアグロ・フードレジームの再編　116
 III　プロサバンナ事業とともに成長する農民　119
 IV　「主権者」となる農民　124
結論　128

第3部　世界の貧困・格差問題──事例編2　133

第6章　人身取引課題から開発を再考する
──メコン地域の事例から── 134

はじめに ── 人身取引課題における「グローバル開発協力」　134
 I　メコン地域における人身取引の現状　134
 II　人身取引対策を推進するアクター　143
 III　人身取引課題に取り組むアクター：NGO　147
 IV　LPNから見るSDGsと「人間の安全保障」　151
結論　人の移動と人身取引　153

第7章　アジアの格差・貧困問題に関する考察
―カンボジアにおける日本のNGOによる支援活動を事例に― …158
はじめに …158
- I　カンボジアの政治・経済の現状 …160
- II　カンボジアの農村の貧困・格差の原因 ――「新しい貧困の罠」 …165
- III　シュムリアップ県における農村の貧困問題と日本のNGOによる農村開発支援活動調査の考察 …168

おわりに …174

第8章　トップダウンの開発と住民の相互扶助や在来知
―タンザニアにおける事例から― …177
本章のねらい・目的 …177
- I　トップダウン・外部依存型開発の功罪 …178
- II　住民の自助努力と相互扶助 …186
- III　在来知・在来資源の活用 …189
- IV　私たちの役割とSDGs …193

第4部　課題と展望 …197

終章　グローバル開発協力への展望
―SDGs時代に「協働」や「共感」をどう醸成するのか?― …198
- I　はじめに ――SDGs時代の課題 …198
- II　「協働」や「共感」の醸成 ――事例が浮き彫りにする難しさ …201
- III　グローバル開発協力の役割 ――人間の自然な感情の発露 …206
- IV　まとめ ――「協働」と「共感」の醸成に向けた道筋 …211

補章　開発と倫理―倫理的開発学を目指して― …216
はじめに ――なぜ倫理的開発学が必要か? …216
- I　開発と倫理性 ――二重の意味 …216
- II　倫理的開発の探究 …219
- III　開発学の新しい地平 …220

資料 …225
　持続可能な開発目標（SDGs）指標 …226
　国際開発学会（JASID）「開発経験の実証的考察を通じた発展・開発のあり方の再考」研究部会の開催記録（2011年度 – 2019年度） …250

あとがき …252
索　引 …255

第 1 部

戦後の開発援助の変化とグローバルな貢献

序　章　SDGs時代の開発協力を考える

重田康博

キーワード　貧困、開発、格差、ODA、SDGs、グローバル開発協力
SDGのゴール　1から17

Ⅰ　本書の問題意識の背景と目的

　本書の編者者が立ち上げた、国際開発学会（The Japan Society for International Development：JASID）「開発経験の実証的考察を通した発展・開発のあり方の再考」研究部会は、2011年3月11日東日本大震災における原子力発電所の事故が発生し、事故の放射能被害を受け、強制あるいは自主避難した人びととの日常生活に与える影響やその背景にある構造に関して研究を進め、日本ひいては途上国の開発・発展、そして開発協力・国際協力のあり方について考察してきた。その過程で、経済成長至上主義や科学技術信奉に根差した、「後れた」状態を「進んだ」状態にしようとする単線的な発展・開発観の問題点が明らかにされた（本書250-251頁参照）。
　本書は、これまで本研究部会が行ってきた、「世界の格差・貧困問題の新たな地平─資本主義・経済開発を見直す─」の研究に、新たに「グローバル開発協力」の視点を取り入れてまとめたもので、原発震災から得られた教訓を、開発研究全般にフィードバックすることを期して、国際開発学会の主テーマたる途上国開発の諸課題を批判的に実証し、同時に復興支援、参加型開発など開発のあり方やガバナンスとしての国家や市民社会など開発のアクターのあり方を検証し、開発論、開発協力を見直し、持続可能な開発目標（Sustainable Development Goals：SDGs、以下SDGs）時代のグローバル開発協力

のあり方を考えることを目的にしている。ただし、本書では、単にSDGの肯定面だけを取り上げるのではなく、SDGsの効果やプロセスについて批判的検討も行う。

　以下本章では、SDGs時代の開発協力のあり方を考察するために、なぜグローバル開発が必要なのかを戦後の対外援助の変化、その問題と限界を振り返り、それを踏まえて、本書の基本方針と構成を紹介する。本書の援助に関連する用語の表記については、『国際協力用語集（第4版）』（国際開発ジャーナル社 2014, 41-42頁）を参考に以下の通り定義する。「国際援助（International Aid）」は、ある国に対して外国または国際機関から特定の目的を持った資金技術的支援をいい、特定目的には軍事目的・非軍事目的の双方を含み、資金技術的支援には贈与・借款の双方を含む。「開発援助（Development Assistance, Development Aid）」は、上記の国際援助のうち、開発途上地域・諸国の経済社会開発および福祉の向上を目的として供与する援助をいう。「**政府開発援助★**（Official Development Assistance：ODA、以下ODA）」と国際機関による公的援助、NGOによる援助がある。「開発協力（Development Cooperation）」は、上記の開発援助に加えてその他の政府資金の流れ（Other Official Flow：OOF）と民間資金（輸出信用・直接投資・証券投資・国際機関融資などを含むPrivate Flow：PF）の流れを統計したものをいう。同様に国際開発学会の『国際開発学事典』(2018) の「『開発協力』とは何か」（下村恭民）の説明では、開発協力は公的部

政府開発援助（ODA）：ODAは、政府によって行われる開発援助のことである。開発援助委員会（DAC）によると、ODAは次の3条件を満たすものをいう。第1に、政府や政府機関により、開発途上国及び国際機関に対して供与されるものであることであり、国際協力に寄与するものである。第2に、開発途上国の経済開発及び福祉の向上に寄与することで、途上国の貧困問題に貢献するものである。第3に、供与の条件が特に緩和されたもの（グラント・エレメントが25％以上）であることであり、途上国の経済開発や供与の条件が緩やかであることをいう。外務省によるグラント・エレメントの説明は、援助条件の緩やかさを示すものであり、典型的な商業条件（金利10％と仮定）の融資の場合はグラント・エレメントが0％ないしは低い値であり、金利が低下し返済期間や返済据置期間が長期化するに従って、つまり援助返済条件が緩和されて商業条件が遠くなるにつれて上昇すると述べている。金利支払いや返済の必要のない贈与はグラント・エレメントが100％である。政府開発援助の種類は、二国間援助と多国間援助がある。二国間援助は、贈与（無償資金協力）があり外務省、JICAによって行われ、技術協力はJICAによって、貸付（有償資金協力、円借款）はJICAによって実施される。一方、多国間援助は、多国間開発銀行（例えば世界銀行、国際通貨基金、アジア開発銀行など）、国連諸機関（例えば国連開発計画（UNDP）、ユニセフ、ユネスコ、国連難民高等弁務官事務所（UNHCR）など）がある。

門と民間部門の役割分担や連携が重要な政策課題として認識されていると述べ、開発協力をODAという狭い概念ではなく、NGOを含む民間部門の活動を視野に入れた広い概念で捉えようしている（477頁）。そこで本書では、「開発援助」という時は現状の援助の状態を指し、「開発協力」という時は今後の展望を含んだ協力のあり方を示す。その他、各章の著者によって、「国際協力」、「対外援助」、「国際開発」と表記する場合もあることを付記しておく。

II　グローバル開発協力を考える

1　第二次世界大戦後の世界の対外援助の変化

グローバル開発協力を考える前に、第二次世界大戦後の対外援助の変化と課題を考えてみたい。戦後の世界の対外援助は、欧米諸国や日本がアジア、アフリカ、ラテンアメリカなどの発展途上国へ行ってきたが、その対外援助の変化を俯瞰すると、時代の変化とともに、次の様に大きく4つに分けることができる。

第1に、冷戦時代から冷戦後の対外援助の変化である。

第二次世界大戦後、国家によって行われる対外援助は、東西冷戦の影響を大きく受けてきた。戦後米国や世界銀行による援助は、欧州や日本など西側諸国の復興に向けられ、その後これらの諸国は経済協力開発機構（Organisation for Economic Co-operation and Development：OECD）の開発援助委員会（Development Assistance Committee：DAC、以下DAC）諸国としてアジア、アフリカ、ラテンアメリカの西側資本主義を目指す国々に向けられたのに対して、ソ連による援助は東欧諸国の復興に向けられ、その後アジア、アフリカ、ラテンアメリカの社会主義・共産主義諸国を目指す国々に向けられた。しかし、ソ連と東欧諸国の崩壊とともに1991年東西冷戦は終了し、欧州復興開発銀行は東欧諸国を支援し、DAC諸国はかつて社会主義・共産主義を目指した国々を支援するようになる。

その一方、共産党一党独裁国家である中国、ベトナムなど社会主義国は資本主義的経済政策をとり大きく経済発展し、中国は現在「**一帯一路構想★**」の下にアジア、アフリカ諸国に多額の融資や投資を行い、**アジアインフラ投**

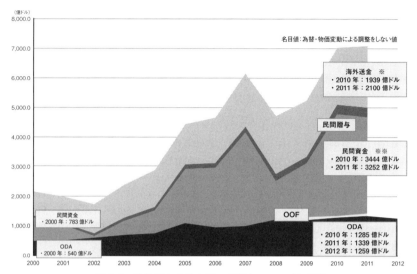

図 0-1 先進国から途上国への資金フロー（名目値）

※ 海外送金については、先進国から途上国への資金フローに限定するデータが存在しておらず、先進国から世界全体へのOut Flowの総額を計上している。
※※民間資金の内訳は2011年の総額に対し、対外直接投資が約2182億ドル、金融部門による証券投資・輸出信用（融資）が約745億ドル、非金融部門による証券投資・輸出信用（融資）が約421億ドル、公的債務救済に伴う回収が約▲2億ドル、複数国向け民間資金フローが約▲93億ドルとなっている。

出典：外務省（2014）『開発協力大綱（案）に対する公聴会参考資料』5頁
https://www.mofa.go.jp/mofaj/gaiko/oda/files/000071281.pdf（2019年8月20日閲覧）

資銀行★（Asian Infrastructure Invesement Bank：AIIB）を設立するなど大きな影響力を持つようになっている。

　第2は、政府開発援助（ODA）から開発協力への変化である。戦後、ODAは拡大してきたが、近年DACやDAC諸国はODAではなく開発協力と呼ぶようになっている。さらに、図0-1の先進国から途上国への資金フローの

　一帯一路構想：中国の習近平国家主席が2013年に提唱した中国による国内および海外経済インフラ計画の構想である。構想は中国から中央アジア経由で欧州までの陸路による「シルクロード経済ベルト（一帯）」と中国からインド洋を経てヨーロッパまで海路による「21世紀海上シルクロード（一路）」による2つから構成される。これに伴い、400億ドルのシルクロード基金の設立を目指している。
　アジアインフラ投資銀行（AIIB）：2010年以降中国は一帯一路構想を打ち出し貿易、投資、援助を一層拡大させ、2015年6月29日に中国主導の創設メンバーによりAIIBを創設した。2015年12月には加盟国はドイツやイギリスなど57カ国になったが、アジア開発銀行を主導する米国と日本は参加していない。

通り、2000年にはODAと民間資金の額が余り変わらなかったのに、2011年にはODAに比べ民間資金と移民の送金が拡大し、民間資金はODAの2.5倍に増えている。現在ODAと民間資金を合わせた官民協力による開発協力が国際的潮流になりつつある。

　第3は、開発協力の援助の量から質への転換である。ODAの削減とともに、途上国のニーズも多極化・多様化し、アジアだけでなく一部のアフリカ諸国など経済成長を目指す途上国が増加した。DAC諸国のODA供与目的は、貧困削減だけでなく、途上国の経済成長を促進するような方向性になっている。技術協力に比べ、インフラ開発等ビジネス型開発協力の比重が拡大し、英国ではかつてのような無償資金協力だけでなく借款を含めた経済開発への協力を重視し、2013年カナダ、オーストラリアの国際開発庁は閉鎖され外務省の管轄となり、ノルウェーは同年開発協力大臣ポストを廃止した。日本は2008年に有償資金協力（円借款）部門を統合し、新しい国際協力機構（JICA）を発足させ、開発協力の質的な転換を目指した。

　第4に、国際アクターの変化である。二国間協力から多国間援助へと開発協力のアクターや協力の内容も多様化した。例えば、政府、国連、企業、NGO/CSOなど開発協力アクターが多様化し、多国間援助からパートナーシップ型援助が重視されるようになっている。2000年以降開発協力の援助効果や開発効果の議論もDACやNGOのオープン・フォーラムの場で行われるようになっている。

　また、DAC諸国（欧米諸国、日本）中心の援助から、韓国がDACに加盟し、新興ドナーの台頭、特に中国、インドの援助が拡大し、アジア、アフリカ、ラテンアメリカでの影響力を増している。今後先進国G7から新興国のE7（中国、インド、ロシア、インドネシア、ブラジル、メキシコ、トルコ）へと国際社会における位置が逆転するといわれている。

2　対外援助の問題

　このように第二次世界大戦後の世界の対外援助は、歴史の流れとともに、冷戦から冷戦後、政府開発援助から開発協力、量から質、国際アクターの面から変化をしてきたわけである。

しかし、このような対外援助には多くの問題があった。先進国、国際金融機関（世界銀行、国際通貨基金International Monetary Fund：IMF、以下IMF）による援助が結果的に、南北格差、貧困の格差を招き、環境破壊、生態系破壊、人権侵害、地元の腐敗等を助長してしまうこともあった。また、国連による「ミレニアム開発目標（Millennium Development Goals：MDGs）」や「持続可能な開発目標（SDGs）」など国際目標の達成の成果への批判や将来への展望への危惧等も指摘されている。ここでは、先進国によるODAや国際金融機関による対外援助の問題、MDGsやSDGsの様な国連による国際目標に関する批判を取り上げる。

（1）先進国の政府開発援助への批判

　先進国による政府開発援助への批判は、1980年以降からアジア地域やアフリカ諸国の国々で行われる開発プロジェクトに対して行われるようになった。特にダム開発など大規模インフラ開発は、住民の強制移転による人権侵害、森林伐採などによる環境破壊をもたらした。
　例えば、米国出身の政治経済学者スーザン・ジョージは『なぜ世界の半分が飢えるか―食糧危機の構造―』（1984）の中で、アメリカの食糧援助を批判し、元援助機関勤務のブリギッテ・エルラーは『死を招く援助』（1987）において、当時の西ドイツ政府による開発援助を告発している。また、日本でもフィリピンのマルコス大統領による日本のODAが絡む「マルコス疑惑」やJICA職員が絡む開発コンサルタントによる贈賄事件を契機に、市民グループ「問い直そう援助！　市民リーグ（REAL）」が発足されるなど日本の市民運動によるODA批判が展開される。その後、世界中の市民運動が展開されて、インドのナルマダ・ダムの日本の円借款が中止になり、日本のODAによる300億円の円借款の支援を受けたインドネシアのコタパンジャン水力発電所ダム建設によって強制立ち退きや環境破壊などの補償を求めて日本の外務省やJICAなどがインドネシア住民やインドネシアのNGO「インドネシア環境フォーラム（WALHI）」によって提訴され、初めての日本のODAをめぐる裁判闘争になった。このようなODAの問題を受けて、1990年以降、日本においても1992年にODAの理念として「政府開発援助大綱（ODA大綱、2015

年に開発協力大綱)」が制定され、またODAプロジェクトを行う際日本の政府機関が途上国住民の基本的人権や環境に関する適切な配慮の実施を行うための「**環境社会配慮ガイドライン★**」が2002年(円借款)、2004年(技術協力)に作成された。このようなODAによる人権侵害や環境破壊は、日本政府が提唱する「人間の安全保障」の理念とODA大綱や環境社会配慮ガイドラインを遵守することに反する。

(2) 債務問題から国際金融機関による構造調整プログラム批判へ

1980年代から1990年代にかけて、途上国が世界銀行やIMF、さらに先進国から借金して経済開発を進めるようになり、その借金が増大し債務となり、債務の返済不能という問題が発生した。最初の発端は、メキシコの累積債務危機だった。82年夏メキシコ政府が欧州の民間銀行から資金を借りて債務返済不能となり、巨額な累積債務となった。やがて、債務問題はラテンアメリカ諸国、アジア諸国、アフリカの諸国に拡大していった。債務問題の原因は、途上国が経済開発のための巨額な資金を必要とすること、途上国の輸出の減退や一次産品価格の低下による収入減石油価格の上昇や先進国の高金利政策による途上国の債務利子返済の増加等による。

累積債務問題は、途上国だけでなく、世界の金融市場の信用に影響し、80年代から90年代にかけて最大の国際金融問題となった。そして、債務危機の途上国政府に「救済融資」をするのは、IMFや世界銀行であった。IMFや世界銀行は、債務救済融資の見返りの政策条件として、「構造調整プログラム(Structural Adjustment Programs：SAPs、以下SAPs)」を実施した。SAPsは、債務削減のために、①外貨獲得の輸出拡大、②通貨切下げ、③貿易・外

環境社会配慮ガイドライン：国際協力機構(JICA)が行う環境社会配慮確認のためのセーフガード・ポリシーである。元々開発を目的としたプロジェクトは、環境や社会に負の影響を与える可能性があり、事業実施者(相手国等)のみならず、援助する側にも負の影響を与えない責任がある。負の影響についてガイドラインを定めることにより問題を回避・最小化・緩和しようというものである。JICAは相手国に求める要件を示すことにより、環境社会配慮の主体である相手国政府に対して、環境社会配慮ガイドラインに沿った適切な環境社会配慮を要請する。本ガイドラインにより、JICAは環境社会配慮支援・確認の適切な実施を目指す。2008年のJICAとJBICの海外経済協力業務の統合により、有識者委員会が設置され、2010年4月新ガイドライン案と異議申立手続要領案が策定され、施行された。

貨投資規制排除、④増税、⑤政府支出の削減、⑥教育や福祉予算抑制、⑦国営企業の自由化・民営化などを実施しなければならないが、結果的に途上国の教育、保健、福祉等財源を削減することにつながり、貧しい住民の生活は悪化した。構造調整プログラムは、債務を断ち切れない世界の重債務貧国の政府や住民を苦しめることになり、1990年代に入り債務帳消しを求める世界のNGOにより「ジュビリー2000キャンペーン★」が展開され、その後のG7による債務削減政策である「ケルン債務イニシアティブ」、世銀改革として「包括的開発フレームワーク（CDF）」を打ち出し、「貧困削減戦略ペーパー（PRSP）」作成につながる。

(3) ミレニアム開発目標（MDGs）と持続可能な開発目標（SDGs）の問題

国連「ミレニアム開発目標」（MDGs）は、2000年9月の国連総会で採択され、2015年までに8つの達成目標が示された（40頁参照）。開発目標の評価は、①極度の貧困半減、安全な飲料水へのアクセスなどは目標達成したが、②教育、母子保健、衛生などは達成困難な分野であり、③地域では、サブサハラ・アフリカ、南アジア、オセアニアの一部の地域や国では達成が遅れた、ということであった。MDGsには、貧困削減、特にサブサハラ・アフリカ地域の貧困削減の失敗、ポール・コリアーの『最底辺の10億人』が指摘する通り「貧困の主流化」、「アルカイダやISなどのイスラム過激派の拡大」、「経済成長、雇用、格差、人権、平和」の問題が入っていないという限界があった。

また、2015年9月に国連総会で採択された「持続可能な開発目標（SDGs）」は、MDGsが2015年に達成期限を迎えるにあたり、環境保護を中心とする持続可能性（Sustainability）と開発の両者を追求する開発目標であり、17の目標と169のターゲットからなり、2015年9月からSDGsとして2030年までの

ジュビリー2000キャンペーン：旧約聖書に書かれた1000年に一度を特赦の年として、2000年を節目にアフリカなど貧しい国々の債務（借金）を帳消しにすることを目指したNGOによる世界的なキャンペーン活動である。ジュビリー2000は、重債務貧困国（HIPICs）を対象にG7諸国、IMFや世界銀行が持つ債務を削減するため、1999年に開催されたケルンで開催されたG7サミットでは、市民社会、労働組合、キリスト教などの関係者などが協力し、世界160カ国、約1700人の署名を提出し、拡大HIPICイニシアティブなどG7政府、多国間銀行の債務帳消しに貢献した。多額の債務を持つ日本政府も批判を浴び、2000年の沖縄サミットを経て2002年に重債務貧困国が持つ9000億円の債務を放棄した。

達成を目指している (42頁参照)。しかし、SDGsは採択されてすでに4年の月日が流れたが、法的な拘束力がなく、「誰一人取り残さない (Leave no one behind：LNOB)」は上から目線で「誰も取り残していく」のではないかという危惧を持たれている。特に世界レベルでの中国や新興国のインフラ開発や対外支援が進み、カンボジアなど中国からの対外支援を受けた途上国は、経済成長を達成し、欧米諸国やIMF・世銀からの援助や民主的な選挙を避けて、権威主義的国家になりつつある。筆者 (重田) のカンボジアにおける2018年の調査では、中国やカンボジアではSDGsの実現にはあまり熱心ではないという声も聞いたが、世界の状況を見てもSDGsの実現に熱心でない国々はこれらの国々だけではないかもしれない。

3　なぜグローバル開発協力なのか？

　21世紀以降国際社会は、豊かになり、貧困は削減されたであろうか。2000年以後国際社会は、グローバリゼーションが進行し、経済、文化、情報、人の移動が世界中で拡散し、かつては貧しい国といわれたアジア、アフリカ、ラテンアメリカの国々でも経済が成長し、一定程度の貧困削減ができた国がある。2008年には世界的な金融危機が発生し、世界経済におけるG7の影響力が低下する一方、中国、インド、ブラジルなども新興国が台頭し、対外援助を拡大していく。これらの新興国は新たに組織されたG20のメンバーになる。新興国の中でも、特に中国は近年「一帯一路」構想により、その経済力や安全保障政策を世界レベルで拡大し、その影響力は米国の存在を脅かす存在にまでになっている。

　その一方、2000年以後のグローバル化は世界に負の影響を与えている。世界レベルの急速なグローバル化は、途上国国内の富裕層と貧困層、都市生活者と農村生活者の格差、出稼ぎ農民・移民を生み出している。このような欧米諸国主導のグローバル化への反動として、イスラム過激派テロ組織アルカイダによる2001年9月11日の米国同時多発テロ事件を契機に、今日まで未曾有の国際テロ組織による危機が発生している。米国の対テロ戦争宣言後、米英軍の侵攻によるアフガニスタン戦争、イラク戦争が開始され、国際テロ組織アルカイダやイスラム国 (Islamic State：IS) により世界中で暴力に

よる襲撃事件が引き起こされた。その後のシリア国内の内戦の影響で大量のシリア難民が欧州へ流入し、その他ミャンマー国境からバングラデシュ国境沿いに避難したロヒンギャ難民、南スーダンをめぐるスーダン難民、南北イエメンでのイエメン難民など、世界中で難民が発生している。この時代に登場した米国トランプ大統領は米国第一主義をアピールし、英国は国民投票によるEUからの離脱（Brexit、ブレグジット）を発表後、合意なき離脱をするのかどうかで混乱しており、世界の一部の政治家が流入する移民・難民に対して排外主義を口にし、ポピュリズム（民族主義）が台頭し、世界の国々の民主主義が脅かされている。

　このように今日世界の各地で、分断、孤立、排除、隔絶による未曾有の危機が押し寄せ、第二次世界大戦という暴力と悲劇に対する反省から国連を始め多くの国が目指してきた「国際協調主義」と移民・難民を受け入れる社会を形成していく「多文化・多様性社会」が脅かされている。

　このような世界の分断時代に開発協力やそのアクターが果たす役割とは何か、開発協力は本当に難民などへの人道支援や貧困削減に貢献してきたのか、逆に援助が貧困や格差を生み出すことはなかったのか、援助によって住民や先住民族を従来から住んでいた土地から追い出すことはなかったのか、本書ではこれまでの開発協力が急速な市場経済化、国益優先化により、世界大で経済や地域の不均衡をもたらし、格差や貧困、戦争をもたらすことはなかったのか、そのような開発援助を再考する。そして、国益優先援助、経済インフラ援助とは異なるグローバル開発協力の視座と実践のあり方を求めることが本書の目指すところである。

4　グローバルに考え協力するという考え方の登場と変化

　次に、グローバルに考え協力するという考え方の登場と変化について、1960年以降世界の国や人々、さまざまなアクターが、先行研究を紹介しながら振り返りたい。

　最初に、バックミンスター・フラーが1968年に『宇宙船地球号操縦マニュアル』という本を出版し、その中でグローバルに考える「宇宙船地球号」という思想を紹介し、人類が直面している地球的諸課題を包括的に捉え、工学

者・技術者・建築家の観点からその解決の方向性を探っている。以降、「宇宙船地球号」という概念は、経済学者ケネス・E・ボールディングなど多くの研究者によって紹介されるようになっていく。

次に、地球の構成員として、さまざまなアクターが一緒に考え協力していく「グローバル・ガバナンス」や「パートナーシップ」の考え方が提示される。1992年ブラジルのリオデジャネイロで開催された「国連環境開発会議」(United Nations Conference on Environment and Development：UNCED、環境と開発に関する国連会議、略称地球サミット)には、世界約180カ国政府代表、国連や世界銀行などの国際機関、NGOが参加し、「持続可能な開発」とそれを実現するための国際協力の方策が討議され、地球温暖化防止のための気候変動枠組み条約、生物多様性条約、森林保全等に関する原則声明などが合意され、多くの分野で成果を出した。さらに「持続可能な開発」を進める方法として、政府、国連機関、NGO、企業、労働組合、大学などそれぞれに役割があることが確認された。この後、1995年グローバル・ガバナンス委員会は、これらの組織や個人が地球諸問題を解決していくという「グローバル・ガバナンス」の概念を紹介した。

また、1996年の「DAC開発援助戦略」(「21世紀に向けて：開発戦略を通じた貢献」)では、すべての人々の生活の向上を目指し、具体的な目標と達成すべき期限を設定し、目標を実現するためには途上国の主体的取り組み（オーナーシップ）と先進国および開発途上国が責任を分担し、共同の取り組みを進めていくこと、つまり「開発のためのパートナーシップ」の重要性が強調されている。

2000年代に入ると、2000年9月国連ミレニアム・サミットにおいて「ミレニアム開発目標（MDGs）」が採択された。MDGsは、2015年までに国際社会が達成すべき共通の行動指針として8つの目標を掲げ、その8つ目の目標の「開発のためのグローバル・パートナーシップの推進 (Develop a Global Partnership to Development)」では、国際開発のためのパートナーシップを強調して、7つのターゲットと政府開発援助、市場アクセス、債務の持続可能性などの指標をあげている。2002年8月に開催された「持続可能な開発に関する世界首脳会議」（ヨハネスブルグ・サミット）では、ヨハネスブルグ宣言、実施計画を採

択するとともに、国際機関、各国政府、NGOなど多種・多様な主体によるパートナーシップ・イニシアティブとしての「持続可能な開発のためのパートナーシップ（Partnerships for Sustainable Development）」が合意された。

また、「持続可能な開発目標（SDGs）」は、MDGsが2015年に達成期限を迎えるにあたり、環境保護を中心とする持続可能性（Sustainability）と開発の両者を追求する開発目標として、2015年9月に2030年までの開発目標として17の目標と169のターゲットが設定されたが、その17番目の目標として「（先進国と世界の責任）持続可能な開発のための実施手段を強化し、グローバル・パートナーシップを活性化させること」とされ、先進国の責任とされたMDGsと違い、先進国と世界の責任により、実施手段と持続可能な開発への地球規模のパートナーシップの強化を目指している。

このように、国際機関や日本などの政府が、「国際開発のためのパートナーシップ」という用語を使う時、表0-1の通り、途上国と先進国の協力、さらに、国家（政府）間の協力だけでなく、政府、国際機関、NGO、住民組

表0-1　国際開発のためのパートナーシップの考え方の事例

提唱者	年代	テーマ	内容
OECD「DAC開発援助戦略」	1996	「開発のためのパートナーシップ」	途上国への主体的取り組み（オーナーシップ）、先進国と途上国の共同責任・共同の取り組み
国際協力NGOセンター（JANIC）	1999	「NGO間のパートナーシップ」	アジアのローカルNGOと北のNGOによる共通目標に向けて開発に従事するメカニズム、両者による共通の課題の確認と対等な立場の協力
国連「ミレニアム開発目標」＝MDGs（目標：8）	2000	「開発のためのグローバル・パートナーシップの推進」	7つのターゲット（①貿易と金融、②最貧国のニーズ、③内陸国などのニーズ、④債務、⑤雇用、⑥必須医薬品、⑦情報・通信分野の新技術
外務省「2001年版ODA白書」	2001	「国際的開発パートナーシップの構築」「新たな官民のパートナーシップ」	多様な主体間の連携・協力政府、NGO、民間企業の連携
「持続可能な開発に関する世界首脳会議」（ヨハネスブルグ・サミット）	2002	「持続可能な開発のためのパートナーシップ」	国際機関、各国政府、NGOなど多種・多様な主体によるパートナーシップ・イニシアティブ
国連「持続可能な開発目標」＝SDGs（目標：17）	2015	「持続可能な開発のためのグローバルパートナーシップの達成」	先進国と世界の責任地球規模のパートナーシップの強化

出典：重田康博（2017）41頁

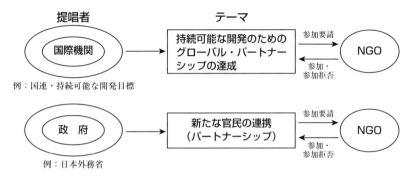

図 0-2　国際機関、政府と NGO のパートナーシップの関係性
出典：重田康博（2017）41 頁

織、自治体、民間など国際開発に関わるすべての要素（ファクター）を含んだ協力、協調、協働、連携を意味する。しかし、政府がパートナーシップという時は、官民の連携・協力を指すことが多いが、図 0-2 の通り、パートナーシップを通じて国際機関や政府の政策に関与するように、政府が国民や NGO に働きかけることを意味する場合もある。

　さらに、ピーター・シンガーは、倫理学の観点から『グローバリゼーションの倫理学（*One World :The Ethics of Globalization*）』（2005）の中で、「グローバルな倫理は国境で立ち止まったり、国境に多大の重要性を与えたりするべきでない」（186 頁）と主張し、「1 つの世界（One World）」という倫理的思考の基本単位を地球上の人々に拡大していくことを提案している。

　近年、デビット・ヒュームは『貧しい人を助ける理由─遠くのあの子とあなたのつながり─（*Should Rich Nations Help the Poor?*）』（2017）の中で、今従来からの対外援助が限界に近づいており、今後大きな見取り図を開き、地球的諸課題について支援を行う「グローバル開発協力」の必要性を述べている。ヒュームによれば、「国際開発（International Development）」は「グローバル開発（Global Development）」へと枠組変更されなければならないと述べ、金持ち国は貿易政策、環境管理、技術開発、労働移動、不平等の是正その他の政策を「一本化された政策群」として追求し、世界が安定と相互の裕福さと持続可能性に向かって進むことができるような、真の地球規模のパートナーシッ

プを作りださなければならないと強調している（同v-vi頁）。ヒュームは「一本化された政策群」として貿易政策などをあげているが、特に「開発協力」に焦点を当て「グローバル開発」のあり方を検討することが必要だと筆者は考える。

　一方、国内の先行研究として、上村雄彦（2014）『グローバル協力論入門』の中で、国家、国際機関、NGO、企業、自治体、個人など、地球社会のさまざまなアクターが個別に、あるいは連携・協力しながら、活動している実態と成果を分析し、よりよい連携や協力、ならびに地球規模問題解決のための政策をそれぞれのレベルで提言することを目指す課題解決型研究とする、グローバル協力論の学問研究の必要性を述べている（3頁）。

　以上先行研究を通して、グローバルに考え協力していくという考え方の変化を概観してきたが、本論の「グローバル開発協力」の考え方の要点を以下に整理していく。本書の「グローバル開発協力」の名称と思想については、2018年10月に亡くなられた西川潤（早稲田大学名誉教授、国際開発学会元会長）が本書の企画段階で唱えられたものである。西川は転換期の開発援助を日本とアジア（世界）で検証し、これまでの開発援助がグローバリゼーション下に進行する市場経済化、国益優先化により、世界大で経済や地域の不均衡、格差や貧困、戦争を拡大させているがゆえに、国益優先とは異なった「グローバル開発協力の視点と実践」が必要と述べている（2017年5月26日のメールより）。また、西川は「開発と倫理—倫理的開発学を目指して—」（2017年7月15日研究部会研究会　於：明治学院大学）の中で、開発倫理の提示として、①開発は南の世界に対してのみ適用されるのではなく、南北共通の課題である、②開発においてはすべての関係者が当事者であり、従って、開発に主体、客体の別を設けることは正しくなく、全員参加型の開発企画、実施、評価が必要となる、③多文化型の世界認識の仕組みを構築する必要があると述べ、これを倫理的開発学の課題としている。

　以上のことから、本書で扱う「グローバル開発協力」については以下の通り定義した。

第1に、地球規模の視点を持ち、人間開発、社会開発、草の根参加アプローチへ転換することである。つまり、国益中心の開発ではなく、経済開発、商業主義アプローチから人間中心の草の根参加主義アプローチへ変更していくアプローチである。西川が言う通り、開発においてはすべての関係者が当事者であり、全員参加型の開発企画、実施、評価が必要となる。また、ヒューム（2017）は「一本化された政策群」として貿易政策、環境管理などをあげているが、それに同意しつつ、本書の特色として「一本化された政策群」の中の「開発協力」に焦点を当てて「グローバル開発」をどう展開していくべきかを検討していきたい。

　第2に、SDGsに貢献するグローバル・パートナーシップを目指していくことである。SDGsへ貢献していくために、ローカルからグローバルまで担い手・アクター・取り組みの多様性・重層性を重視するべきである。MDGsからSDGsへとグローバルなレベルで貢献していくのである。

　第3に、「人間の安全保障」の視点を取り入れることである。この協力は、アジア、アフリカ、ラテンアメリカ諸国の人々の人権、権利、法を重視し、人権問題を援助政策へ反映させていく。

　第4に、民主主義的価値と**政策環境**★（Enabling Environment）の改善（市民社会スペースの確保）をすることである。権威主義国家が多い途上国において、民主主義的価値、政策環境、市民社会スペースが縮小しており、悪化する政策環境を平和的に粘り強く改善していくために、グローバルな開発協力およびグローバルな政策提言（グローバル・アドボカシー）が必要であり、グローバル開発協力はこの民主主義的価値と政策環境の改善を最終目標としていくべきである。

政策環境：国際社会では、市民社会のスペースの議論と並行してCSOやNGOの「政策環境」（Enabling Environment）についても「援助効果」や「開発効果」の議論が進んでいる。政策環境に初めて言及したのは、2008年の「第3回援助効果に関するハイレベル・フォーラム」で出されたアクラ・アジェンダ・アクション（Accra Agenda for Action：AAA）で、この時CSOの役割や政策環境について国際的に認知された。続いて、2011年にプサンで開催された第4回ハイレベル・フォーラムで採択された「効果的開発協力に関するプサン・パートナーシップ」の中でもCSOの役割と政策環境について述べている。今日CSOの政策環境は、市民社会スペースの確保やその縮小をめぐる議論と合わせて使われるようになっている。

Ⅲ　本書の基本方針と構成

　以上、SDGs時代の「グローバル開発協力」について、グローバルに考え協力するという考え方の変化を取り上げ検討した。
　次に、本書の基本方針と構成について触れる。これは、本書の基本的な枠組み、つまりフレームワークにあたるものである。

1　本書の基本方針

　まず、本書の基本方針として、以下の5点を挙げたい。
　第1に、開発の課題を取り上げることである。現実にある世界の開発問題の各国の事例を紹介し、読者に理解してもらうことである。そして、2030年までの達成を目指すSDGsのゴールのポジティブ面とネガティブ面の両方を取り上げ、SDGsの効果だけでなく課題も検討する。
　第2に、開発協力のアクターの活動の事例を紹介する。その実際のアクターの事例とは、開発の受け入れ国の政府、開発協力を行う先進国・BRICs諸国の政府、世界銀行、アジア開発銀行、国連機関、経済協力開発機構開発援助委員会（OECD-DAC）、市民社会（CSO、NGO、CBO）、企業などである。開発協力のアクターの実際の動きを読者に理解してもらうことである。
　第3に、国際レジーム・ガバナンスの動向である。開発協力やSDGsをめぐる国連など国際機関で確立され、検討されている国際秩序の体制や制度に関する動きを読者に知らせることである
　第4に、開発問題の解決の「出口」を考えることである。開発問題の解決を理想的に語るだけでなく、開発協力のアクターを通して開発の問題を解決するための実際の「出口」を検討することである。開発問題を解決するために、開発の行為者が開発協力を行うわけであるが、実際の現場では開発のさまざまな問題が存在する。開発のアクターがそれらの問題を克服し「出口」を見つけるために、どのような努力や協力をしているのかを読者は把握する。また、開発を進める上で、発展途上国で開発のアクターによる開発インフラ事業が進められているが、どのように行き過ぎた開発に歯止めをかけ、

その「出口」を見つけるのかを読者と考える。

第5に、グローバル協力の先行研究を踏まえ、グローバル開発協力について更に広く深く考えることである。すでに紹介した、上村 (2014) やヒューム (2017) 等も述べているが、今従来からの対外援助が限界に近づいており、今後大きな見取り図を開き、地球的諸課題について支援を行う「グローバル開発協力」のあり方を読者と共に考えることである。先に紹介した通り、本書の「グローバル開発協力」の考え方の要点は、①地球規模の視点を持ち、人間開発、社会開発、草の根参加アプローチへ転換すること、②SDGsに貢献するグローバル・パートナーシップを目指していくこと、③「人間の安全保障」の視点を取り入れること、④民主主義的価値と政策環境の改善(市民社会スペースの確保)すること、である。

2 本書の構成と各章の紹介

次に、本書の構成を紹介する。

まず第1部の「戦後の開発援助の変化とグローバルな貢献」(序章~第2章)では、開発論、開発協力・対外援助の問題と見直し、グローバルな開発協力について触れる。具体的には、第二次世界大戦後の開発論と新しい流れへの変化、SDGsの様なグローバルな貢献のための枠組みを考える。

第2部の「開発援助の再考」(第3章~第5章)では、紛争と難民、復興支援、農業開発の3つの事例を取り上げて、援助を再考する。

第3部は、「世界の貧困と格差問題」(第6章~第8章)として、国連や世界の多くの国々ではSDGsを進め2030年に貧困、飢餓、格差などをなくすことを目指しているが、実際には国内の貧富の格差が拡大する国、都市と農村の経済格差が拡大する国、土地問題や土地紛争で住民の人権が脅かされている事例を取り上げる。

最後に第4部で、「グローバル開発協力への展望」(終章)として、国益優先の時代を超えて、SDGs時代のグローバル開発協力のあり方を求める。

第1章(重田)は、第二次世界大戦後の開発を考え、開発とは何か、経済開発、社会開発など開発論の変化を見て、その事例として日本の政府開発援助 (ODA) を取り上げ、日本政府による「グローバル開発協力」のあり方を模

索する。

　第2章（古沢）は、グローバル化が進展する中で開発・開発協力の流れが、持続可能な開発へと向かう流れと世界を変えるための新しいレジームと枠組みについて検証している。最初に、国連のSDGsに関わるさまざまな動き、持続可能な開発・発展の動向、持続可能性の社会的公正の評価について述べ、今後のビジョンとして持続可能性の確保のために「公（行政）」「共（共同体・市民社会）」「私（企業）」の3つの社会経済セクターの形成と発展が進むなら、「グローバル開発協力」として多面的に展開することにつながり得るとしている。

　第3章（平山）は、開発援助の再考その1として、貧困と難民を生み出す事例から、紛争・難民時代にどのように対応するのか、シリア動乱をめぐる人道援助に焦点を当てながら「グローバル開発協力」のあり方を検討する。

　第4章（林）は、開発援助の再考その2として、国際援助の事例から、アフガニスタンをめぐる復興・開発援助を再考し、グローバル開発協力のあり方を検討。国際援助のあり方を再考し、開発援助を評価する関係者をどのように評価すべきか、援助関係者の認識について触れ、地方から姿を消し自らを囲い込む援助関係者自らのプレゼンスの変化、「治安の悪化」に伴う「援助関係者の安全」を最優先に対処せざるをえない援助関係者とそこに暮らす人々の生活があるというギャップを認識し、遠い国の人々が直面する困難やSDGsのゴールを自分事として捉え、長期的な安定を目指す「グローバル開発協力」の必要性を強調している。

　第5章（髙橋）は、開発援助の再考その3として、農村開発プロジェクトの事例から、モザンビークをめぐる農村開発プロジェクトを検証している。日本のODAによるプロサバンナ事業（ProSAVANA-JBM）を対象に、国際社会で議論が進む食料安全保障とフードレジームの関係とそこに現れる「小規模農民」という主体と人権の問題を考察することで、開発協力のあり方を再考する。

　第6章（齋藤）は、世界の貧困・格差問題のその1として、メコン地域、特にタイにおける人身取引の現状と課題の事例から、SDGsや人間の安全保障の考え方を批判的に考察しながら、人身取引の課題に対峙するアクターの

パートナーシップを通じて解決すべき「グローバル開発協力」のあり方を検討する。

　第7章（重田）は、世界の貧困・格差問題のその2として、グローバル化が進むカンボジアの格差・貧困問題の現状とその原因である「新しい貧困の罠」を取り上げ、カンボジアの貧困や格差問題を解決するために、日本のNGOの活動を事例に、その活動が受益者のためのセーフティネットとしてどこまで有効なのか、問題の解決のための新たな方策として「グローバル開発協力」のあり方について考察する。

　第8章（阪本）では、タンザニアを事例にトップダウン開発や外部依存型開発の功罪を明らかにし、ローカルな視点からの住民の相互扶助や在来知・在来資源を活かした開発のあり方を提案し、SDGsの弱点を踏まえた「グローバル開発協力」のあり方を模索している。

　終章（真崎）は、「グローバル開発協力への展望」として、国益優先の時代を超えて、担い手間の「共感」や「協働」を醸成するSDGs時代のグローバル開発協力のあり方を考える。国際社会がいかに「地球規模＝グローバル」課題に対応できるのか、本書の第1章から第8章の事例を振り返り、SDGsの限界を踏まえながら、新しい「グローバル開発協力」の視座を検討する。SDGsの中で語られている「地球規模＝グローバル課題」、そして「包括的＝グローバル」（開発の多様な担い手どうしの）パートナーシップの構築だけでなく、知情意が一体となって生まれる「人間の自然な感情の発露＝グローバル」な思考を通してのグローバル開発協力のあり方を求めている。

　最後に、補章（西川）は、2017年7月15日に明治学院大学白金キャンパスで開催された本研究部会「世界の格差・貧困問題の新たな地平─資本主義・経済開発を見直す─」で西川潤が報告した「開発と倫理─倫理的開発学を目指して─」の論文を一部修正して掲載したものである。本論文では、西洋を起源とする開発学を批判し、その問題を挙げ、倫理の問題が軽視されているこの現在において、「倫理的開発学」を提唱している。西欧における開発学に対する問題提起として、多文化型開発論、市民社会による開発の民主化の視点に立った倫理的開発学を提示していることは、私たちが新しい開発学を探求する上での貴重な教訓となっている。

おわりに

以上本書では、これまでの開発協力・対外援助を見直し、南と北の諸国間、二国間の援助を超えた、「グローバル開発協力」の視座と実践について検証する。開発協力・対外援助の問題からその限界が近づいているといわれる中で、本書では各執筆者からの具体的な事例を通じて「グローバル開発協力」とは何かについて、読者の方々と一緒に考えていく。

《参考文献》
上村雄彦編 (2014)『グローバル協力論入門―地球政治経済論からの接近―』法律文化社
エルラー，ブルギッテ（伊藤明子訳）(1987)『死を招く援助―バングラデシュ開発援助紀行―』亜紀書房
開発経験の実証的考察を通じた発展・開発のあり方の再考研究部会 (2015)『世界の格差・貧困問題の新たな地平―資本主義・経済開発を見直す―研究部会報告書 (2015年7月31日　於：明治学院大学白金台キャンパス)』
開発経験の実証的考察を通じた発展・開発のあり方の再考研究部会 (2016)『世界の格差・貧困問題の新たな地平―資本主義・経済開発を見直す―研究部会報告書 (2016年7月9日於：沖縄大学、2016年7月30日於：明治学院大学白金台キャンパス)』
開発経験の実証的考察を通じた発展・開発のあり方の再考研究部会 (2017)『世界の格差・貧困問題の新たな地平―資本主義・経済開発を見直す―研究部会報告書 (2017年6月24日於：農家民宿「游雲の里」、2017年7月15日明治学院大学白金台キャンパス)』
開発経験の実証的考察を通じた発展・開発のあり方の再考研究部会 (2018)『グローバル開発協力を考える―開発援助・国際協力を見直す―研究部会報告書 (関西研究部会2018年6月16日於：甲南大学西宮キャンパス、関東研究部会2018年7月14日於：國學院大學渋谷キャンパス)』
国際開発ジャーナル社 (2014)『国際協力用語集（第4版）』
国際開発学会編 (2018)『国際開発学事典』丸善出版
コリア，ポール（中村和男訳）(2008)『底辺の10億人―もっとも貧しい国々のために本当になすべきことは何か？―』日経BP社
重田康博 (2017)『激動するグローバル市民社会―「慈善」から「公正」への発展と展開―』明石書店
ジョージ，スーザン（小南祐一郎・谷口真理子訳）(1984)『なぜ世界の半分が飢えるのか―食糧危機の構造―』朝日新聞社
シンガー，ピーター（山内友三郎・樫則章監訳）(2005)『グローバリゼーションの倫理学』昭和堂
ヒューム，デビット（佐藤寛監訳，太田美帆・土橋喜人・田中博子・紺野奈央訳）(2017)『貧しい人を助ける理由―遠くのあの子とあなたのつながり―』日本評論社
フラー，バックミンスター（芹沢高志訳）(2000)『宇宙船地球号操縦マニュアル』ちくま学芸文庫
西あい・湯本浩之編著 (2017)『グローバル時代の「開発」を考える―世界と関わり、共に生きるための7つのヒント―』明石書店

第1章 戦後の開発論の変化とグローバルな貢献
―日本の政府開発援助(ODA)を事例として―

重田康博

キーワード 開発、戦後の援助の原点、開発論、グローバルな貢献、政府開発援助(ODA)

SDGのゴール 1から17

　序章では、SDGs時代の開発協力を再考し、第二次世界大戦後の対外援助の変化、対外援助の問題と限界を検討し、なぜグローバル開発協力が必要なのか、その考え方の変化について考えた。本章では、序章のはなぜ必要かの問題提起を踏まえて、第二次世界大戦後の「開発論」の変化を紹介していく。最初に開発とは何か、戦後の援助の原点を考え、その後主な開発論として、マーシャル・プラン、ポイント・フォア、経済開発、スモール　イズ　ビューティフル（人間中心の経済学）、内発的発展論、脱開発、人間開発、社会開発、ポスト開発、ポスト・グローバル化、持続可能な開発、世界銀行の債務救済のアプローチ、国連による開発目標、援助効果と開発効果を取り上げる。次に、政府による開発協力の変化とグローバルな貢献の具体的な事例として、日本の政府開発援助（ODA）を事例として取り上げる。日本のODAを取り上げるのは、日本国民の税金で運営されていること、日本に住む若者にも具体的で身近な開発協力であること、日本のODAにグローバルな視点やグローバルな貢献が求められているからである。

I 開発論の変化

1 開発とは何か

　それでは、戦後の開発論の変化について考える前に、最初にそもそも「開

発」とは何か、について考えてみる。

英語のdevelopmentは、日本語の「開発」と「発展」を一緒にした用語であり、その語源は「近代化」、「包まれているものを開くこと」という意味がある。日本語で「開発」は、もともと他動詞的、目的語として使われ、外から力を加えて状況を変化させることで、他律的・外発的に開化し、他者による社会の変化の結果のことである。「開発」は、主に第二次世界大戦後にダム開発、インフラ開発などで活用されるようになり、例えば、開発援助は外側からの援助を前提とする。その他日本語の「開発」の語源は、「かいほつ」という仏教用語であり（西川2000, 41頁）、「心の開発」あるいは「農地を切り開く」ときに使われ、自己開発、自己啓発、自己の意識化を意味する。日本語の「発展」は自動詞で自ら変化が起こし、自分たちで試行錯誤すること、つまり、自律的・内発的に開化し、自分たちによる社会の変化の結果のことである。

2　戦後の対外援助の原点──マーシャル・プラン、ポイント・フォア

開発論の話を始める前に、第二次世界大戦後の「対外援助の原点」といわれる、米国の対外援助開始の経緯について触れておきたい。

1947年米国務長官マーシャルにより構想された米国の欧州に対する復興援助計画は、「マーシャル・プラン（Marshall Plan）」といわれ、米国は48年から51年の間欧州16カ国に対して復興に必要な物資や資金を欧州経済協力機構（OEEC、後に「経済協力開発機構」へと発展）を通じて供与し、援助総額は約102億ドル、9割が返済の必要ない贈与と技術援助であったといわれている。ソ連や東欧諸国は、マーシャル・プランへの参加を拒否した。同時に米国は1946年日本が敗戦の混乱と疲弊から立ち直るために、ガリオア（占領地域救済政府基金）、エロア（占領地域救済復興基金）の支援を51年まで行った。これらの米国の援助は、欧州や日本の復興を目的に実施されたのと同時に、東西冷戦の激化による共産化防止のために、米国の安全保障という国益を前提としていた。

また、米国トルーマン大統領は、米国の外国政策の柱として、国連、マーシャル・プラン、北大西洋同盟と共に、就任演説の中で「低開発地域に対する技術協力」の必要性を説き、1949年1月使節団派遣、研究・教育機関への

援助等技術援助計画である「ポイント・フォア (Point Four) 計画」を提案した。この提案は、50年6月国際開発法の成立により実施され、技術援助の原点となり、後に国連の技術援助計画の拡大へとつながっていく。

一方、1940年代には国連 (United Nations)、ブレトンウッズ体制 (またはIMF-GATT体制) が創設され、多国間援助が行われるようになる。ブレトンウッズ体制は、「国際通貨基金 (International Monetary Fund：IMF)」、「国際復興開発銀行 (通称世界銀行) (International Bank for Reconstruction and Development)」の2つの国際金融機関と「関税と貿易に関する一般協定 (General Agreement on Tariffs and Trade：GATT)」で構成される。

3　経済開発

では「開発」について、具体的に1945年第二次世界大戦後の具体的変化を見てみたい。大戦後、先進国、途上国、国連において、経済成長、経済自由化のための「経済開発」が進められ、「開発」の効果は上から下へ果実のように全体にしたたり落ちるという**トリクル・ダウン仮説★**として、東西問題や南北問題に利用されてきた。途上国の経済成長と途上国への援助を求めて、1961年9月国連総会演説で米国ケネディ大統領によって提唱された、「国連開発の10年」は、国連が途上国問題に本格的に取り組むように訴えた。60年代10年間の基本的な開発戦略は、西側の資本主義体制の保持と経済成長を援助が補完し、経済成長の成果が時間の経過とともに途上国の経済社会に広がっていくことを前提としていた。それ以来、経済開発は今日まで途上

トリクル・ダウン仮説：「成長した果実からジュースがしたたり落ちる」を比喩として「トリクル・ダウン (trickle-down)」という仮説は、経済理論として「富める者が富めば、その富が貧しい者にも浸透する」という考え方である。1714年イギリスの精神科医・思想家のバーナード・マンデヴィルの主著『*The Fables of the Bees: or, Private Vices, Public Benefits*』(泉谷治訳『蜂の寓話―私悪すなわち公益―』法政大学出版局) が最初に紹介したといわれている。現在途上国の経済開発理論や国際経済の開発理論にも多く使われるようになった。その一方、富が上から下へ浸透するという考え方は、富裕層が富むだけで貧困者には浸透せず格差が拡大する、権力者、政治家など有力者による富の独占、賄賂、汚職が多い途上国の開発論には適用できないなど批判も多い。このような批判に対して、本書でも紹介している人間中心の経済学、内発的発展論、脱開発論などが登場することになる。途上国の経済開発論だけでなく、米国のレーガン政権時代のレーガノミクスや日本の安倍政権によるアベノミクスにもトリクル・ダウン仮説が使われているといわれている。

国の経済成長のための対外援助の中心的な目標となり、1990年代のアジアのNIES諸国は経済開発を進めた結果欧米諸国や世界銀行などから「アジアの奇跡」と呼ばれ、途上国の工業化のための経済開発のモデルとされた。2000年代に入っても、中国やインドの新興国は高い経済成長率を達成し、アセアン諸国も高い経済成長率を果たし、依然としてインフラ開発などによる経済発展は途上国開発の中心的な位置を占めている。

しかし、近年その経済成長一辺等の「経済開発」がかつて途上国であった新興国や途上国の「開発」に貢献しつつも、特に最貧国や貧しい人々の暮らしの向上には貢献せず経済格差を拡大させる等の問題もあり、人間が本来目指すべき開発ではなく、公害など環境汚染、森林伐採による環境破壊や天然資源の枯渇、土地の強制収奪による人権侵害をもたらす、という意見や批判が出されている。

4　スモール　イズ　ビューティフル（人間中心の経済学）

そのような経済開発や経済成長至上主義を批判し、人間中心の経済学を提唱したウィーン生まれの経済学者エルンスト・F・シューマッハーは、1973年その著書 *Small is beautiful-A Study of economics as if people mattered-*（『スモール　イズ　ビューティフル─人間中心の経済学─』）の中で、人間性の喪失、生物環境の一部崩壊、化石燃料資源の浪費と枯渇を現代技術の危機であると述べ、現代文明の物質主義と科学技術の巨大主義を痛烈に批判し、中間技術や適性技術の導入を提唱した。1970年代、世界で成長優先型経済開発が推し進められた時代に、シューマッハーが「人間中心の経済学」を提唱したことは大変意義深い。

5　内発的発展論

さらに1975年にスウェーデンのダグ・ハマーショルド財団によって提起された「内発的発展論」は、同時期鶴見和子らによって理論構築が進められ、成長優先型経済・西欧近代化への疑問と非西欧社会の立場からアジアなどの発展途上国でも内発的発展が可能であると考えた。鶴見の内発的発展について要訳して説明すると、地球規模のさまざまな諸課題や国内および国際間の

格差を生み出す構造を、人々が地域の自然生態系と文化伝統を重んじつつ、地域レベルで自立発展させていく理論である。成長主義の中心の「開発」に対して、1980年代以降環境との調和を訴えた「持続可能な開発」の理論や途上国の住民やNGOによる主体的な参加を重視する「参加型開発」の理論が提案された時代でもあった。「内発的発展論」の登場は、「持続可能な開発」や「参加型開発」と共に、開発の主役が先進国の開発プロジェクト従事者ではなく、途上国側のリーダーや住民たちであることを意味する。

6　脱開発

続いて1992年には「力として知へガイドする開発辞典」としてヴォルフガング・ザックス編（三浦清隆他訳）『脱「開発」の時代（*The Development Dictionary*）』が出版され、和訳で「脱開発」という用語を使用し、17名の著者たちによって「開発の時代」や「開発イデオロギー」が批判された。本書の中で編者のザックスは「開発」が時代遅れなので、破産した開発と訣別しようと決意したことを述べている。本書の意義は、1990年代という持続可能な開発を模索する時代において、開発論議の限界をあきらかにし、17名の著名な著者たちによって「開発以後の時代」を構想したことにある。

7　人間開発

この時代、「人間開発」や「社会開発」という考え方も紹介された。「人間開発（Human Development）」は、1990年代国連開発計画（UNDP）『人間開発報告（Human Development Report）』の中で紹介された。この概念は、「人間の選択肢の範囲を拡大するプロセス」と定義された。その選択肢は、健康な人生を送ること、教育を受ける権利、政治的自由、人権擁護など選択可能な「機能（Functioning）」の範囲の広さを「潜在能力（Capability）」とした。この発想は、98年にノーベル経済学賞を受賞したアマルティア・センのケーパビリティ・アプローチの考え方に基づくもので、センは「貧困は所得の低さではなく、個人に与えられた『潜在的な選択能力』の欠如であり、基本的な潜在能力の拡大こそ開発である」と主張し、開発を経済成長中心の物質的充足ではなく、人間中心の形で考える思考であり、ベーシック・ヒューマン・

ニーズ（BHN）の充足、公平、ジェンダーの平等、環境保全、参加と民主主義などを重視した新しい開発の概念であった。

8　人間の安全保障

センは同時に「人間の安全保障（Human Security）」の考え方を唱える。「人間の安全保障」は、1994年国連開発計画（UNDP）が『人間開発報告』の中で取り上げる。国家の安全保障に対して、人間の安全保障とは、人間一人一人の選択権の保障、つまり「人間を重視した安全保障」と「持続可能な人間開発」であるとして、「人間を貧困・飢餓。教育・医療といった『欠乏からの自由』、紛争・難民・抑圧等といった『恐怖からの自由』を目指して、多様な脅威から人間を自由にし、保護すること」であるとした（22-25頁）。センと緒方貞子は、2001年に設立された「人間の安全保障委員会」の共同議長になっている。また、日本政府は、人間の安全保障を外交の柱としている。

9　社会開発

一方「社会開発」は、1995年3月デンマーク・コペンハーゲンで開催され、国連主催「世界社会開発サミット」の中で取り上げられた。会議では、貧困、失業、社会的分裂の拡大の問題に対して国際社会の取り組みが検討され、採択された「宣言と行動計画」は開発の経済的な側面だけでなく、「社会的な側面」に光をあてて人間を開発の中心に据え、貧困解消、雇用拡大、人権尊重と社会参加、教育の促進などの10の公約が宣言された。公約の実現は、国際機関、政府だけでなく、NGO、市民社会の参画が必要であることが確認された。

10　ポスト開発、ポスト・グローバル化

さらに、2000年以降グローバル化が世界規模で進み、2001年9.11米国同時多発テロの原因の一つはグローバル化による米国の経済の独り勝ちや米国と途上国の間の貧富の格差による不満の増大だとも言われた。その後2008年にリーマン・ショック以後欧米の金融危機が起こり、以来欧米の金融不安はギリシャ、イタリアに端を発しEU全体に影響をもたらしている。世界の

貧富の格差が拡大する傾向にあり、貧困者の増加による貧困問題はかつてのような途上国だけの問題だけでなく、日本を含めた先進国の国内にも存在するようになっている。その負の連鎖が進みこれまでの開発や発展を根本から問い直す「ポスト開発」、「ポスト・グローバル化」による経済・社会発展の考え方が紹介された。特に西川潤はポスト・グローバル化について「経済・市場のグローバル化を営利思考からひたむきに進めてきた時代は終わり、これからのグローバル化を、人びとが、人権や環境など意識のグローバル化により見直す時代に入った」（西川 2011, 5頁）と述べている。また3.11東日本大震災と原子力発電所の放射能事故の後、原発神話が崩壊し、日本はどのような社会や文明を目指せばいいのか、国家主導による一方的な開発のあり方や原子力エネルギーから自然エネルギーへの転換等どのように開発を進めればよいのかの議論も出てきている。

11　持続可能な開発

1980年代になると、世界は行き過ぎた経済発展や開発を見直し、地球の資源や環境を共通の利益として「公正」に分配する社会の仕組みづくりが求められるようになった。そこで、国連「環境と開発に関する世界委員会」（ブルントラント委員会）では「持続可能な開発（持続的開発、Sustainable Development）」の概念が提案された。「持続的可能な開発」とは、将来の世代の欲求を充たしつつ、現在の世代の欲求も満足させるような開発である。つまり、将来の世代のために現在の世代が地球上の資源や環境を使い切ることなく存続させ、そのために開発と環境を調和させて発展させるという考え方である。

この考え方は、1992年ブラジルのリオデジャネイロで開催された**「国連環境開発会議★」**（United Nations Conference on Environment and Development：UNCED）に受け継がれた。この会議では、今後の人類の開発と環境の調和のあり方を求めた「環境と開発に関するリオ宣言」が採択され、21世紀に向けての行動計画「アジェンダ21」が合意された。前文では全人類の活動が公正な地球社会を形成するために、「持続可能な開発」のための国際協力の必要性が強調された。

12　世界銀行の債務救済のアプローチ

(1) ケルン債務イニシアティブ

　国連が地球サミット、社会開発サミットで大きな成果を出す一方、世界銀行は途上国の債務問題に対する構造調整プログラム (SAPs) が世界的な批判を浴びるようになる。世界銀行とIMFによる「重債務貧困国」(HIPCs) の認定基準 (1997年当時) は、①1国当たりGNP695ドル以下、②1カ国の債務残高の対GNP比率が80％以上であったが、そのHIPCsの債務総額は当時1300億ドルに達した。これに対して、世界銀行・IMFやG7諸国は、1999年6月ドイツのケルンで開催された、先進国首脳会議 (G7サミット) で「ケルン債務イニシアティブ」を提唱する。これは、重債務貧困国に対する公私の債務を大幅に削減して、世界経済の分裂を避けるための提案で、同サミットで700億ドルの債務削減に合意し、その内二国間は債務約200億ドル、世界銀行など国際機関および民間債務は500億ドルだった。

(2) CDFとPRSPによるアプローチ

　世界銀行のウォルフェソン総裁は、1998年構造調整プログラムに代わる新しい開発援助アプローチとして「包括的開発フレームワーク (Comprehensive Development Framework：CDF)」を打ち出す。これは①当該国が長期の開発の全体像を構成し、②当該国が市民参加を踏まえて開発目標や戦略を設定し、③当該国が援助協調に主導権を握り、④開発の成果における評価を実施し、当該国の貧困削減を行おうというものである。さらに1999年に世界銀行とIMFは、合同総会で「貧困削減戦略ペーパー (Poverty Reduction Strategy

---

国連環境開発会議 (UNCED)：環境と開発に関する国連会議、略称地球サミット。この会議には、世界約180カ国政府代表、国連や世界銀行などの国際機関、NGOが参加し、「持続可能な開発」とそれを実現するための国際協力の方策を討議が討議され、地球温暖化防止のための気候変動枠組み条約、生物多様性条約、森林保全等に関する原則声明など署名、多くの分野で成果を出した。森林、大気、海洋などこれらの条約が扱う分野も広く、政府、国連機関、NGO、女性などそれぞれに役割があることが確認され、各アクターが地球上の諸課題を共同で解決していく国際的統治方法としてグローバル・ガバナンスとしての役割が求められた。本会議では、人類の開発と環境の調和のあり方を求めた宣言「環境と開発に関するリオ宣言」が採択され、21世紀に向けての行動計画「アジェンダ21」が合意された。その前文では全人類の活動が公正な地球社会を形成するために、持続可能な開発のための国際協力の必要性が強調された。

Paper：PRSP）」を途上国政府に作成することを義務づけ、これが重債務イニシアチブの採用と世界銀行・国際開発協会（IDA）の融資の判断基準となる。PRSPとは、貧困削減に向けた重点開発課題とその対応策をまとめた3年間の経済・社会開発計画であり、開発途上国政府のオーナーシップによって、先進国政府、国際機関、民間企業、NGOなど多くの援助関係者の参加を得て作成することになった。

13　国連による開発目標

（1）ミレニアム宣言とミレニアム開発目標（MDGs）の採択

2000年9月の国連ミレニアム総会は、156カ国の首脳が参加し、21世紀（ミレニアム）を記念して「ミレニアム宣言」が発表された。内容は、①21世紀の世界が必要とする価値と原則として平和で繁栄し公正な世界の実現、国際協力、グローバリゼーションの富の公正な分配、価値と原則、②基本的な価値として自由、平等、団結、寛容、自然の尊重、責任の共有、③主要な目標として平和、安全および軍縮、開発および貧困撲滅、共有の環境の保護、人権、民主主義および良い統治、弱者の保護、アフリカの特別なニーズへの対応、国連の強化、であった。同宣言の意義は、①世界の首脳が集まって人類の共通の価値と原則を確認したこと、②平和で公正な世界の実現を目指すこと、③人権、自由、権利、アフリカの重要性を確認すること、であった。

表1-1　MDGsの達成目標

目標1	極度の貧困と飢餓の撲滅
目標2	初等教育の完全普及
目標3	ジェンダーの平等・女性のエンパワーメントの達成
目標4	こどもの死亡率削減
目標5	妊産婦の健康の改善
目標6	HIV/AIDS・マラリアなどの疾病の蔓延防止
目標7	持続可能な環境づくり
目標8	グローバルな開発パートナーシップの構築（援助、貿易、債務）

出典：国連開発計画（UNDP）

また、「ミレニアム開発目標（MDGs）」は、国連、OECD、IMF、世界銀行によって1990年代に策定された国際開発目標が拡充されてきたものである。MDGsに示された2015年までの達成目標は以下の8点である（表1-1）。①極度の貧困と飢餓の撲滅、②初等教育の完全普及、③ジェンダーの平等・女性のエンパワーメントの達成、④こどもの死亡率削減、⑤妊産婦の健康の改善、⑥HIV/AIDS・マラリアなどの疾

病の蔓延防止、⑦持続可能な環境づくり、⑧グローバルな開発パートナーシップの構築（援助、貿易、債務）。この開発目標の意義は、①2015年という達成目標と諸目標が国連の場で国際的な共通目標として採択されたこと、②グローバル・パートナーシップの重要性が認識されたこと、③国連だけでなく、各国政府、国際機関、NGOに支持されたこと、④世界銀行とIMFによる貧困削減戦略ペーパー（PRSP）はMDGs達成のための国別基本戦略であること、であった。

(2) モンテレイ合意とヨハネスブルグ宣言の採択

2000年代前期には国連の会議が続けて開催される。「モンテレイ国連開発資金国際会議」が2002年3月メキシコのモンテレイで行われた。本会議は、MDGsを達成するために国連初の開発資金を動員することを目的に開催された。各国政府、EU（欧州連合）が政府開発援助（ODA）の大幅増額を約束し、開発資金の拡充し、民主化などの条件を満たした開発途上国に開発資金を分配する原則が合意された（モンテレイ合意）。

この他の国連会議として、地球サミット（1992年）から10年が経過して、国連持続可能な開発に関する世界首脳会議（ヨハネスブルグ・サミット）が2002年8月南アフリカのヨハネスブルグで191カ国、本会議以外含めて約2万人が参加して開催された。「アジェンダ21」の実施状況の評価と国連を中心に今後の取り組みが検討された。この会議では、「持続可能な開発に関するヨハネスブルグ宣言」と包括的文書「実施計画」、さらに日本政府とNGOが「国連持続可能な開発のための教育の10年（Education for Sustainable Development：ESD）」を共同提案し、採択された。

(3) 2030年アジェンダ前文とSDGs

さらに、国連は、MDGsが2015年に達成期限を迎えるにあたり、「持続可能な開発目標（SDGs）」を2015年9月の国連総会で採択した（第2章参照）。SDGsは、環境保護を中心とする持続可能性（Sustainability）と開発（Development）の両者を追求する開発目標で、2014年7月国連総会において持続可能な開発目標オープン・ワーキング・グループは、人々の生活を改善し、将来の世代のため

に地球を守ることを目的に、経済的、社会的、環境的側面に取り組む一連の目標案を同総会に提出した。前文の「我々の世界を変革する：持続可能な開発のための2030アジェンダ (Transforming our world: the 2030 Agenda for Sustainable Development)」では、人類が2030年までに取り組むべき課題の解決に向けて、貧困と飢餓に終止符を打つこと、国内的・国際的不平等 (Inequalities) と戦うこと、平和で、公正 (just) かつ包摂的な社会を打ち立てること、この提案は、表1-2の通り17の目標と169のターゲットからなり、「誰一人取り残さない」

表1-2　SDGs17の目標

目標1.《貧困》あらゆる場所のあらゆる形態の貧困に終止符を打つこと
目標2.《食料》飢餓に終止符を打ち、食料の安定保障と栄養状態の改善を達成するとともに、持続可能な農業を促進すること
目標3.《保健》すべての年齢の人々の健康な生活を確保し、福祉を推進すること
目標4.《教育》すべての人に包摂的で公正な質の高い教育を確保し、生涯学習の機会を推進すること
目標5.《ジェンダー》ジェンダーの平等を達成し、すべての女性と女児のエンパワーメントを図ること
目標6.《水とトイレ》すべての人々に水と衛生施設へのアクセスと持続可能な管理を確保すること
目標7.《エネルギー》すべての人々に安価で信頼でき、持続可能な近代的エネルギーへのアクセスを確保すること
目標8.《成長と雇用》すべての人々のための持続的、包摂的かつ持続可能な経済成長、生産的な完全雇用およびディーセント・ワークを推進すること
目標9.《インフラ》強靭なインフラを整備し、包摂的で持続可能な工業化を推進するとともに、イノベーションを促進すること
目標10.《不平等》国内と国家間の不平等を削減すること
目標11.《都市と住居》都市と人間の居住地を包摂的、安全、強靭かつ持続可能にすること
目標12.《消費と生産》持続可能な消費と生産のパターンを確保すること
目標13.《気候変動》気候変動とその影響に取り組むため、緊急の措置を講じること
目標14.《海洋保全と利用》海洋と海洋資源を持続可能な開発に向けて保全し、持続可能な形で利用すること
目標15.《陸上生態系》陸上生態系を保護、回復し、その持続可能な利用を推進すること。また、森林を持続可能な形で管理し、砂漠化に取り組み、土地の劣化を食い止め、逆転させるとともに、生物多様性の損失に歯止めをかけること
目標16.《法の支配》持続可能な開発に向けて安全で包摂的な社会を推進し、すべての人々に司法へのアクセスを提供するとともに、あらゆるレベルにおいて効果的で責任のある包摂的な制度を構築すること
目標17.《先進国と世界の責任》持続可能な開発のための実施手段を強化し、グローバル・パートナーシップを活性化すること

出典：国連広報センター

を掲げ、貧困と飢餓の終焉、健康と教育の改善、都市の持続可能性向上、気候変動対策、海洋と森林の保護等幅広い持続可能な開発課題を扱い、2015年9月からSDGsとして2030年までの達成を目指すことになった。

14　援助効果と開発効果──OECDパリ宣言とアクラ行動計画の発表

　2000年以後OECDのDACが中心となって援助効果のハイレベル・フォーラムが開かれた。最近の援助効果の議論は、2005年フランスの「第2回援助効果向上に関するハイレベル・フォーラム（HLF2：パリ閣僚会議）」で、具体的な数値目標を定めた「援助効果にかかわるパリ宣言」は、援助効果向上のために、オーナーシップ（Ownership）、整合性（Alignment）、調和化（Harmonization）、成果のマネージメント（Management for Results）、相互のアカウンタビリティ（Mutual Accountability）の5つの施策が柱になっている。2008年にはガーナで「第3回援助効果向上に関するハイレベル・フォーラム（アクラ閣僚会議：HLF3）」が開催され、パリ宣言を補完するアクラ行動計画（Accra Agenda for Action：AAA）が発表され、2011年11月には韓国・釜山で「第4回援助効果向上に関するハイレベル・フォーラム（釜山閣僚会議：HLF4）」が開催され、パリ宣言から後の5年間でどの程度の進捗があったのかの評価が行われ、今後の援助効果の方向性が議論された。NGOにおいても政府や国際機関による援助の監視役だけでなく、NGOや市民社会組織（Civil Society Organization：CSO）が行う開発の効果についても問われた。2011年のHLF4では、156カ国政府閣僚級、国際機関、CSO、民間セクター関係者1500人、米国クリントン国務長官、パン・ギムン国連事務総長が参加し、日本からは中野大臣政務官が参加した。日本やベターエイド（Better Aid）等CSO関係者は、会合の成果として、中国、ブラジル、インド等新興国が新たな国際公約に合意したことを評価したが、今回の合意が強い約束とならなかったこと、女性の権利、ハイチや東チモール及びソマリア等最も脆弱な国家についての個別の活動を示せなかったことに遺憾の意を表明した。

II 政府による開発協力の変化とグローバルな貢献
―― 日本のODAを事例として

　第二次世界大戦後の世界の開発論の変化を見てきたが、次に、政府の開発協力の変化とグローバルな貢献として、日本の政府開発援助（ODA）を事例として取り上げ、変動する開発援助の世界との関連で、日本政府によるグローバル開発協力への貢献のあり方を検証する。

1　日本の開発協力の量的な拡大
(1) 被援助国の時代（1940年代）
　日本の開発協力の出発点は、被援助国として援助を受けたことだった。敗戦後の混乱と疲弊からの復興のため、米国からガリオア（占領地域救済政府基金）、エロア（占領地域救済復興基金）の支援を1946年から51年まで受けた。また、米国等西側諸国によるブレトンウッズ体制のもと、日本は1953年から1966年まで国際復興開発銀行（世界銀行）から総額8.6億円の融資を受け、東名高速道路、首都高速道路、黒部第4ダム、東海道新幹線、製鉄、自動車、造船等基幹産業に使用された。1964年までの世界銀行の借入金は5.3億ドルになり、借入金の返済は1990年まで継続した（廣木 2007, 8-9頁）。

(2) 賠償・準賠償による援助の時代（1950年代）
　日本は1954年10月6日（後に「国際協力の日」）コロンボ・プランに加盟し、翌年に研修員の受け入れ、専門家の派遣を行い、技術協力を開始した。コロンボ・プランの一環として、1958年に最初の円借款（有償資金協力）がインドに対して実施された。また日本は、51年9月にサンフランシスコ講和条約に調印し、国際社会に復帰するが、賠償の義務を負うことになる。この賠償が対外援助の出発点となる。同条約の対日平和条約第14条は、日本の軍隊によって占領され、日本によって損害を与えられた国に対し、日本は賠償支払い義務を負い、その支払いは日本の資材と役務によることを規定している。54年11月ビルマ連邦（現ミャンマー）との間で「日本・ビルマ平和条約及び賠償・経済協力協定」が締結され、戦後賠償が始まる。その後フィリピ

ン、インドネシア、南ベトナムへの賠償・準賠償が行われる。

　その一方、賠償支払い請求権を放棄した国々もあり、賠償の代わりに、準賠償に関する取り決めが成立し、カンボジア、ラオス、タイ、マレーシア、シンガポール、韓国、ミクロネシアに無償資金協力が実施され、日本のODAによるアジアへの開発協力の原点となった。同時期の1959年には外務省の中に経済協力部が創設された（日本弁護士連合会編 1994, 142-143頁）。

（3）援助拡大・輸出振興としての援助の時代（1960年代〜1970年代）

　1960年代〜70年代の援助は、日本の貿易の黒字減らしと米国の対アジア援助を補完するものだった。60年代日本は急速に経済発展し、1964年にOECDの開発援助委員会（DAC）に加盟した。そして61年海外経済協力基金（OECF）を設立し、円借款中心に日本の企業の輸出振興の観点から適用されるタイド（ひも付き）援助を行い、66年ツー・ステップ・ローン（開発金融借款）、68年商品借款が行われるようになる。また62年海外技術協力事業団（OCTA）を設立し、65年日本青年海外協力隊（JOCV）を発足させ、74年OTCAが正式に国際協力事業団（JICA）となり、本格的な技術協力が開始される。69年からは賠償・準賠償ではない一般無償資金協力が始まり、水産無償、文化無償、食糧増産援助、債務救済無償資金協力がスタートする。東西冷戦時代の米国の対アジア戦略と日本の大幅な貿易黒字に対する海外の批判へ対応するため、76年福田ドクトリン後ODA増加が決定し、78年「第1次中期目標」（3年倍増計画）が策定され、以後1981年から5年ごとに倍増され日本の開発援助は第1次から第5次中期目標に基づき、量的に拡大していく。更に78年日中平和条約締結後79年から中国へのODA支援が開始され、以後2018年の終了まで40年間続くことになる。

（4）国際貢献としての援助の時代（1980年代〜1990年代）

　日本の援助は、1980年代に入っても中期目標が第5次まで倍増され、援助額が拡大していく。図1-1の日本のODA予算の通り、89年ODA予算は米国を抜き日本は世界一のトップドナー国となり、91年から2000年まで10年間世界一のODA大国となった。87年には国際緊急援助隊が創設され、89

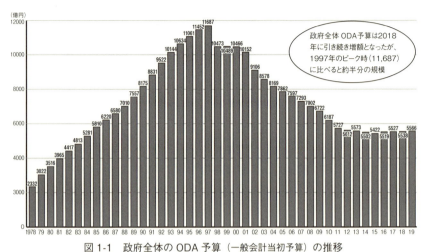

図 1-1　政府全体の ODA 予算（一般会計当初予算）の推移
出典：外務省ODA予算資料https://www.mofa.go.jp/mofaj/gaiko/oda/shiryo/yosan.html（2019年5月2日閲覧）

年国内外のNGO支援のために日本初のNGO事業補助金および草の根（小規模）無償資金協力が発足した。また海外からの円借款のひも付き援助に応えて、日本政府はこの時期に円借款のタイドを減少化とアンタイド化を推進した。さらにODAの評価と広報もこの時期から行われ、82年『経済協力評価報告書』、続いて84年『我が国の政府開発援助（ODA白書）』が発行され、87年にはコロンボ・プラン計画加入の10月6日を「国際協力の日」と制定し、93年「国際協力プラザ」が開設された。94年には日米コモン・アジェンダに基づき「地球規模問題イニシアチブ」（人口、エイズ問題に関して積極的な協力の実施）が表明される。その一方、国内外からの理念なきODAへの批判に対応して、81年外務省有志による『経済協力の理念』が発行され、92年に「**政府開発援助大綱**★（通称ODA大綱）」が閣議決定され、日本のODAの理念を初めて明文化し、89年にはODA大綱を踏まえてODAの基本的考え方、重点課題などを「政府開発援助に関する中期政策」として発表した。97年にはODA改革として「21世紀に向けてのODA改革懇談会」が開催され、98年「ODA改革懇談会『最終報告』」が発行された。1999年にはJICAがNGO、地方自治体、大学を対象に一括委託する「開発パートナー事業」（現在、「草の根技術協力事業」）を開始する。

2　日本の開発協力の質的な転換——戦略援助・平和構築のための援助の時代
（2000年～2014年）

　1990年代世界のトップドナーを続けた日本のODAであったが、国内のバブル崩壊と経済的不況の影響で2000年以降自民党政権は財政構造改革を検討し、その結果ODAの削減と見直しが行われた。2001年ODA援助額は世界第2位と陥落し、その後図1-1の通り、ODA援助額は減少した。図1-2の主要援助国のODA実績の推移の通り、2016年ODA実績は世界第4位となった。ODAは量的拡大から質的変化の時代へと移行していく。03年8月日本政府は「ODA大綱」の10年ぶりの改定を閣議決定し、「我が国の安全と繁栄の確保」と表現し、日本の「国益」をODAに反映させていく旨を明示し、ODAを戦略的に活用していく。04年10月日本のODAは50周年を迎えるが、国連ミレニアム開発目標（MDGs）や人間の安全保障に対する取り組み、特に2001年9月11日の米国同時多発テロ事件、米英軍によるアフガニスタンとイラクへの侵攻の影響により、日本の国際的役割として紛争予防や平和構築を重視し、アフガニスタン、イラクへの復興支援など治安維持や非軍事化活動への支援を行った。

　また、政府系金融機関の改革の一環として、03年に国際協力事業団から独立行政法人国際協力機構（JICA）と名称を変更し、08年10月1日国際協力機構（JICA）と国際協力銀行（JBIC）の解体とその円借款部門統合への一元化を

政府開発援助大綱（ODA大綱）：1960代から1970年代にかけて、日本のODAはインフラによる経済開発のための円借款を中心とするタイド（ひも付き）援助を中心に行ってきた。その日本の援助に対して、理念がないとか思想がないという批判を欧米諸国、NGO、マスコミから受けてきたが、1980年代に入り外務省の若手官僚を中心とする外務省経済協力局経済協力研究会が初の非公式見解として、1984年『経済協力の理念―政府開発援助をなぜ行うのか』を発表した。本書では経済協力という名の元にODAの基本理念と原則として、①人道的配慮、②相互依存性の認識、の2点を挙げている。その後、日本のODAはますます拡大し世界のトップドナーになると、日本政府は1992年「政府開発援助大綱（ODA大綱）」を閣議決定した。その基本理念と原則は、①人道的配慮、②相互依存性の認識、③環境の保全、④自助努力支援、からなり、次にODA実施の判断基準としての原則は、①環境と開発の両立、②軍事的用途および国際紛争助長への使用の回避、③途上国の軍事支出、大量破壊兵器、ミサイル開発・製造、武器輸出入などの動向への注意、④途上国の民主化の促進、市場指向型経済導入の努力、基本的人権や自由の保障状況への注意、を述べ、開発と環境の調和を重んじ、軍事援助を拒否し、市場経済を導入し、途上国の民主化支援などを行うことが明記されていることが特徴である。

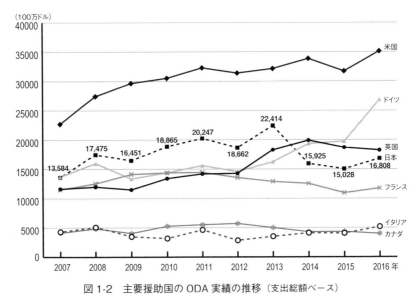

図1-2 主要援助国のODA実績の推移(支出総額ベース)
出典:外務省資料https://www.mofa.go.jp/mofaj/gaiko/oda/shiryo/jisseki.html(2019年5月1日閲覧)

行い、新JICAを設立した。新JICAは、1600人の職員と事業規模1兆円を超える巨大な開発援助機関となった。06年10月国際協力銀行の旧日本輸出入銀行部門が中小企業金融公庫に統合され、日本政策金融公庫国際部門の一部となった。一方、OECD、世界銀行など多国間援助機関や二国間援助機関が環境配慮ガイドラインの作成と運用を行うのに伴い、政府は有償資金協力の「環境社会配慮確認のための国際協力銀行ガイドライン」(2002年)と技術協力の「環境社会配慮ガイドライン」を一本化して、2010年4月「環境社会配慮ガイドライン」を策定し、住民による「異議申立手続要領」を作成した。

さらに、09年民主党政権が誕生し、外務省は2010年6月国際環境、国内環境の変化に対応して、「開かれた国益の増進―世界の人々とともに生き、平和と繁栄をつくる―」とする新しいODAを発表する。

2014年政権に返り咲いた自民党政権は、安全保障戦略を見直し、3つの矢(武器輸出三原則の撤廃、集団的自衛権の行使容認、ODAの見直し)に着手した。この一環として、外務省は2015年2月、新しい「**開発協力大綱**★」を発表し、これまで大綱が禁じてきたODAによる軍への支援でも、災害援助等非軍事

目的なら容認することにした。現在日本政府は、このようなODAの軍事化を進める一方、インフラ開発援助など一層の経済的利益と国益重視の開発協力を行っている。

3　日本の援助の今後の課題——変動する開発協力の世界との関係で
（1）ODA削減への危惧——重点課題との関係で

　日本のODAは、戦後被援助国から始まって、賠償・準賠償、輸出振興による援助拡大、トップドナーとしての国際貢献、援助額削減時の戦略援助・平和構築、の激動する世界の開発協力の動向に合わせて、それぞれの時代のニーズに合わせて変化してきた。そのODAは、国内事情により一時世界第5位まで順位が下がった。国際協力への役割を果たす上で、2000年以後のODAの重点課題として、「人間の安全保障」「平和構築」「アフリカ重視」「環境問題—地球温暖化への対応」「分野別開発政策—持続可能な開発目標（SDGs）の達成」「資源・エネルギーの確保」「感染症対策」等がある。これらの重点課題に誰がどのように貢献していくのか、政府の行政改革の中で08年新JICAが設立されたが、最近政府資金の切迫と資金ショートの問題を起こした新JICAがどのように国際協力に貢献できるのか、を見守っていく必要がある。

　今後日本のODAはこれらの重点課題で国際協力に貢献できると考えているが、特に「平和構築」活動は対テロ戦争と米国の安全保障政策と密接に絡

開発協力大綱：2015年に約10年ぶりのODA大綱が改訂され、名称も「開発協力大綱」となった。2003年のODA策定後10年が経過し、国際・国内情勢の変化及びODAの更なる積極的・戦略的活用の要請を踏まえ、2015年2月安倍晋三政権下で閣議決定された。見直しの背景には、国家安全保障戦略や日本再興戦略などODAに求められる役割の多様化、国際社会の開発に関する議論の変化、非ODA資金との連携強化の必要性、国際平和協力における要請つまり紛争後の平和構築など国際平和協力への支援の必要性があった。2014年6月岸田外務大臣（当時）の下「ODA大綱見直しに関する有識者懇談会」（薬師寺座長）が開始され、NGO・経済界との意見交換、パブリック・コメントの実施後、2015年2月「開発協力大綱」が発表された。本大綱によると、外国軍への支援については災害援助・復興支援など非軍事の分野に限って行うことができるようになった。大綱実施の原則として「軍事的用途および国際紛争助長への使用の回避」が明記されたが、その一方「相手国の軍または軍籍を有する者が関係する場合には、その実質的意義に着目し、個別具体的に検討する」と付記された。重点課題として、海上保安能力の強化、地雷・不発弾除去、小型武器回収、治安維持能力強化の他、ODAの卒業国にも支援として一定の経済成長を遂げた国々にも人材育成など支援を継続すると記述された。この様に、開発協力大綱は、非軍事の分野に限って外国軍の支援を可能にした点が大きな変更点であった。

んでおり、ODA大綱の改訂に伴うODAの戦略的活用による軍事支援は、国際協力やグローバル・ガバナンスという視点で国際社会に貢献できるのかは疑問である。

(2) 国益と経済成長重視

2010年以降、民主党と自民党が政権交代しても、国益と経済成長重視のODAには変わりはない。むしろより戦略的に日本の企業、特に中小企業を巻き込んだ経済インフラ重視のためにODAが活用されるようになっている。

特に、2017年以降米国第一主義を唱えるトランプ大統領や新興国中国の習近平体制の登場など強力な指導者による国益と経済成長が求められる時代となっている。日本の場合経済的利益を求める国益のためにODAを活用することになるが、その分人権、保健医療、教育を含めた人間開発や社会開発、人間の安全保障、気候温暖化を含めた地球環境問題、貧困削減、対アフリカ支援が軽視されていくのではないか、と危惧される。

(3) 新しいODAの方向──新興国中国への対応

変動する国際社会や開発協力において、日本のODAは曲がり角にきており、ODA大綱の見直しもその一つであった。ODAの地球視野に立った視点の支援と国益支援、SDGsの動きと併せて、NGOや市民社会が政府や企業にSDGsを順守するように働きかけることが求められる。特に日本のODAを考える時、先進国と途上国の格差を解消し、貧しい途上国住民のためのセーフティネットとしての機能を果たす視点が極めて重要である。G7からG0の時代への変化が言われる中で、欧米日諸国中心の援助から新興ドナーの台頭が著しい。特に中国はアジアやアフリカにおいて援助活動が拡大し、「一帯一路構想」の提唱と相まって、その影響力が増している。しかし中国の援助は、独裁政権や権威主義的政府に条件をつけず、人権や環境への配慮に欠け、貸し手への債務を増加させ、透明性、情報公開性が十分でない。日本は新興国中国の台頭とどのように向き合っていくかが課題である。

(4) グローバル開発協力の必要性の認識

　以上、第二次世界大戦後の日本のODAの変遷を見てきたが、変動する開発協力の世界の中で、将来の日本のODAの立つ位置を考えなければならない。今日本のODAには、世界が分断と排除の時代であるからこそ、グローバルな視点やグローバルな貢献が求められている。つまり、世界の貧困問題や地球規模の諸課題を「一本化された政策群」として追及し、SDGs時代の「グローバル開発協力」として新しい国際協力のあり方を目指していくことが求められる。今後の日本のODAは、地球規模の課題を解決するという役割を果たす同時に、グローバル・ガバナンスという視点に立って国際貢献していかなければならない。特に、国連持続可能な開発目標（SDGs）にどのように貢献できるのか、政府、国際機関、NGO、企業、大学等各々がSDGs時代にどのように貢献できるか、「グローバル開発協力」の必要性を認識することが重要である。

《参考文献》
国際開発ジャーナル社（2014）『国際協力用語集（第4版）』国際開発ジャーナル社
国連開発計画（UNDP）（1994）『人間開発報告書』国際協力出版会
国連開発計画（UNDP）（1997）『人間開発報告書／貧困と人間開発』国際協力出版会
下村恭民・辻一人・稲田十一・深川由紀子（2017）『国際協力―その新しい潮流―（第3版）』有斐閣選書
ザックス，ヴォルフガング編、イヴァン・イリッチ他著（三浦清隆他訳）（2004）『脱「開発」の時代―現代社会を解読するキイワード辞典―』晶文社
シューマッハー，アーンスト・F（小島慶三・酒井懋訳）（1986）『スモール イズ ビューティフル―人間中心の経済学―』講談社学術文庫
セン，アマルティア（東郷エリカ訳）（2006）『人間の安全保障』集英社新書
田中治彦・三宅隆史・湯本浩之編著（2016）『SDGsと開発教育―持続可能な開発目標のための学び―』学文社
鶴見和子・川田侃編（1989）『内発的発展論』東京大学出版会
西川潤（2000）『人間のための経済学―開発と貧困を考える―』岩波書店
西川潤（2011）『グローバル化を超えて―脱成長期　日本の選択―』日本経済新聞出版社
日本弁護士連合会編（1994）『日本の戦後補償』明石書店
廣木重之（2007）「わが国ODA実施体制の変遷と時代の要請」『外務省調査月報』2007/No.2

《参考ウェブサイト》
外務省HP『ODA50年の歩み1954年～1956年』https://www.mofa.go.jp/mofaj/gaiko/oda/shiryo/pamphlet/oda_50/ayumi2.html（2018年11月4日閲覧）
外務省資料 https://www.mofa.go.jp/mofaj/gaiko/oda/shiryo/jisseki.html（2019年5月1日閲覧）

第2章 SDGsと世界を変える新たな枠組み

古沢広祐

キーワード 持続可能な発展、環境・開発レジーム、人間の安全保障、3つの社会経済セクター
SDGのゴール 1から17

はじめに

　本章は、グローバル化する国際協力・開発の流れについて、各国の国益や経済的利害中心からより普遍的な価値を目指そうとする動きを見ていく。地球的な視野から持続可能な発展や世界形成に向かう流れについて、グローバル開発協力のための新たな枠組みを考えていこう。

　こうした流れを示す具体的な動きとして、国連が2015年の国連総会において全会一致で採択した「持続可能な開発のための2030アジェンダ」(以下、2030アジェンダ)と、そこに示された持続可能な開発目標(SDGs)がある。SDGsは、持続可能な世界を実現するために17の大目標(ゴール)と169の小目標(ターゲット)から構成されている。貧困・飢餓・格差・不平等の克服、男女平等・教育・雇用・生活の改善、そして環境問題の解決を目指すもので、しかも「誰一人取り残さない」(Leave no one behind)ことを誓う野心的な取り組みである。さらにSDGsは、途上国も先進国も世界が一丸となって取り組むことが目指されている(図2-1)。

　それについては、多くの事項が羅列された理念先行の大風呂敷で「絵に描いた餅」ではないか、といった批判的な見方もある。その一方、戦後の国際社会が追求してきた諸課題を集約して明示したもので、世界史的に見て重要な成果であると積極面を評価する見方もある。両方の側面を持つわけだが、

図 2-1　SDGs（持続可能な開発目標）

実際上は、「私たちはこれをどう活かしていけるか」という視点こそが重要だろう。以下では、この動きの背景と役割について検討していこう。

歴史を振り返ると、20世紀の末、世界は東西に分かれて対立した冷戦時代（米国と旧ソ連の対立）を終了させ、21世紀は地球市民社会の時代が到来するのではないかとの期待が高まった。しかし、21世紀を迎えた直後、2001年の**同時多発テロ事件**★や2008年の**世界金融危機（リーマン・ショック）**★、さらに内戦と難民の増大やナショナリズム（国益優先）の台頭などがおきて、世界は再び国際的に不安定な動きをみせている。不安定化しだした世界情勢を前にして、あらためてグローバル開発協力の役割が問われているのである。

こうした時代的な背景をふまえるならば、世界の行く末を見定める2030アジェンダやSDGsという共通目標の提示は、それなりの積極的意味を持つのではないだろうか。以下では、その意義とともに課題について詳しく見て

同時多発テロ事件：2001年9月11日、米国の中枢を狙って同時多発的に行われたテロ事件。同日、ニューヨークの貿易センタービル（ツインタワー）、ワシントンの国防総省（ペンタゴン）にハイジャックされた旅客機が激突し多数の被害者が出た。当時のブッシュ大統領は、首謀者をイスラーム原理主義者とし、テロとの戦いとしてアフガニスタン攻撃を行った。

世界金融危機（リーマン・ショック）：2007年の米国のサブプライム住宅ローン危機と住宅バブルの崩壊を契機に、2008年9月には米国大手の投資銀行・証券会社リーマン・ブラザーズの経営破綻が起きて、世界大に広がった金融危機。世界的に信用不安が連鎖し、巨額の公的資金が投入されて世界各国の財政や金融機関に莫大な負担と損失を発生させた。

いくことにする。

I　国連の新目標（SDGs）に内在するさまざまな側面

1　誰も置き去りにしない！　2030アジェンダの核心

　2000年の「国連ミレニアム宣言」を契機に定められたMDGs（ミレニアム開発目標）、その流れを引き継いだ2030アジェンダの採択（2015年）は、途上国の貧困解消と開発（南北格差問題）に重点を置いた開発の流れ（MDGs）に、1992年「地球サミット」（国連環境開発会議）を契機に主流化した持続可能性の流れ（環境レジーム、後述）が合流して、一体化してきた流れと捉えることができる（序章参照）。

　この新潮流を歴史的に捉えると、国連に代表される国際社会が長年追い求め、築き上げてきた共有価値の集大成ともいえる動きと見ることができる。それは、国連設立70周年（2015年）という歩みのなかで、その周辺領域で展開されてきた市民社会の国際的連帯の動きが合流してきた新たな潮流と言えるだろう。戦後の激動する国際社会をふり返ると、国際政治での国家間の対立や攻防をかさねながら紆余曲折をへて、次第に地球市民社会の形成へと向かう歩みを続け、グローバル開発協力の理念を追求してきたと考えられる。

　国際社会の動向を、ここでは国際連合（国連）とその関連の動きを中心に見ていく。国連は、いわゆる中核のハードなコア（基幹部分）とソフトな領域（関連諸活動）があり、多面的に国際社会の諸課題について取り組んできた。ハードなコア部分とは、安全保障理事会のような第二次大戦下での国家連合

写真2-1　国連ビルと70周年総会の風景（ニューヨーク2015年9月、筆者撮影）

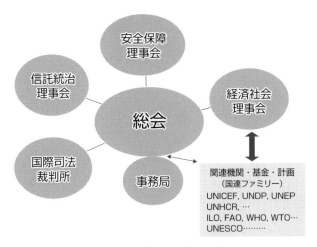

図2-2　国際連合組織の略図
出典：国連組織図を参考に筆者作成

としての6つの基幹組織である。それは、中・露・米の対立など近年の複雑化し錯綜する問題に対応しきれずに硬直化しがちな状況にある。それに対してソフトな活動部分とは、国連ファミリーないし国連システムとよばれる組織活動であり、UNICEF（国連児童基金、ユニセフ）、UNDP（国連開発計画）、UNEP（国連環境計画）、WTO（世界貿易機関）など広範な分野で30余りの諸機関・基金・計画が活動してきた（図2-2）。

　国連ファミリーに対しては、多くの組織ができて非効率・肥大化・官僚化しているとの批判や、地域の実情をふまえずに上からの一方的な押しつけが問題視されるケースも指摘されてきた。後者の批判は、開発援助全体に当てはまる問題である（他章参照）。他面では、国益や個別利害を超えた国際環境条約や国際協力・開発の推進などを担ってきたことから、グローバルな価値の共有と実現（人類益）を推進する積極的な役割を担ってきたと評価する見方もある。特に国連のコア組織の硬直化に対比するならば、関連組織（国連ファミリー）は諸課題に対して、問題含みではありつつも比較的柔軟な対応がなされてきたと思われる。

　特に2030アジェンダの持つ積極的な側面については、文面をこまかく見るかぎり、さまざまな分野で歴史的に積み上げられてきた成果の上に、未来

世界が展望されていることが読みとれる。20世紀から21世紀にかけての重要課題である人権、開発、環境問題などの分野に関して、リオ宣言（1992年）、ミレニアム宣言（2000年）、そして2030アジェンダ（2015年）という大筋の流れを追うことができ、その積み上げとして意義深い展開がなされてきた様子が読みとれるのである。それらは、理念の提示にすぎないという面を持ちつつも、その理念が具体的に法的な拘束力を持つ国際条約や協定などにつながる土台を築いてきた。そうした積極的な側面を見るかぎりにおいて、そこに国家的な狭い利害の枠を越える、人類の共有価値の形成が展開され蓄積されてきたと評価できるのではなかろうか。

　2030アジェンダの政治宣言の初めの部分には、「あらゆる貧困と飢餓に終止符を打つ」「誰一人取り残さない」「地球を救うための21世紀の人間と地球の憲章である」、といった言葉が明記されている。この宣言に記載されている一つ一つの言葉を追い、その意味と由来を丹念にたどれば、これまでの国際的な諸活動の集大成的なものが結実している様子を読みとることができる。特に2030アジェンダの重要な点としては、時代状況のなかで場あたり的に形成されてきた国連ファミリーの諸組織が、このアジェンダとりわけSDGsを契機にして、相互連携しあい相乗効果を発揮して、地球市民社会形成への推進力となりうる可能性を秘めていることである（古沢2018）。

2　人権・教育・社会面で注目する動き

　2030アジェンダに関しては、注目したいキーワードが幾つもあるが、その一つに「inclusive：含みこむ、包摂的な」という言葉がある。全文では40カ所、17の大目標では6カ所ほど記載されている。この言葉は、特に教育や人権分野で、弱者や障がい者の社会包摂として近年に多用されるようになった用語である。国連との関わりでこの分野の歴史的動向について見てみると、時代的な推移のなかでこの言葉の意味内容がMDGsや2030アジェンダ（SDGs）に合流してきた様子を読みとることができる。

　多くの苦しみや抑圧を生んできた差別に、世界はどう対処してきたのだろうか。その筆頭に、戦後すぐに国連で採択された**世界人権宣言★**（1948年）があり、それは経済・社会・文化的権利の国際人権規約（1966年）として進展

し、そしてより具体的には、女子差別撤廃条約（1981年）、子どもの権利条約（1990年）、先住民の権利に関する国連宣言（2007年）、障害者権利条約（2008年）などとして実現してきた。そうした取り組みが実際に社会に定着するためには、教育内容の充実と教育を受ける権利の保障が重要な役割を担う。そのための取り組みとして、万人のための教育の実現に向けた一連の動きの足跡があり、こうした積み上げが、2030アジェンダとSDGsのゴール4（教育）に結実してきたのだった。

特に教育に関する国際運動としては、「万人のための教育」がダカール行動枠組み（2000年）として、そしてインチョン宣言（教育2030、2015年）という潮流があり、MDGsやSDGsの流れに合流したのだった。そこで注目されることは、SDGsの根幹的理念となった「誰一人取り残さない」という標語においても表れている点である。その関連の流れを抽出するならば、インクルーシブ教育（教育において障がい者を差別しない）を推進してきた運動が、サラマンカ宣言（特別なニーズ教育に関する世界会議、UNESCO、1994年）として国際的に合意され、さらに障害者権利条約の成立（2008年）と相まって、2030アジェンダに大きく影響してきたと見ることができる。

これは一例であり、世界が解決すべき諸問題への取り組みとして、2030アジェンダの文章とSDGsの17の大目標が集約されてきたのだった。その背後には、幅広い国際的な運動や条約形成などの歩みがあって、それらの努力が文書の端々や目標の各所に埋め込まれていることは、基本的認識として強調しておきたい。

Ⅱ　持続可能な開発・発展は、何を目指すのか

1　環境レジームの形成と世界動向

SDGsが、開発と環境の流れが合流することによって形成されてきた経緯

世界人権宣言（1948）：基本的人権の尊重、人権保障の目標や基準を国際的に宣言したもの。この宣言は、すべての人々が持っている市民的、政治的、経済的、社会的、文化的分野にわたる多くの権利を含み、前文と30の条文からなる。法的な拘束力を持つ国際人権規約やさまざまな国際条約の制定に影響を与え、世界各国の憲法や法律に取り入れられてきた。

をみてきた。その内容をみると、諸分野・諸領域を幅広くカバーする一方で、ガバナンスや能力開発、資金・技術協力など実践的な内容も加味されており(SDGsのゴール16と17)、包括的な枠組みや目標提示が目指されている。こうした新潮流を巨視的に捉えるために、全体的な動向に関して、以下ではレジーム形成という視点から論じていくことにしたい。レジームとは、政治形態や制度、体制を意味する言葉なのだが、国際政治などの分野では世界の枠組みについて、国家制度を超えて形成される仕組みとして論じられてきた。

　レジームという言葉は、近年さまざまな分野で使用されており、開発分野では援助レジームの諸形態が論じられ、農業や食料分野ではフード・レジーム論などが議論されてきた。ここでは、そのような個別の勢力分析的な視点ではなく、世界動向を大きく動かしている基盤的な動きについて、特に既存の経済レジーム(自由貿易・グローバル市場経済体制)に対抗的に形成されつつある環境レジームについて焦点をあてていく(古沢2010)。

　戦後まもなく形成された世界秩序(ブレトンウッズ体制)としては、これまで世界銀行やIMF(国際通貨基金)などの国際機関をはじめ先進国首脳会議(G7サミット)やGATT(関税貿易一般協定)からWTO(国際貿易機関)体制などの国際制度において、先進国主導による誘導とコントロールがなされてきた。そこでは、経済成長が最優先されるとともに、主要国の利害を代表する産業や金融界の影響力が強く反映する傾向を内在させてきた。しかし、そうした経済利益や成長のみを追求する路線は、地球環境の危機的事態や貧富の格差の拡大など諸矛盾を前にして大きく揺らぎだしており、本書の各章でも開発政策の矛盾として考察されている。

　ふり返ると、1992年に開催された地球サミットとは、新たな時代の出発を画するはずの出来事だったと捉えることができる。当時は、91年のソ連崩壊による冷戦構造(世界が東西陣営に分かれて対立)が消失して、いわば地球市民的な視点に立って、環境問題や南北(貧困・格差)問題の対策が取り組まれようとしたのである。この地球サミットでは、気候変動枠組み条約、生物多様性条約という双子と呼ぶべき国際環境条約が調印された。そこに重要な意味が内在している点については、一言ふれておきたい。気候変動枠組み条約とは、石油などの枯渇性資源を使い尽くし地球の気候バランスを崩す、大

量生産・大量廃棄を前提とする化石資源依存型文明の転換を迫るものであった。

　生物多様性条約とは、実際は保全・利用・利益分配が三位一体になった矛盾含みの条約なのだが、期待としては、自然環境（諸生物）との共存にむけて相互依存と循環を尊重する自然共生社会の構築が目指されたものと見ることができる。そして多様性の重視としては、生物の絶滅危惧種のみならず先住民の権利や伝統文化など、今まで無視され価値がないとされてきたものが、実は非常に重要な価値を持つことを再認識させたのだった。

　2つの条約の成立とは、まさに人類が従来の発展や開発のあり方を転換し、変更させる大きな契機となるものであり、環境レジーム形成の第一歩と捉えることができる。そして2000年の国連総会を契機にMDGsが提起されて南北問題の克服（開発レジーム）が取り組まれ、その後の2015年からの新枠組みとしてSDGsが提示されて、環境レジームと開発レジームの流れが合流してきたのだった（古沢 2014）。

　しかしながら、こうした20年余の歩みは評価すべき内容を持つ一方で、実際には事態は改善どころか深刻な危機的状況を深めている現実も見落とすことはできない。地球温暖化、生物多様性、森林保全などの地球環境問題の悪化は止まらず、同時多発テロ事件（2001年）や中東地域での紛争、南北間格差のみならず各国内でも貧富格差などの社会的な歪みが顕在化し、金融危機を契機に起きたウォール街占拠に象徴される事態（1％の富者への富の集中、格差批判）まで生じさせてきた。実社会では不況の克服や経済成長が強調される一方で、数千人規模のリストラ・解雇（合理化）が報道されるとその企業の株価が上昇することに象徴されるように、人々の貧困化を梃子にグローバル競争に勝ち残る弱肉強食の経済社会が出現しているのである。

　産業革命以来の工業生産による大量消費で豊かになった経済は、実物経済を離れてお金をどう投資し増殖させるかを先読み（先取り）して利益をうみだす「金融経済」へと移行し、世界金融危機を誘発した。その金融を救うために、巨額の財政投入で各国の財政危機を招く事態にまで至っている。先進諸国の苦境に、中国、インド、ブラジルなどの新興国の経済発展への期待が高まっているが、従来型の発展を前提にした場合は、資源や環境面での限界

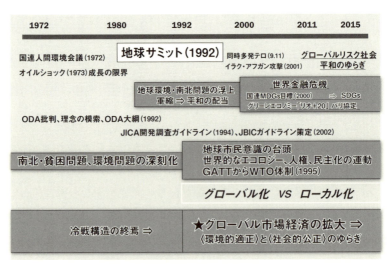

図2-3　国際状況の推移（環境・経済・社会）
出典：筆者作成

リスクに直面することが懸念される。こうした歪みの根源には、圧倒的な力で進展している市場経済下の過度なグローバル競争がある。

　世界動向としては、地球環境問題や南北問題の是正を目指す環境・開発レジーム形成の動きの一方で、グローバル市場経済のさらなる拡大・強化（グローバル経済下の自由貿易レジーム）がより強力な勢力として世界を牽引しており、多くの軋轢と矛盾を激化させている。そうした世界状況の変遷を、図2-3に簡略に示した。大状況としては1990年代初頭、地球サミットを契機とした環境レジーム形成が進み（上部）、開発協力（援助）分野では環境・社会配慮や人権・平和構築の動き（開発レジーム）が展開してきたのである（中部）。その一方で、旧社会主義圏をのみ込んだグローバル市場経済の急拡大（下部）が進行しており、その力関係としてはグローバルな市場競争（経済レジーム）がより大きな力を発揮してきたのが現状なのである。

　大きなレジーム対立という視点に立てば、国連やSDGsの動向もけっして一枚岩ではなく、諸勢力の利害が渦巻く矛盾含みの展開が起きているということである。従来の政治経済枠組み（経済レジーム）のなかに取り込まれていく流れとなるか、国益の枠を超える地球益的な立場で環境や開発の新しい枠

組み（環境・開発レジーム下のグローバル開発協力）を形成していく流れになるか、実際には複雑な様相を呈しているのである。本稿では、基本的には後者の環境・開発レジームの視点に立って時代状況を展望していく。

2　「持続可能な開発・発展」の捉え方

　持続可能な開発・発展の概念については、すでに序章でも紹介されているが、最近の動向とともにグローバル開発協力における展開をSDGsとも関連させて見ていくことにする。Developmentの訳語は、「開発」と「発展」があるが、本章では適宜使い分けている。

　環境面での持続可能性指標については、米国イェール大学とコロンビア大学のグループによる「環境持続可能性指数」（Environmental Sustainable Index：ESI）や、総合指標の一つであるエコロジカル・フットプリントと「生きている地球指数」（Living Planet Index、ＷＷＦ：世界自然保護基金）等によって、各国データによる国際比較がなされるようになった。日本でも、国の定める環境基本計画（現在は第5次、2018年〜）の進捗状況をはかる指標として持続可能性指標や総合指標が活用されてきた。2012年の国連会議（リオ+20）においてSDGsの案が浮上したのだが、環境と開発に関連して特に注目され参照されたものとしては、「地球システムの限界範囲」（Planetary boundaries）の考え方がある。限りある地球上で、人類がどのように産業や社会を成り立たせていけるのか、その目安となる指標の重要性が大きな関心をもって認識され始めており、SDGsにおいてもこうした指標については重視されている（ロックストローム 2018）。

　社会面での動きをみると、UNDP（国連開発計画）による「人間開発指数」（Human Development Index：HDI）などの先駆的試みがある。発展の評価軸を従来のGDP（国内総生産）のような経済指標だけではなく、社会的評価軸を組み込んだ総合指標の動きとして注目される。経済面に偏らない評価軸として幸福度指標などへの取り組みも近年盛んになっており、経済協力開発機構（OECD）の「Better Life Index（BLI）」や日本でも内閣府から「幸福度に関する研究会報告―幸福度指標試案」などが出されている。こうした指標やデータ群を見るかぎり、環境領域、経済領域、社会領域をカバーして総合的に見

表 2-1　各国・国際機関によるさまざまな指標の例

年	取り組み主体	指標・目標など	内容・分野など
1990～	国連開発計画	人間開発指数(HDI指標)	健康・教育・経済など人間開発の指数
1996～	国連持続可能な開発委員会	持続可能な開発指標(CSD指標)	環境など各種指標群のセット
1998～	世界銀行	ジェニュイン・セイビング	包括的な真の資本を測定
2000～	国際連合	ミレニアム開発目標(MDGs)	貧困半減、健康・環境改善などの目標
2005～	ブータン	国民総幸福(GNH)	社会のあり方、幸福感を明示
2005～	OECD	OECDファクトブック	経済、社会、環境の統計資料セット
2007～	欧州委員会等	進歩指標(Beyond GDP)	社会進歩・幸福の計測
2011～	OECD	より良い暮らし指標(Better Life Index：BLI)	社会進歩、生活の幸福度などを示す

出典：環境省「環境・経済・社会の状況を計測するための国際機関による指標等」平成23年版『環境白書』、内閣府「幸福度に関する研究会」(第1回、2010年12月22日、資料) などを参考に筆者作成

るアプローチがとられているかに見える。だが、力点の置き方の違いを含みながら、分野ごとの個別指標をとりあえず集約化しているというのが現状だと思われる。

　さまざまな指標が研究・開発されて利用されるようになってきた世界的状況について、代表的な指標例を表2-1に示しておこう。

　以上のように、概念や内実をめぐってはさまざまな評価軸や指標開発が模索されてきている。筆者なりの表現としては、持続可能なグローバル開発協力とは、経済の維持・発展を「環境」と「社会」の2つの座標軸において調整すること、すなわち「環境的適正」と「社会的公正」を実現することと言いあらわすことができる。その場合、大きく2つの軸から見ていくとわかりやすい。すなわち、一方は資源・環境をベースに持続可能な利用のあり方を模索する環境的適正アプローチ（自然科学・工学・環境経済学などの分野）であり、他方はさまざまな関係性を問う広義の公正の概念を適用する社会的公正アプローチ（政治・経済・倫理・哲学などの人文社会分野）である。

　前者は、資源・環境（自然資本）の捉え方にもよるが、物質・エネルギー・汚染を持続可能性として定量的に把握し設定しようとすることから比較的理

解しやすい。基本となる概念整理としては、ハーマン・デイリー（エコロジー経済学）等が提起して以下のように集約される3つの基本的条件が重要である（デイリー 2005）。

・再生可能資源は、消費量を再生可能資源の再生量の範囲内におさめる
・枯渇性資源は、資源消費をできる限り再生可能資源に代替する
・環境汚染物質は、排出量を抑え、分解・吸収・再生の範囲内に最小化・無害化する

上記の3点に定式化される考え方（3原則）は、資源利用と環境に依存する人間社会システムが永続性を確立するという点で説得力を持つ考え方であり、開発分野のさまざまなレベルで普遍的な原則として考慮することが期待される。また個別のミクロなCSR（企業の社会的責任）との関連では、企業・事業体ベースでの持続可能性指標の取り組みなども進行している。いずれにしても環境レジームにおける多様な取り組み、持続可能な社会形成に向けた今後の展開に期待したい（矢口 2010）。

3　持続可能性における社会的公正の評価

持続可能性の社会的側面については、環境面のようには定量化や定式化しにくい点で課題が残されている。人間社会のあるべき姿や公正概念などを重視するアプローチについては、人権の概念の定着と普及状況を見ても明らかなように、いまだ途上にある。現存世代の公正（経済格差・世界の貧困問題、資源・財・環境への不平等なアクセスなど）、将来世代との世代間の公正問題（未来世代の資源や環境の収奪、世代間配慮など）、さらに人間中心主義に対する批判（自然・生物の共生関係を重視するディープエコロジー的立場）など、評価軸の置き方などで大きな幅が生じてくる。何が大切なのか、視点や重点の置き方で大きな違いや隔たりが存在し、政策や制度化のプロセスとともに、その統一的な合意形成には多大な時間と努力が必要とされる。

かつての前近代社会では、宗教を土台とした倫理観や共同体意識（伝統知や伝統的規範）が社会的統制の機能をはたしてきた。だが、現代社会においては近代的世界観の普及に伴って人間社会の多様なあり方や価値観が展開しており、検討すべき課題は広がっている。そこでは、政治、経済、法、倫

理、歴史、教育などの諸分野、特に社会学、哲学、人類学などをはじめとする広範な人文社会科学において議論されてきたが、統一的な見解や合意形成は難しい状況にある。

　特に公正という座標軸の普遍化や制度的な確定については、理論化の動きはあるものの、かつての「資本主義」対「社会主義」をめぐる対立などをふり返ってもわかるとおり、課題は山積している。近年は市場経済を土台とする社会体制が主流を占めてきているが、米国のような自由競争や自己責任を重視する体制と欧州に多い社会民主主義的な体制とでは、価値観は大きく異なっている。実際に世界全体を見わたせば、民主主義体制がようやく定着してきた段階にある国も多くあり、開発の体制でもさまざまな政治制度のもとで近代化の歩みが進められてきた。

　従来の経済学、政治学、社会学の学問的枠組みでも、共通基盤のうえに評価・検討することには多大な努力が必要とされる。現状の社会的な基盤形成としては、法制度と各種行政の施策が推進されてきているのだが、新たな問題と課題は次々と生じており、対応は後追い的な状況にあるといってよい。

　ここでは一例として、人権の概念が社会領域や環境領域へと拡張されてきた動きと、安全保障の概念と結びつく昨今の動きについて、簡単にふれておこう。近代社会の成立と発展において、人権概念の形成が進むわけであるが、先駆的なものはフランスでの人権宣言（1789年）があり、そして第二次大戦後の国連の世界人権宣言（1948年）といった流れを経て展開してきた。そこでは、基本的には個人の生存・尊厳における自由権の確立とともに、それにプラスして労働、教育、社会保障といった社会権的基本権（社会権）が組み込まれる形で概念と権利の拡張が進んできた。権利の確立とそれを保障する制度化が進むことによって、社会的な矛盾や問題、リスクを押さえ込む仕組みを形成してきたのである。さらに最近では、人間世界の土台を形づくる環境権、動物の福利や自然の権利といった権利概念の拡張へ向かう試みがはじまっており（1973年の絶滅危惧種保存法、1992年の気候変動枠組み条約と生物多様性条約など）、主体やカバーする権利・責任範囲が人間をとりまく自然領域にまで広がってきている（ナッシュ 1993）。

　同様に、権利を担保する体制としての保障の概念も、近年その主体や範囲

において拡張をみせている。安全保障の概念についても、個人や集団の安全を確保し保障する枠組みとして発展してきた。歴史的には、制度的に一番強力に確保される装置としての国家のもとに収れんしてきた経緯があるが、その枠組み自体が次第に変化の兆しを見せはじめている。国家の狭い意味での国家的安全保障から、人権の確立とともに人びとの安全保障ないし広義の安全保障へと概念の拡張が起きており、それが具体的に示されたのが1994年の『国連人間開発報告書』における「人間の安全保障」の提唱であった。そこでは、領土偏重の国家的安全保障から人間を重視する安全保障、軍備による狭義の安全保障から地球社会の現実に即した広義の"持続可能な人間開発"による安全保障が重視されている。こうした流れの上にグローバル開発協力のあり方が模索され、新たな概念として提起されてきたのである。人権や正義、社会的公正をめぐる議論は、近年の公共哲学への関心の高まりと相まって、今後ともさらなる深まりと展開が期待される（セン 2005、サンデル 2011）。

Ⅲ　世界を変革するためのビジョン

1　グ・ローカルの「共」領域を拡大する——3つの社会経済セクター

　2030アジェンダには、世界を変革するという枕言葉がつけられている。しかし、どう変革していくかについての明確な展望は示されていない。現状は、グローバル市場が拡大して富の極端な偏在化が国内・国外の両方で進み、貧富格差や失業問題が生じており、貧困化が社会的な不安定性を増大させている。さらに、世界的に社会不安が高まっており、国内対立や内戦といった事態までもが増大して、グローバルには難民問題がより深刻化している状況が進行している（他章参照）。

　問題含みの世界経済のあり方をどう変革していくか、そしてグローバルな開発協力をどう進めたらいいのか、そうした展望を見い出すにあたって、新たな視点を確立する必要がある。その意味で、ここでは歴史的に社会経済システムの成り立ち方の原点に立ち戻って考えてみたい。参考になるのが、経済史家の**カール・ポランニー**★が示した3類型である。すなわち「互酬」（贈与関係や相互扶助関係）、「再分配」（権力による徴収と分配）、「交換」（市場にお

ける財の取引)という3つの原理的あり方から、社会のあるべき姿を再検討する視点である(ポランニー 2009)。

現代世界は、全てが市場に組み込まれていく「交換」ばかりが肥大化してきたが、3類型のバランスを考慮し、再編成していくことが求められているのではなかろうか。現在、その3類型がどのような姿として社会に存在しているかについては、市場交換を土台とする「私」セクター、再分配機能を土台とする「公」セクター、互酬機能を土台とする「共」セクターが存在している。実際の社会では、3類型の諸要素は重なっている側面があるので、あくまで理念的な提示である。ここで詳細を論じる余裕はないが、現代という不透明な時代状況だからこそ、根源的な枠組みから考え直す必要性があるという点を強調しておきたい(古沢 2016)。

結論をいそぐと、持続可能性が確保されるためには、社会経済システムの再編が「3つのセクター」のバランス形成、「公」「共」「私」の3つの社会経済システム(セクター)の混合的・相互共創的な発展形態として展望することが有効ではないかということである(図2-4)。持続可能な発展を地球市民的なグ・ローカルな公共性をもとに実現していくためには、「市場の失敗」や「政府の失敗」を越えた広義の公・共益性を担う主体形成、特に「共」領域を大きく拡充する方向性が重要だと思われる。

新たな社会経済システムについて、3つのセクターのダイナミックなバランス形成のなかで将来ビジョンを展望していく。つまり、社会・経済システムとしては、かつての資本主義・対・社会主義といった二項対立や、その後のグローバル市場経済に偏重するのではなく、3つの社会経済システムの混合的・相互浸透的な発展形態として考えるということである(ここでは、セクターは社会領域、システムは機能を示す言葉として使用している)。

現代的課題とされるさまざまな諸問題の解決のためには、政府による上からの管理統制(公)や市場依存(私)による環境問題や開発への対処だけでは

カール・ポランニー:ウィーン生まれでハンガリー、英国、米国などで活躍した経済学者。経済史の研究を基礎として経済人類学の理論を構築する。交換形態として、互酬・再分配・(市場)交換の3様式を抽出し、市場社会を批判的に分析するとともに非市場社会への理解と考察について尽力した。

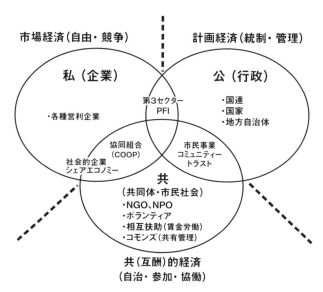

図2-4　3つの社会経済システム（セクター）
出典：筆者作成

不十分である。幅広い地球市民的なグローバルな連帯意識の下で、地域に根付いたローカルな人々の自発的・協同的な活動（NGO、NPO、社会的ミッションに取り組む各種企業、協同組合など）が、多面的に連携し合い、重層的に展開されてこそ、今日のグローバル世界の諸課題への解決が期待できるのではなかろうか（古沢 1988, 1995, 2018）。

つまり、グローバル開発協力が多面的に展開するためには、各国内や地域レベルでの3つのセクターの発展と、国境を越えたグローバルな協働性の強化（国連や各種国際機関、NGOなどの連携）というグ・ローカルで重層的な展開が必要なのである。この領域は、いまだ発達途上の状態にあるが、SDGs時代の将来展望として、そのような活動域の発展が期待されている。政府と企業だけで財やサービスが提供される時代から、公と私の中間域に位置する共的な活動領域が徐々に広がりつつあり、各種ボランタリーな活動が活性化し始めている。それらは、新たなソーシャルキャピタル（社会関係資本）の形成であり、新しい国際レジーム形成に連なる動きである。

将来的に、市場経済の枠を包み込む社会活動領域（共・公益圏）を広げてい

くことが重要であり、それを実現するグローバル開発協力の仕組みづくりによって、持続可能な社会への道が開かれていくのではなかろうか。

2　今後に向けて

　最後に将来展望についてもう一言にふれて、本稿を閉じることにしたい。世界の動向は、冒頭でもふれたが、20世紀の国益重視の国家対立的な状況に逆戻りするかのような兆候が顕在化している。不安定化しだした状況下で、目先の国益や自分たちの利己的な利害に傾斜する流れが強まっており、その行きつく先は対立と排外主義の相乗的激化による破局的悪循環、そしてかつて起きた戦争という事態さえもが懸念されだしている。

　あらためて世界動向を巨視的に捉え返して、人類が模索してきた平和で共に繁栄できる道筋を明確に示す必要がある。危機的な事態が進行する世界情勢下で、対立ではない共存のための手掛かりを、国連の新目標（SDGs）において見い出そうとする努力が一歩ずつ積み重ねられていることは、その動きの一つである。それは、まだ微小なものでしかない段階だが、人類の持続可能な発展を導く大切な道標（マイルストーン）として構築していくことが期待されている（古沢 2017）。

　国単位の権益強化や利害対立、そして力による軍事的せめぎ合いを拡大させる「負（悲劇）のサイクル」に陥らない新たな枠組みづくりが、今こそ世界のさまざまな場面において求められている。その手本とすべき出来事として、20世紀末の核開発（軍事）競争や冷戦体制を終結させた一時期、そこに花ひらいた平和の配当とでも言うべき歴史的状況を再度思い起こしたい。すなわち、地球市民社会へと向かうはずだった人類が、横道にそれて負のサイクルに舞い戻ることのないように、再度、私たちは希望の道を見い出すべき時を迎えているのである。それは、図2-3の国際動向の年表図で示したように、1992年の地球サミット開催当時に期待された希望の光、軍事費の縮減、脅威の抹消による平和の配当という「正（希望）のサイクル」を甦らせることである。その延長上において、環境の保全と社会的公正・人権を尊重していく新たなレジーム形成と持続可能なグローバル開発協力の実践こそが、今日の危機的状況を打開して諸問題を克服する契機になると思われる。

《参考文献》

セン，アマルティア（東郷えりか訳）（2006）『人間の安全保障』集英社
ポランニー，カール（野口建彦・栖原学訳）（2009）『大転換―市場社会の形成と崩壊―（新訳版）』東洋経済新報社
デイリー，ハーマン・E.（新田功ほか訳）（2005）『持続可能な発展の経済学』みすず書房
古沢広祐（2018）『みんな幸せってどんな世界―共存学のすすめ―』ほんの木
―――（2017）「持続可能な発展と多文化世界―環境・平和・人権・多様性をめぐる新動向―」『共存学4：多文化世界の可能性』弘文堂、251-267頁
―――（2016）「資本主義のゆくえと環境・持続可能な社会―社会経済システムの変革と「公」「共」「私」の再編―」『国学院経済学』国学院経済学会、第65巻第2号、97-128頁
―――（2014）「持続可能な開発・発展目標（SDGs）の動向と展望～ポスト2015開発枠組みと地球市民社会の未来～」『国際開発研究』国際開発学会、第23巻第2号、97-128頁　https://www.jasid.org/uploads/ckfinder/files/23-2-final.pdf（2019年9月5日閲覧）
―――（2010）「食・農・環境をめぐるグローバル・ガバナンス―再編を迫られる世界枠組み（パラダイム・レジーム抗争）―」『農業と経済（臨時増刊号）』76巻4号、5-16頁
―――（1995）『地球文明ビジョン』日本放送出版協会
―――（1988）『共生社会の論理』学陽書房
矢口克也（2018）『持続可能な社会論』農林統計出版
ロックストローム，ヨハン他（武内和彦・石井菜穂子監修）（2018）『小さな地球の大きな世界―プラネタリー・バウンダリーと持続可能な開発―』丸善出版
サンデル，マイケル（鬼澤忍訳）（2011）『公共哲学―政治における道徳を考える―』ちくま学芸文庫
ナッシュ，ロデリック・F.（松野弘訳）（1993）『自然の権利―環境倫理の文明史―』TBSブリタニカ

第 2 部

開発援助の再考
―事例編 1 ―

第3章 紛争・難民時代に考える「開発協力」
—日本の自立によるグローバルな協力を目指して—

平山　恵

キーワード 紛争、難民、武器、倫理、先進国の自立
SDGのゴール 16, 17

　カラシニコフを突き付けられた。
　2009年、**南スーダン**★。ソ連製の銃が目の前にあった。1980年代、内戦下のニカラグアで銃を向けられた記憶が四半世紀ぶりに甦った。
　筆者は1980年代にオゾン層の破壊を機に日本国内で環境問題に取り組み始めた。また、同時に**インドシナ難民**★が日本にやってきたことや犬養道子著の『人間の大地』(1983年)を読んで、途上国に関わり始めた。その後、1994年の**ルワンダ大虐殺**★時に難民キャンプで働き、1996年に湾岸戦争後のイラクの栄養状態調査で初めてアラブ地域に足を踏み入れた。考えてみると途上国各地域に深く関わり始めたきっかけは全て紛争・戦争や難民発生がきっかけとなっている。

南スーダン：2011年7月に、国民投票の結果、スーダンの南部10州が、アフリカ大陸54番目の国家としてスーダンより分離独立した。油田がスーダン南部にあるが、パイプラインなどの輸出設備がスーダン北部にあることで海外から目をつけられたことに始まる分離である。南北両民にとって石油収入は生命線であり紛争の大きな要因となったと言える。

インドシナ難民：1975年、ベトナム・ラオス・カンボジアのインドシナ三国が社会主義体制に移行した結果、経済活動が制限されたり、同体制の下で迫害を受ける恐れがあったり、体制に馴染めないなどの理由から自国外へ脱出し、難民となった人々の総称。難民の流出は1970年代後半から80年代を通して見られ、その難民支援活動が日本のNGO増加の契機となった。

ルワンダ大虐殺：1994年4月6日に発生した、ルワンダのハビャリマナ大統領の暗殺がきっかけとなり、ルワンダ愛国戦線が同国を制圧するまでの約100日間に、フツ系の政府とそれに同調するフツ過激派によって、多数のツチとフツ穏健派が殺害された。ルワンダ国民の10～20％にあたる推定50～100万人が虐殺された20世紀最大の虐殺と言われている。

本章では、筆者の30年余りの途上国の「国際協力」に関与した経験を振り返り、現在の「紛争・難民」時代のグローバル協力の課題と可能性を論じる。

I 「SDGs」の流布と「文化的暴力」？

　2015年に国連総会で採択された「持続可能な開発のための2030アジェンダ（通称SDGs）」が日本中を駆けめぐっている。毎日のようにSDGs関連の行事案内が筆者に届く。SDGsの前のMillennium Development Goals（MDGs）よりはSustainableつまり「持続可能な」という概念の方が日本の一般の人々の懐に入り易かった。それもそのはずである。「地球温暖化」が叫ばれて久しいが、この地球規模の問題に日本人も目を背けていられなくなった現実が見えてきた。途上国の問題に集中したMDGsから先進国の問題を取り込んだSDGsへと一歩前進したのは良かった。以前は「異常気象」と聞いても、日本に生活する多くの人々には他人事であった。しかし、自然災害が途上国、先進国を問わず世界の人々の生活に影響を与えている。天候異変のために作物が枯れて多くの途上国の農村が困り果てている。先進国の消費者が当たり前に考えていた農産物が店先から消えて初めて輸入に頼っている食生活に気が付く。あたかも自然の神が「人間よ、いい加減目覚めよ」と言っているようである。

　昨今の気候変動は世界レベルで生態系に影響を与え、国際的な食料の安全保障をも揺るがしかねない事態を招いている。20年以上前から日本の生産者も気が付いていたことである。世界の穀物生産量は世界人口をカバーできる量があるのに飢餓が各地で起こっている。日本では、地震、洪水、火山の噴火という自然災害が続き死傷者が出ている。途上国と先進国で共通の問題を抱えている。正確に言うと、以前から両者が同じ問題を抱えていたが、注目してこなかった。そのために、援助国と被援助国という二項対立概念が国際協力の常識として幅を利かせてきた。今こそ、『南』と『北』の国々が一緒に対等な立場で「持続的な発展Sustainable Development」に取り組む「グローバル協力」の時が来たと言えないか。

　SDGsは歓迎されるべきなのだが、筆者にとっては現在の国際協力や開発

援助は未だ「1000回なぐって（搾取）、3回手当（援助）」をしているようなイメージである。途上国と先進国の経済格差がもたらす**南北問題**★、先進国による途上国の搾取の問題は35年以上も前から議論があった。「**開発教育**★協議会」が1982年に設立されたことがその証拠である。グローバル化する世界では、人件費の安い途上国が農業生産物を作り、先進国といわれる国々がその農産物を安く手に入れて豊かな生活を送っている。しかし、それは他の地域を搾取しながら、限られた自然資源を多く使って遠距離運搬をした上での「快適な」生活である。この延長線上に金儲け戦争がある。この問題は1980年に出版された鶴見良行著『バナナと日本人』（1982年）や村井吉敬著『エビと日本人』（1988年）等の開発教育の古典的書物を思い起こさせる。そういう状態は現在も続いている。

　35年前とは違って、現在は国際開発関連の講義が各大学に開講されている。ODAだけでなく、NGO・NPO論や南北問題なども科目として登場し、国際開発を専攻する大学院も開設された。南北問題を勉強しているのに、先進国のあり方を正す活動が停滞している。気になっていたのに、いつの間にか目を塞いでいたと自戒する。銃を目前に見て目が覚めた。これは平和学の**ヨハン・ガルトゥング**★が言う、暴力が起こることを黙認していた「文化的暴力」である。開発協力における人間の倫理の欠如である。政府や警察官に任しておいても社会が安定しないのと同じく、英語が得意で、海外（主に西洋世界）での勤務や留学経験がある「優等生」だけに任していては、「国際開発論」というモンスターの被害者が増え続ける。例えば、逃避する難民を食い物にした旅行会社は見えてこない。本質的なことを見ぬふりをしているのか、気がついていないのかどちらかであろう。もっと多くの頭で考え、その考えを分かち合い、国民国家を超えた行動をするグローバル開発協力が必要である。

南北問題：先進国と発展途上国との経済格差や、そこから発生するさまざまな問題。
開発教育：南北問題や国際協力を理解するための教育で、自分自身と地域と世界とのつながりを認識し、公正で共生できる地球社会づくりに参加するための教育。
ヨハン・ガルトゥング：1930年生まれのノルウェーの平和研究者。「構造的暴力」論などで知られる。

Ⅱ　SDGs達成のために見過ごせない紛争・戦争

　英国の国際戦略研究所（IISS）によれば2018年9月、武力紛争による2018年度の死者数は15万7000人でその3分の1である約5万人は**シリア動乱★**によるものである。それに加え、難民や国内避難民は約1200万人である。この30年、筆者は開発途上国に関わってきたが、開発努力が紛争によって壊される国々が少なくないことを見てきた。開発課題を考える際に「紛争があるので仕方がない」と、紛争を理由に紛争の影響を受ける人々を置き去りにせざる得ないことが少なくなかった。事実、筆者自身も2011年以前は毎年2回以上シリアを訪れていたが、2012年から今日に至るまで、シリアに入国できず、シリア国内の課題に貢献していない。

　そんな中、2015年の国連総会で採択された「持続可能な開発目標（SDGs）」の16番目の目標に「平和で公正な社会」が掲げられた。あらゆる暴力と暴力による死を大幅になくすことを目指す。素晴らしい。

　SDGsの17の目標と戦争・紛争との関係を筆者自身の直面した問題と重ねてみると一つとして目標が達成できないことが分かる。つまり、開発を考える時に紛争・難民などの問題と国際社会が対峙せざるを得ない。「紛争がなければ目標を達成していたのに」という仮定は捨てて、現実の紛争ある世界を見ながら「開発」を考えないとSDGsは絵に描いた餅となる。しかし、SDGsの会合がこれほど行われているのに、「戦争を止める」会合が少ないのはどういうことか。第4番目の目標である教育の問題一つを例にとっても、戦争があると質の高い教育は全員には行き届かない。2011年からの紛争が

シリア動乱：「アラブの春」の影響もあり、2011年3月シリア南部の町ダラアで拷問に対するデモ行進が起きた。最初の半年は市民の民主化運動の要素もあったが、それに対するバッシャール・アサド政権軍の武力行使からシリア軍と反政権派勢力の民兵との衝突、サラフィー・ジハード主義勢力のヌスラ戦線とシリア北部のクルド人勢力の間での衝突も生じ、反政権派勢力間での戦闘、さらに混乱に乗じて過激派組織ISILやヌスラ戦線、シリア北部のクルド人勢力ロジャヴァが参戦したほか、アサド政権の打倒およびISIL掃討のためにアメリカ・フランスをはじめとした多国籍軍、逆にアサド政権を支援するロシア・イランもシリア領内に空爆などの軍事介入にもなる等、複雑化した一連の紛争のこと。

起こらなければ、シリアの初等教育就学率は100%に近かった。戦争はSDGs最大の問題である。

表 3-1　SDGs の 17 の目標と戦争・紛争との関係 (筆者の体験のみを記載)

SDGsの番号と目標	戦争と紛争下での現状
1. 貧困をなくす	戦争・紛争下では働けず、また物資不足で物価が上がり貧困状態を加速。「いかなるところでも全ての形態の貧困を終わらせる」ことにはならない。[シリア、パレスチナ]
2. 飢餓をゼロに	戦争下で移動が制限され飢餓が起こった。[シリア、イエメン]
3. 人々に保健と福祉を	地雷で足を吹き飛ばされる、病院が爆撃される。[シリア]
4. 質の高い教育をみんなに	教育を受けることができない子どもが大勢いる。[ルワンダ、南スーダン、シリア]
5. ジェンダーの平等	シリア難民の娘たちが口減らしでサウジアラビア等の国籍の違う金持ちの家に嫁いでいた。[ヨルダン]
6. 安全な水とトイレを世界中に	難民キャンプで水が不足し、チフスや赤痢といった水系感染症が蔓延。[ザイール (現在のコンゴ民主共和国)]
7. エネルギーをみんなに、そしてクリーンに	空爆や化学兵器は大気汚染をもらした。[イラク、シリア、イエメン]
8. 働きがいと経済成長を	ヨルダンに避難したシリア難民はヨルダンでは働くことで逮捕される。
9. 産業と技術革新の基盤をつくろう	作る余裕はない。
10. 人や国の不平等をなくそう	軍需産業で設けた人vs戦争で貧困になった人の格差が更に拡大。
11. 住み続けられるまちづくりを	空爆で故郷に住めない。
12. つくる責任つかう責任	地雷を作り、地雷で人を殺す。
13. 気候変動に具体的な対策を	戦争が環境破壊をおこし、ひいては気候変動をもたらす。
14. 海の豊かさを守ろう	湾岸戦争中、イラク・クウェート沖で撃沈されたタンカーから漏れた原油が海洋を汚染。
15. 陸の豊かさも守ろう	爆撃は陸の豊かさを破壊。
16. 平和と公正をすべての人に	戦争があれば、当然平和ではない。
17. パートナーシップで目標を達成	戦争にプラスのパートナーシップは皆無。

出典：国連SDGsを基に筆者作成

SDGsはMDGsと違って先進国の問題をも視野に入れている。戦争は環境破壊であり、先進国・途上国を問わずボーダレスに地球市民の生活に関わってくる可能性が大きい。それにもかかわらず「反戦平和」は世界どこでも受け入れられているとは言い難い。だからこそ、考える余裕があり、声を上げる余力のある日本からこの問題を「グローバル開発協力の課題」として提示する必要があると考える。

Ⅲ　「難民支援」の「人道支援」へのすり替え

　国連の「難民の地位に関する条約」（通称「難民条約」；1951年7月28日採択、1954年4月2日発効）では「人種、宗教、国籍、特定の社会集団への帰属、政治的意見などの理由から本国で迫害を受けている、あるいは迫害を受ける危険があるため、国外に逃れており、本国政府の保護を受けることができない人、あるいは保護を望まない人を保護」とあり、締約国に難民の保護を義務づけている。また、現在は、「国内避難民」「帰還民」「その他紛争の犠牲者」も国連難民高等弁務官事務所（UNHCR）は保護の対象としている。

　2016年5月にトルコで開催された「**世界人道サミット（WHS）★**」において以下の5点が採択された。採択された5点とも、正論であるように見える。しかし、実際は、人道主義を強調するがあまり、本来取り組むべき、長期的な紛争予防、つまり、紛争の根本原因や紛争に燃料を注いでいる国々の行為については全く言及されていない。物資の供給や理論上の平和構築の研修など短期的対応が目に付く。採択された5項目に沿って分析する。

1　紛争を予防・解決するためのグローバルなリーダーシップ

　紛争を予防もしくは解決するため、早期からの行動や、迅速かつ整合性の

世界人道サミット（WHS）：紛争や自然災害等の人道危機に対する効果的かつ効率的な協力のあり方について、国、国際機関、市民社会等、幅広い関係者間で協議した最初の人道支援の国際会議。55カ国の元首・政府の長他、国際機関の長が多数出席。ビジネス界、NGO、学界等も含め、173カ国から9000名以上の人道関係者が参加した。首脳級会合、全体会合の他、ハイレベル分科会、15テーマのスペシャルセッションが実施された。日本は人道支援として中東・北アフリカ地域向けに、3年間で約2万人の人材育成を含む総額約60億ドルの支援を実施する旨を表明した。

取れた、断固たるリーダーシップを発揮しなければならない。政治的関与を継続し、また必要に応じて複数の危機にも同時に対応し、さらに政治・経済両面での影響力も駆使する必要がある。平和で包摂的な社会を推進するための投資も求められる。また紛争の解決策は、広く一般市民とともに築いていくことが必要とある。

特に日本ではODA・NGOにかかわらず、国際協力実施者が政治的関与を避ける傾向がある（北野 2011）。筆者は2015年以降、日本の外務省に対して紛争予防解決のリーダーシップをとっていただけるようNGOのコンソーシアムで提案を続けてきているが苦戦している。2016年の伊勢志摩サミットでは日本以外の先進国のシェルパ（各代表国の実際政策策定の担当官）との対話も行い日本政府への外圧をも図ったがお茶を濁した程度の結果となった。国際政治学者も途上国の地域研究者をも配する日本や先進国が関わる責任がある。研究者だけでなく、その地域で長く駐在している民間企業の社員やODA関係者、NGOスタッフ及びその所属団体や個人も情報提供という意味で紛争解決に関わるべきだろう。ひいては途上国の生産物を享受している一般市民も世論形成という意味で重要なアクターで、果たすべき役割がある。30年前とは違って、難民や紛争問題に対応するNGOが合同で意見を交換する場ができている。また、そういった問題に対応する資金源となっている**ジャパンプラットフォーム（JPF）**★が2000年から存在するのは喜ばしい。しかし、まず政治的な話はできないというのが現状である。戦争の根源を止める合同声明をあげようとすると、大した理由もなく「政治的なことに関係すると、政府資金が入ってこないから、本当は声明に賛同したいが、申し訳ない」という状況に何度も落胆した。本来なら、こういった根本的な問題に対する声明はODAであれNGOであれ日本の関係者合同で出すべきものであると筆者は考えるが、NGOだけでも合同で声明を出すことが難しい。

ジャパンプラットフォーム（JPF）：日本のNGOの人道支援の資金を支援する中間組織NGOとして2000年8月に設立された。発展途上国での自然災害・難民発生等に対する緊急救援の際、政府の資金拠出による基金及び企業・市民からの寄付を募ることによって、緊急援助実施時、初動活動資金が迅速に提供されるため、NGOは直ちに現地に出動、援助活動を開始できるようになった。

2　人道規範を護持する

　紛争下で一般市民を保護し、人道支援のアクセスを確保するため、国際人道法・人権法・難民法の遵守を強化し、人道原則の護持にリーダーたちは改めてコミットしなければならない。違法行為があればシステマチックに糾弾し、そうした行為に対する説明責任を改善すべく、グローバルな司法システムと国連安全保障理事会による関与の強化など、具体的な措置を実施することが必要であり、こうした国際法に関する世界規模の啓蒙キャンペーンも検討すべきとする。

　イラクは**湾岸戦争★**、**イラク戦争★**と2度も根拠が曖昧な形で空爆を受けた。湾岸戦争はクェートから避難してきた12歳の少女がイラク兵の残虐さを米国で訴えたことで、またイラク戦争はイラクに大量破壊兵器があることを理由にして空爆を開始した。後に、クェート人の少女は在米大使の娘であり、クェートにいなかったことが判明しているし、兵器は見つからなかったことで、明らかに国際法に違反している。世界に独裁国家は多くあるが、ハイチやシリアに経済制裁を課して、クルド人への拷問が顕著なトルコには経済制裁を課さないという、大国の都合による気まぐれな国際社会の決議にも疑問を呈する。人道規範よりも、一般のイメージが優先される。しかも、そのイメージが人為的に作られたものであるから悪意的である。そのイメージを持っているのは一般市民である。一般国民がこぞって反対すれば国税を大量投入した戦争は起こせない。しかし、一般市民が戦争に反対できない理由がある。米国の全ての州には米軍基地があり、それが雇用を生み出している。軍事基地がなくなると解雇が発生してしまうので、軍事基地の恩恵を受けている人々は反対できない。その結果州知事は「基地を継続してくれ」と

湾岸戦争：1990年にイラクがクウェートを占領、併合した。それに対して1991年1月～2月に米国を中心とした多国籍軍が攻撃を加えた戦争である。イラクは多国籍軍に徹底的に叩き潰されてクウェートから撤退した。また、クウェート侵攻に対してかけられた経済制裁により、イラク国民は貧困に苦しむ。この戦争によって地域紛争が深刻化した。

イラク戦争：2003年、中東石油地帯の支配を目論むジョージ・W・ブッシュ大統領の米国が中心となり、大量破壊兵器保持を理由として、イラクへ侵攻した軍事介入である。フセイン政権は米国のハイテク攻撃の前に崩壊し、フセインは処刑される。結局大量破壊兵器は見つからず、米軍の占領後は、シーアとスンニーが対立して内乱になり、イラク国内は治安が悪化する。

なる。日本の沖縄の軍事基地と同じ問題が見える。人道規範は人為的な悪意ある宣伝に負けてしまっている状況である。

3 だれも置き去りにしない

　紛争や災害に見舞われるなど、脆弱な立場に置かれ、あるいはリスクに晒されているすべての人々に必要な支援を届けなければならない。また、彼らを開発努力の中にしっかりと位置付け、彼らの自立を支え、地域社会が持つ力を応援していくことも重要である。これはSDGsでも謳われており、貧困や不平等に取り組む一方で気候変動問題にも対応し、平和で包摂的な社会を推進しようというものである。それには、2030年までに国内避難民の数を半減させるとともに、大規模な難民の動きに対しても責任を共有する必要があり、今後10年を目標に無国籍者も無くすというものである。

　2011年以降、シリア難民の状況をモニターしているが、例えば国連世界食糧計画（WFP）は何度も資金不足に見舞われ、限られたシリア難民にしか食料配布ができなくなっていた。更にシリアの国内避難民はシリア政府の囲い込みにより、兵糧責め状態で飢餓状態となっていた。筆者は2006年から2010年の5年間、学生を連れてシリアでのホームステイ調査を行っていた。これに参加した卒業生Nが帰国後も10年間ホームステイファミリーと連絡を取り合っていた。2017年3月13日にホームステイの世帯主から届いたメッセージが次のとおりである。「私たちは何もすることができません。残念ながらどんな支援物資もありません。連続する空爆が原因で、ここには何も届いていないからです。私たちは、私たちの家から持ってきた食料で暮らしています。でもこれは数日分しかありません」。筆者もこのメッセージの送り主をよく知っているが、2016年までは「まだ頑張れる。僕たちは大丈夫だ」と言っていた気丈なシリア人である。

　1996年に筆者が健康調査に従事した経済制裁下のイラクでは、制裁前はイラクの栄養問題は肥満であったが、制裁後は子どもの栄養失調が顕著であった。現在のイエメンの飢餓はイラク以上に長い期間空爆が続いている。深刻な栄養状況が発生していることは想像に難くない。飢えにより、男性による女性や女子への暴力や他人への暴力再生につながっていることはどの紛

争でも見られる。

4　届ける支援から人道ニーズ解消に向けた取り組みへ

　現地の既存システムに取って代わるのではなく、当該地域の能力強化に努めるとある。2015年3月に仙台で開催された第3回国連防災世界会議で採択された「仙台防災枠組」にも立脚し、人々や地域社会のレジリエンスを高めるという論理である。また危機が起こってから対応するのではなく、危機の発生をあらかじめ予測することも想定されている。これまでの国際協力の取り組みを見直し、人道支援と開発援助の垣根や、組織・セクターの壁を越えて共に働く姿勢が必要とする。

　開発援助への投資がODA・NGOの物資供与と技術移転が中心の国際協力であるが、戦争被害等、人道問題のニーズを減少させなければ、開発協力で積み重ねてきたものが一夜にして崩壊するのである。

　ルワンダ難民キャンプで活動を開始した国境なき医師団（MSF）の代表理事は「人道援助は戦争から生まれ、戦争を通じて存在していながら、同時に戦争にたいし賛成とも反対とも全然言わない点」（ブローマン 2000, 46頁）を問題視した。専門職業と化した人道支援を否定し、人道支援が蛮行への承認になることを理由にルワンダ難民の緊急援助から撤退した。ルワンダ難民キャンプに紛れている殺人者が多いと分かったためである。殺し屋の生活を支援することで虐殺を再生産していることになると考えた上での撤退であった。援助物資を得るために人道ニーズを人為的に作る現場にも遭遇した。

5　人道への投資

　リスクをより良く管理し、危機の影響をできるだけ減らすため、リスクの度合いに応じて現地の能力開発に投資しなければならない。特にドナーは脆弱な状況に置かれている国々に対して援助予算で野心的な目標を設定し、平和で包摂的な社会づくりへの投資を増やす必要がある。長期化した危機に対応するための新たな資金手当てプラットフォームの設立も検討が必要である。

　「平和で包摂的な社会づくり」、これこそが必要な時であり、現在の国際協力と紛争の関連はこのロジックに依拠しているように思える。貧困削減や教

育の充実が紛争を減らすという論理である。また、平和構築の研修機関に日本政府を含めたドナーが資金提供を行っている。

　以上、史上最初の人道国際会議であり、国連発足後70年間で最大の規模でかつさまざまなステークホルダーが人道支援について議論をした会議で採択した5項目である。にもかかわらず、この会議で根本問題に触れられなかったのは残念である。

Ⅳ　紛争・戦争と開発を考える

　不毛な破壊と殺戮が続く地に開発も発展もない。また昨今、紛争は、紛争当事国だけに影響が及ぶのではなく、地球全体に負の影響が広がっている。戦争は最大の環境破壊であり、限られた資源の無駄遣いである。シリアの紛争は難民という形で近隣諸国を侵食した。筆者は2013年から2018年の6年間このシリア難民の周辺諸国での受入れ状況を見てきた。ヨルダンなど受入れ国におけるヨルダン人とシリア人の衝突はあまりにも多く発生しているが、日本では知られていない。また、難民キャンプ外で住む都市難民は家賃を払って生活しているが、働くと逮捕される場合が多い。その結果、貯蓄を切り崩すしかなく、生活が成り立たなくなり欧州に移動する者、戦火のシリアに帰国する者もいた（転原バンド 2014）。このシリア人の移動が大きく影響して、英国はEUからの脱退、仏英独などの欧州の主要な場所で難民と住民との衝突もニュースになった。そのため、欧州各国も難民受入れを制限せざるを得ず、国境で催涙弾を使った追い返しや、海で溺れた難民が岸に打ち上げられる等、悲惨な事件が発生している（ドキュメンタリー映画『シリアに生まれて』[1] 2016）。

　ニカラグア内戦のコントラ事件[2]、アフガニスタンやイラクへの攻撃理由の不透明さ、シリア紛争の陰に見えるパイプライン等、紛争の火種となった先進国が負うべき責任が放置されたままである。アジア・アフリカの鉱物開発で始まったさまざまな小競り合いが大きな紛争になり、多くの難民を今も出している。このような紛争根本論議は1980年代から存在した。そして筆者もそれが気になり、1980年代は米ソ超大国や他の先進国の大使館を訪問

して問題解決を迫るなど、先進国の問題を問うべく動いていた。それが、いつの間にか、ただ単に難民の医療支援をしたり、必需品を配布したりという一過性の高い支援に従事していた。紛争の根源であると理論上いえる貧困削減や教育支援などを前面に出し、理屈をつけて根本問題への関与から無意識に逃げてきたと言える。

長年放置してきた先進国による途上国の搾取の問題、いわゆる「南北問題」の累積が今、負のブーメラン効果として欧米諸国を襲い始めている。それを「テロ」という名前をつけて「テロとの戦い」と言っている茶番が、現在世界にもっともらしく鎮座しているのか。もちろん、日本も例外ではない。

V 開発と倫理──武器輸出という戦争加担

冷戦時代は二大超大国である米国とソ連との、それぞれが考える明確なイデオロギーを持った戦争であった。ところが、そこに「軍産複合体」という権力組織が現れる。経済体制が違う社会主義であったソ連にさえ、この軍産複合体は存在するから厄介である。この「軍産複合体」の危険性は1961年にアイゼンハワー大統領が離任演説のなかで警告を発している。現在では『軍産官学複合体』というように「官」と「学」を加えて使われる。まさに「民」「官」「学」の連携で兵器が開発され、軍事支出の拡大や兵器調達の増大をはかる強力な結合関係を構成している。「死の商人」ということばが聞かれなくなってきたのは、商人という自由に生きている「民間」に属する人だけが武器を売り捌いているのではなく、経済政策として「官」つまり政府と、「学」つまり研究者が協力しているからであろう。

さらに悪いことには、1960年以前は軍事先進国が同じイデオロギーに向かう国に軍事援助を行う形であったものが、現在はイデオロギーなど関係なく、つまり同盟国かどうかなど関係なく、利益が得られればどこにでも売るという利益中心の武器の売買になっている。米国は自国製の武器を輸出すると問題になるということで、ソ連製の銃を売買している（『世界』2018年10月号）。日本も例外ではなく2014年に安倍内閣の「防衛装備移転三原則」により武器輸出が解禁となり、兵器が「商品」として堂々と横浜のメセナに並んだ。

筆者は1994年、前世紀最大の難民数を出したルワンダ難民キャンプで働いたが、東アフリカの小さな農業国からの難民の流れに援助キャパシティ不足の国連難民弁務官事務所（UNHCR）が悲鳴を上げた。国連が、フランス軍がこの紛争の激化を止められなかったと責められた。単に軍隊を派遣して止められるものではない。ストックホルム平和研究所によると、ルワンダの1980年から1988年の武器輸入額は500万ドルであったのに対して、1990年から1994年の輸入額は1200万ドルと急上昇している。ファインスタイン（2011）によると、この小さな貧困国がフランスのクレディ・リヨネによる銀行保証で武器を購入している。また、フランスの仲介で南アフリカの国営企業からも兵器を輸入している。ルワンダの虐殺の特徴は農機具を使った一般市民どうしの殺し合いという印象があるが、やはり大量の武器が輸入されていたのである。

　世界の人口の6割を占める途上国の人々が、世界の軍拡と組織体系で支えられた世界政治の構造の最大の犠牲者になっている。逃げ惑うこと、生きることに精いっぱいで自分がどこに置かれているかを把握できない。犠牲者が抗議の声を上げられない。そうなると、第三者がそれに気づいて声を上げていく必要がある。これこそ戦争のない時代・場所に生まれた幸運な人間ができる国際協力ではないだろうか。一歩譲って、大義ある「正戦」であれば、兵士が犠牲になるのは仕方がないとも言えるが、軍の死傷者よりも民衆の死亡の方が多いのが今日の戦争である。直接的な戦争の死亡だけではない。兵糧攻めにより「一般市民」が飢えたり、経済制裁により慢性疾患の人が医療サービスを受けられないで死亡するなど、数字にならない、いわゆる「構造的暴力」の犠牲者が存在する。いったい誰が何のために軍備を維持、増強、輸出しているのか、その受益者と犠牲者は誰なのかに気づく必要がある。国際協力に関わる者であれば、筆者も含めて地球市民としての責任としてこのあたりの因果関係は把握すべきだろう。

　国際開発学会の研究大会では昨今、毎回「紛争」のセッションが設けられるが、内容は紛争終了後の復興への支援、または経済成長や貧困解決が長期的には平和を作るという議論に終始している。1980年代から指摘されてきた先進国が根本原因を作っているという途上国での紛争への先進国の関与の

発表は見当たらない。今こそ「開発」や「国際協力」に従事する人間は平和との関連付けを真剣に行い、何らかの行動をとるべき時である。1964年に設立された国際平和学会での平和研究の定義は「戦争の諸原因と平和の諸条件に関する研究」（岡本 1999, 6頁）である。平和学会が紛争の先進国も関与している根本原因を究明するのに対して、開発学会は「平和」であることを前提に発展・開発することについての議論が多い。両学会には共通点もある。①学問分野としては新しく社会の切実な要請があり登場したこと、②学際的であること、③会員にはいわゆる「学者」でない一般市民の研究者が少なくないことである。平和学は「市民科学」であるとも言われる（寺島 2015, 4頁）。開発学もMDGsからSDGsになり、南（途上国）だけでなく北（先進国）の課題も取り組む共通の対象となったことで、より多くの人間がステークホルダーになる。かつ、非常に学際的だということで机上ではなく現場に根差した学問となると大勢の人の視点や経験が必要となる「市民科学」分野なのではないか。

Ⅵ　グローバル市民科学の可能性

前節までは、筆者の感じた四半世紀の「開発協力」に対する違和感を基にした問題点を自戒を込めて述べた。以上のような問題提議をするだけでは、「理論上は理解できるが、実際の解決案はないのでは」と言われかねない。そこで、この節では、具体的にどのような市民科学の取り組みや将来的な可能性があるのかを考察する。一つは「政治的」グローバル協力であり、もう一つは既に先進国・途上国両方で始まっているエコビレッジやトランジション・タウン（TT）のようなローカリゼーションの取り組みである。

1　「政治的」グローバル協力

Ⅴ節で述べた武器の取引の研究などは国際開発学会やJICA研究所でも扱える問題であろう。こういった研究や提言こそ、先進国の責務でありODA大国が税金を使って取り組む問題である。被害者である途上国は生存対応で刹那的にしか動けないので余裕のある先進国が研究し、対応するのである。

途上国の人々により近いNGO等に従事している者は、具体的に問題を提示することができる。それにもかかわらず、政府資金を得ているNGOが多い昨今、「政治色がつく」と政府開発援助に右に倣えという状況である。なんのための「非政府」団体かと感じる。そんな中でも表3-2の通り、日本の老舗NGOである日本国際ボランティアセンター（JVC）はことあるごとに政策提言を行っている。セーブ・ザ・チルドレン・ジャパンやワールドビジョン・ジャパンも政策提言の専従スタッフを置いていて活動をしているが、政治色がつくことを避けて通る傾向があり、途上国に必要な予算（例えば栄養問題のODA経費）の増額の政策提言といった政治性のないものでとどめ、JVCのような問題の神髄に迫るような提言は控えている。また、NGO国際協力センター（JANIC）や関西NGO活動推進協議会のような地域のNGOのネットワークを支援する団体やアーユス仏教国際協力ネットワークはアドボ

表3-2　日本国際ボランティアセンターのアドボカシー活動

2019年3月22日	声明	イラク戦争開戦から16年、イラク戦争の検証を求めるネットワーク声明
2019年2月25日	声明	NGOの声明：辺野古新基地建設に反対する沖縄県民投票の結果を尊重することを求める
2018年9月7日	要請書	シリア・イドリブ県にて懸念される軍事攻撃に際し、シリアでの停戦・和平を要請します
2018年8月30日	要請書	【緊急要望】プロサバンナ事業：ナンプーラ州農務局長の人権侵害発言録音の犯人探しについて
2018年8月2日	声明	ACBAR声明：「ACBARは市民と支援従事者への最近の攻撃を非難する」
2018年6月22日	声明	日本のNGO共同声明：「アフガニスタンにおける停戦の延長、暴力の停止、和平プロセスの進展を求めます」
2018年6月7日	プレスリリース	パレスチナ・ガザ：日本のNGOが支援・協働する現地NGOスタッフが負傷者の救護活動中に殺害されたことに抗議します
2018年6月7日	声明	NGO共同声明：ガザでの抗議運動参加者に対する殺傷力のある武器使用中止の働きかけ、真相調査の調整に尽力してください
2018年6月5日	公開質問状	プロサバンナ事業の州農務局長の発言内容について
2018年6月5日	要請書	プロサバンナ事業に対する異議申立に係る審査結果に対する申立人からの意見書

出典：日本国際ボランティアセンターHP　https://www.ngo-jvc.net/jp/projects/advocacy/advocacy.html（2019年5月1日閲覧）

カシーの支援をしている。もちろん、アドボカシーに特化したNGOも現在では複数設立され、こういった動きには希望を見出すが、まだまだ予算措置が小さく、十分な活動ができない難しさがある。何より、日本の一般市民が、「難民」や「災害」といった直接「援助」の美しさを募金の対象に求めてくるために、アドボカシーへの募金は集まりがたい。それを知ったNGOが直接援助中心の活動になりがちになるという悪循環に陥っている。こういう時こそ、資金的余裕がある政府や財団がNGOのアドボカシー活動に支援をしたり、JICAがもっと開発教育に力を入れたり、前述の根本問題の解決の研究を進めるなど、税金を根本問題に使う英断が必要かと考える。

　2018年10月14日と15日にカイロで開催された"Operationalizing the African Union Post Conflict Reconstruction and Development Policy"という紛争後の開発を考えるハイレベル会合に出席した。日本も資金援助をしている会合である。会合半ばに、紛争の再発防止について話が及んだ。この手の会合は、例えばシリアについては2013年から「紛争後」のシリアの再建についてのワークショップが国連の西アジア経済社会委員会（ESCWA）のお膳立てで周辺国で行われていた。それから既に5年以上が経過して、状況は変わっている。前節で述べたが、日本の国際開発学会での議論がそうであるように、当該国の周辺でも「復興」や「紛争予防の貧困削減」等の扱いやすい問題については議論にあがるが、何十年も繰り返されている先進国が作り出す紛争の火種については話が及ばない。そこで、この会議で「紛争被害を受けている国の代表の皆さんが、先進国に対し、紛争の火種を作らないように問いかける話はしないのですか」と発言したところ、「それは重要なことなので、先進国から来ているあなたが是非帰国して日本で話し合ってください」と言われてしまった。その通りである。途上国は先進国をモデルに発展してきた。会議の内容まで先進国をモデルとしてしまっているために、重要なことを話し合っていなかったことに、当該国の代表は気づいた。こういった会議は、先進国からの資金を受けて、あちこちで行われている。そこにも問題がある。参加者は英語やフランス語を流暢に操れる先進国留学経験者が多い。彼らは直接の戦争被害者ではないことで、会議の内容が現実離れしていたのである。

2　日本の自立力をつけるエコビレッジやトランジション・タウン

　戦争をなくすためには「地球市民社会」の形成が必要である。「地球市民社会」とは、国境を越えて交流し、協力をするための場が形成されていく動態を示す概念（寺島 2015, 214-216頁）である。人間の愚行に自然界が怒りを爆発させたかと思えるほど、日本では大規模な自然災害が相次ぐ。フクシマの放射能汚染が最たる例であるが、人災と自然災害の境も曖昧である。奇しくもシリア動乱が始まり、日本では東日本大震災が起こった2011年3月以降、シリア難民は国外へ避難を始め、今世紀最大数の「難民」を出した。日本では被災地から人々が動き出した。政治にも訴えるようになった。被災していない人も自分事として動き出した。停電を経験し、福島の惨状を見て、各地で電気を起こす市民活動が進む。2011年以前から少しずつ始まっていたローカリゼーションの動きが加速されてきた。

　途上国の戦争をなくすための長期的方策の一つは平和文化を醸成することである。そのためには、まずはそれぞれの国が、地域が自立することである。地産地消で他の地域から奪わない文化を形成する。戦争の原因を作り、戦争を支える構造から脱却し、省エネを実践し、ニーズを身近なところで確保する形で地域の力をつけるローカリゼーションが日本でも始まっている。2011年の東日本大震災以降、住民が創意工夫して脱石油型社会を創るトランジション・タウン運動や、低炭素社会で環境に配慮した生活を送るエコビレッジ運動が日本でも広がっている。欧州では日本より先に21世紀に入り英国をはじめとして、この運動が拡がり始めた。日本でもそれぞれの地域が、未来に生きる人々のことも考え、環境に、他人（ひと）に「優しい社会」づくりを目指したい。日本の自立力をつける一般市民の行動が活発化してきている。

　エコビレッジとは「自然環境と共生し、地球環境への負荷を少なくし、自立性、循環性のあるコミュニティの場」（糸長 2007）であるが、その支柱は一人一人の意識のあり方にある。糸長によると、エコビレッジは3つのエコロジー、すなわち「生態系」、「社会・経済性」、「精神性」のエコロジーの実現を目指すという。ただ単に環境の持続性を目標としているのではない。「循環」「持続型」という概念に加え、「自立」「完結」というローカリゼーションの思想が根底にある。

筆者は2018年にスロベニアとハンガリーとエジプトのエコビレッジを訪問調査した。海外のエコビレッジや日本のどのエコビレッジでも学びの時間が活動の中心となっている。スロベニアの「サニーヒル」エコビレッジでは毎夜、本音での話し合いがこのコミュニティの精神的な柱であった。エジプトのエコビレッジSEKEMは1977年に

写真3-1　自然との共生：北海道エコビレッジのコンポストトイレと小さな暖房

創設者が砂漠に井戸ひとつを掘り、木を植えたのが始まりである。当初は「馬鹿な挑戦をしている」と嘲笑を受けたという。しかし、今や1500人の従業員を擁したビジネス組織となった。40年以上を経過した現在も週末に入る前の最後の平日の終わりには従業員全員が一堂に会して、1時間話をしている。SEKEMは、小学校・中学校・高校に加えて、職業訓練学校、貧困者の識字学校、障碍者も入れた学校も擁する。2013年にはヘリオポリス大学という高等教育機関も開学した。大学の教員も週一度集まり、シュタイナーの教育論に沿って、じっくりとコミュニケーション能力を養う教育を展開している。

　そのSEKEMがペットボトルをどうやって瓶に戻すことができるか試行錯誤している。どうしても他の会社との価格競争に負けて、やはり現在もペットボトルをプラスチックで売っていることに嫌悪感を覚えているという（2018年インタビュー）。

　エコビレッジが国際的に拡大したのは、1990年代以降、エコビレッジづくりの国際交流とネットワークがデンマークを中心に動き出し、1995年にGEN（Global Ecovillage Network）が設立されたことにあるとされる。GENは世界中で、エコビレッジの新規立ち上げやその改良のための研修をUNESCO承認で提供している。日本でもGEN-Japanが2017年から研修コースを開設し、

日本各地でのエコビレッジづくりを応援している。2017年以前もGEN-Japanとしての研修はなかったが、NPO「懐かしい未来」によるEcovillage Design Educationの研修は行われており、その延長上にGEN-JapanのUNESCO公認の研修講座がある。筆者自身も故郷奈良で「笑郷(えごう)まほろば」というエコビレッジの活動を2016年から地元の人々と開始した。また、2014年から、毎年、勤務大学を会場にしてトランジション・タウン（TT）の全国大会を開催支援している。TTどうしがその活動経験の交換ができる場づくりを支援している。NPO法人トランジション・ジャパンも英国発のトランジション・タウンを日本の地域で立ち上げることを目的に、2008年6月に発足した。この法人のホームページにはTTの定義は「トランジション・タウンの活動は、市民が自らの創造力を発揮しながら、地域の底力を高めるための、実践的な提案活動です〜日々の暮らし方をほんの少し変えるだけで、楽しくて豊かに、そして自由になれることです〜」とあり、日本向け説明資料の作成、説明会の開催、トランジション・トレーニングの開催、ガイドラインの翻訳、ウェブサイトでの情報発信など、さまざまな土台づくりを進めてきた。

　エコビレッジや都会を含むTT活動だけでなく、日本版アグロエコロジー勉強会やパーマカルチャー勉強会、地域の発電所の建設など、ローカリゼーション活動が盛んになってきていることは喜ばしい。生態系について長期的な視野で考え、行動していることが、エコビレッジやTTで生きる人々の特徴である。この生き方を子どもたちが継承できるようなローカルな教育改革が見えるのは頼もしい。

おわりに

　緊急時の国際協力のような書き出しから始まったが、結局この緊急を招いている原因は平時の人間の乱行動の積み重ねにあると考える。もちろん、緊急援助も必要であるが、シリア動乱を追っていると、緊急食糧援助でさえ、国際社会の手に負えなくなっている。人間の日常の行動から生まれた地球の危機は長い時間がかかっても、日常の一人一人の行動で解決するしかないと痛感している。

筆者が環境問題に取り組み始めたのも、難民問題に目を向け始めたのも1980年代初めであったが、その時は、この２つの危機が関係しているとは想像できなかった。その関係が見えてきた90年代にもっと考え、行動するべきであった。しかし、次の世代のためにも今からでも真の国際協力の一翼を担うべく、日常の生活で実践してみたいし、人々にも促したい。

　エコバッグやマイカップ、使い捨てプラスチックを減らすための取り組みは始まっている。しかし、まだまだ不十分である。政府や企業も一緒になって更に行動する時が来ている。それこそ日本国内の異業種パートナーシップや、世界的同業種パートナーといったSDGs17番目の目標のパートナーシップによる取り組みが実現できると考える。

　また、国際開発学会は「援助学会」ではない。真剣に健全な世界の開発・発展を考えるには戦争・紛争の根本原因は避けて通れない。

　自然災害大国の日本でもこの問題は存在する。福島問題など足元の問題に全国民で取り組むとともに、その共感を、現在各地で開催されているSDGs関連イベントの中に盛り込み、自分たちの問題として扱うことが可能であろう。

　発展途上国で働いてきた人が就農したり、日本国内のコミュニティのつながりを作る仕事に従事したりする例は少なくない。乱開発が見え易い発展途上国で活動していると、日本の危機がより見えてくる。そして、途上国での日本の搾取を見てしまっては放置できない。他国から奪わないことで日本も日本の国外も幸せになることが見えてきたのかと考えている。

　Think globally, Act locally

　30年前に国際協力業界で流行り、筆者自身も、座右の銘にしていた一節である。日本国内の自立を進めることこそ最大のグローバル開発協力であると回帰する。

《注》
1　シリア動乱のため、欧州に向かう子ども7人のドキュメンタリー映画。爆撃により負傷したり、家族と生き別れたり、辿りついた土地で追い払われたりという過酷な体験をインタビューしたエルナン・ジン監督作品。2017年日本公開。
2　米国、レーガン政権時代に、イランへの武器売却代金の一部をニカラグアの反政府ゲリラ（コントラ）支援に流用しようとした秘密工作。レーガン政権の対ソ勢力巻返しを背景とする。

《参考文献》
糸長浩司（2007）「地球環境時代のエココミュニティ」『オルタ』393号、8-9頁
岡本三夫（1999）「平和学の起源とその構想」岡本三夫・横山正樹編『平和学の現在』法律文化社
北野収（2011）『国際協力の誕生―開発の脱政治化を超えて―』創成社
寺島俊穂（2015）『戦争をなくすための平和学』法律文化社
転原バンド（2014）『ヨルダンの東アンマンのシリア都市難民調査報告書』
西川潤（2018）『2030年未来への選択』日経プレミアシリーズ
橋本強司（2013）『開発援助と正義』幻冬舎ルネッサンス
村瀬健介（2018）「シリア内戦・兵器供与の闇（上）秘密作戦」『世界』2018年9月、130-140頁
―――（2018）「シリア内戦・兵器供与の闇（下）兵器のバルカンルート」『世界』2018年10月号、205-217頁
ヒューム，デイビッド（佐藤寛監訳）(2017)『貧しい人を助ける理由―遠くのあの子とあなたのつながり―』日本評論社
ファインスタイン，アンドルー（村上和久訳）(2015)『武器ビジネス 上―マネーと戦争の「最前線」―』原書房
ブローマン，ロニー（高橋武智訳）(2000)『「明日への対話」人道援助、そのジレンマ―「国境なき医師団」の経験から―』産業図書

第4章 「開発援助を評価する援助関係者」を考える
―アフガニスタンをめぐる復興・開発援助―

林 裕

キーワード アフガニスタン、紛争影響国、開発援助、認識
SDGのゴール 16

はじめに

「アフガニスタンにおける復興・開発援助は失敗であった」。ある立場に立てば、このように言うことも可能であろう。しかしもちろん別の立場からは、「同国における援助は成功であった」と、正反対の結論を導くだろう。開発援助をめぐっては、その有効性、あるいは否定的な影響をめぐる主張の対立がある。そもそも開発援助を、「どれくらいのタイムスパンで」、国家・地域・村落など「どのレベルで」評価するかによって、評価結果すら180度結論が異なるだろう。

紛争の影響が無い開発途上国への開発援助の有効性に関してさえ議論が分かれているが、まして紛争の影響が強い国における開発援助の有効性を論じることは容易ではない。しかし、多様な紛争が続く現代において、援助供与国の影響が援助受け入れ国に比して相対的に大きい紛争影響国の事例は、現代の開発協力が内包するさまざまな課題が濃縮されている。

そこで本章では、アフガニスタンをめぐる復興・開発援助を一つの素材として、グローバル開発協力を評価することとはなにかを考えてみたい。開発援助に携わる実務家や研究者（以後「援助関係者」）は、開発援助の妥当性や有効性を検討する際には、しばしば各国や各地域、各村落レベルで各プロジェクトを「評価」する。しかし、そもそもある国における開発援助を評価する

外国人らで構成される援助関係者（ここには、本書の読者である私たちも含めることができる）への「評価」も再考する必要があるはずだ。

　開発援助が展開される国や地域の状況を、その地に「援助関係者」としてやってくる外国人たち（Expats）が「評価」していくことは、果たして妥当なのだろうか。本章では、援助における「専門家」や「援助関係者」が、違う国、異なる文化における「開発援助」を「評価する」という行為を検討したい（「専門家」は果たして専門家なのか、そもそも「開発援助」に「専門家」は必要なのか、という議論はもちろんある）。なぜなら、さまざまな開発援助プロジェクトが対象として評価される一方で、評価をする主体を評価することは、開発援助の評価の妥当性に関わる問題だからである。

　もし、市場において、ある企業が商品を生産、流通させ、さらに同じ企業が商品の評価を実施するのみであるならば、その「商品の評価」は妥当とは言えない可能性がある（商品の生産者と評価者が同一であり、第三者が不在となり、中立性・客観性に疑問が生じるからである）。評価の中立性、妥当性を担保するためにこそ、監督官庁等や消費者センター、業界団体等の第三者による評価があるのである。

　しかし、開発援助の文脈においては、アフガニスタンでの日本政府開発援助事業を、日本政府が評価する。あるいは同国でのアメリカ合衆国政府開発援助事業を、アメリカ政府関係機関や国際NGOが評価する。政府開発援助の評価手法は多々あるものの、開発援助において評価主体の妥当性に関しては、市場における評価の妥当性追求の取り組みと比較すれば、非常に心許ない。だからこそ、開発援助を評価する「援助関係者」を問い直す必要がある。

　そこで本章においては、紛争影響国（Conflict-affected country）としてのアフガニスタンを事例とする。紛争影響国とは、暴力と衝突の停止を前提とする紛争の切れ目（ポスト・コンフリクト）を明確化することが困難（Brinkerhof 2007）なことから、「紛争の影響」に着目した概念である。そこで、紛争影響国アフガニスタンにおける「開発援助を評価する（私たちを含めた）援助関係者自身をどう評価すべきか」を問いとして設定する。

I　開発援助の再考？

　援助関係者は、常に開発援助を見直してきた。開発援助に関して、援助を提供する「ドナー」諸国による「開発援助の評価」の歴史は長い。1954年に日本の政府開発援助が開始されて以降、その賛否について議論が始まっている。そこでは、日本による政府開発援助（ODA）は、さまざまに「評価」されてきた。日本の援助は有効なのかどうか、第二次世界大戦の贖罪なのか、紐付き援助を利用した経済発展のための手段なのか。日本による開発援助については、常に評価と見直しが継続されてきたのである。

　日本によるODAが現地において肯定的な影響よりも否定的な結果を生み出してきたとする立場もある（例えば、藤林・長瀬 2002）。あるいは日本の援助は有効であり、その理念と肯定的な影響を、政治的イデオロギーから離れて捉えようとする論者もいる（例えば、渡辺・草野 1991）。日本における開発援助の議論のさらに先には、国際的な開発援助に関する潮流と、議論、評価と見直しがあった。ロストウによる発展段階論やその単線的発展への批判としての複線的な発展や参加型開発、開発と人類学、援助疲れや援助効果向上に向けた取り組みなどである。

　開発援助につぎ込まれる資金についても、援助資金が足りないとする立場は、さらなる「ビッグ・プッシュ（さらなる援助資金の投入）」を唱えた（サックス 2006）。他方、資金量が問題ではなく、そもそものアプローチが「国際援助の失敗」（イースタリー 2009）を生んでいるとする主張もあった。また、コリアー（2008）が示したような、開発援助に投入される資金とその結果もたらされる開発効果の関係は数値化され、開発援助の有効性に関する考察・評価は一見すると客観的である。しかし、対象とする開発援助の効果や有効性を、国家レベルで検討するのか、それとも地域や村落、さらには各プロジェクト毎で検討するのか。一国に対する開発援助額、ある地域に対する開発援助額、さらには、あるプロジェクトに対する開発援助額と、それぞれの開発効果と対象期間という切り口から、開発資金の適否の議論は分かれることとなる。

開発援助を見直そうとしてみれば、上記のように「巨視的」に「開発援助は有効なのか」という根源的な問いをめぐって議論を進める方向性もある。しかし、「微視的」に「あるプロジェクトは有効なのか」という考察も数多くなされている。あるプロジェクトを詳細に検討し、フィールドワークを行い、住民から声を聞き取る。私たちは、開発と民俗学に代表されるようなアプローチから、多大なフィードバックを得ることができている。丁寧な現地調査に基づいて描き出される開発援助の有効性や真摯な教訓などは、日本による政府開発援助の有効性に関する議論への丁寧な回答のひとつである（例えば、小國・亀井・飯嶋編 2011あるいは、バリンゴ調査団 2003）。しかし、各プロジェクトの有効性や妥当性をプロジェクト終了後数年から10年程度の検証をし続けることのみでは、「開発援助は有効なのか」という根源的な問いに答えることは難しいと考える。開発という営みが、現地社会に与える影響を検討する時間が5年から10年程度で完結するわけではないのであり、人々と社会の変化を長い時間の中で捉えていくことが必要なのである（佐藤2017）。そもそも開発援助の有効性を測ることの難しさは、開発援助と関連する人間社会の複雑な絡み合いである。だからこそ援助をめぐる議論が続いてきたともいえる。しかも、プロジェクトを評価する公的な期間が5年程度である。ここに、開発援助が開始されて半世紀上が経過した現在にいる私たちの価値があると考える。プロジェクト毎、地域毎、あるいは国毎の援助の歴史を、半世紀以上の時間軸を使って俯瞰することができる立場に私たちは立っている。ここに「今」、私たちが私たち自身の評価を含め開発援助を「見直す」意義がある。

Ⅱ　「援助関係者の認識」
――アフガニスタン復興・開発援助を再考する私たち

　アフガニスタンをめぐる復興・開発援助は、2001年から開始された。アフガニスタンでは、1970年代より内戦が続いており、2001年9月11日、アフガニスタンの大部分を支配した**タリバン政権**★の庇護を受けたオサマ・ビン・ラディンらによって米国同時多発テロが行われた。ワシントンやニューヨークに対するテロ攻撃に対して、米国を中心としたNATO (North Atlantic

Treaty Organization、北大西洋条約機構）諸国等による多国籍軍が、同年10月アフガニスタンへの攻撃を開始した。その結果、2001年12月にはタリバン政権が倒され、アフガニスタンに新政権（暫定行政機構）が誕生し、国際社会による開発援助が開始されたのである。

　では、同国に対する紛争影響国支援という開発援助を、どのように見直すべきだろうか。紛争影響国としてのアフガニスタンを、各アクター（国際機関、国家・援助実施機関、そしてNGO）という視点から切り分けて見直すことも可能である。また、平和構築（民生支援）、軍事支援、という切り口から、それぞれのアプローチの有効性を評価・見直す議論も可能であり、またそのようなアプローチが一般的であろう（SIGAR 2018）。

　しかし、本章で見直してみたい点は、アフガニスタンをめぐる復興・開発援助を見直す私たちを含めた「援助関係者」についてである。いままであまり顧みられることが無かった援助者への眼差しを、つまり「復興支援を見直す私たちを含めた援助関係者自身」を、まずは「見直してみる」ということである。

　アフガニスタン支援は、国際機関や国家による支援を中心として実施されてきており、国を単位とした国際開発（International Development）である。既存の対アフガニスタン開発援助の多くは、国という枠組みに縛られているという意味で、ヒュームの言うグローバル開発（Global Development）協力（ヒューム 2017）という視点を十分に取り込んでいるとは言えない。しかし、まずは対アフガニスタン開発援助の再考という目的から、「国」に着目して考察を進めていきたい。その後、国際的な開発協力という「国」を単位とする開発協力に対置する概念としてのグローバル開発協力からの紛争影響国支援の重要性について後述する。現実の政策として展開された「国」を単位と

タリバン政権：タリバンとは「イスラムを学ぶ学生たち」を意味する。アフガニスタンのタリバンは、1989年旧ソ連軍撤退以降、軍閥同士の激しい内戦に陥ったアフガニスタンにおいて、1994年に登場した。当初はイスラムに基づいた治安の担い手として支持されたが、やがてその極端に厳しく解釈したシャリーア（イスラム法）の実施が批判されるようになる。タリバンは、イスラム首長国（タリバン政権）として2001年までアフガニスタンほぼ全土を支配したが、同年の911米国同時多発テロ後の米英軍主導の空爆ならびに反タリバンのアフガニスタン人諸派の地上軍によって政権を追われた。

したアフガニスタンの開発援助という「対象」を検討することは、紛争影響国への開発援助の重要性が増している現代においては、意味のある考察と考えるからである。アフガニスタンという紛争影響国への開発援助は、他の紛争影響国支援に関する知見を私たちに提供するのである。

しばしば復興支援（「復興支援」は、紛争が停止した後、元の状態に戻るという意味が強調される）とも称される対アフガニスタン開発援助は、前述のように2001年以降となるが、日本によるアフガニスタン開発援助そのものは、1960年代から始まっている。1968年の円借款による地方給水プロジェクトである（「地方四都市上水道事業計画」締結日1969年12月18日。貸付承認額7.2億円。同国による完済済み）。しかし、旧ソ連の軍事介入が始まり内戦が本格化する1979年には、日本大使館は閉鎖、邦人職員の撤退となり、大使館の再開は2002年2月となる。2001年以後日本は、アフガニスタン開発援助額でみればトップドナーのひとつとなっている。

開発援助を評価する私たちを含む援助関係者をどう評価するか、その問いに関する最初の考察点は「私たちの認識」である。私たちは、アフガニスタンにおける自爆テロ等の様子をメディアを通じてよく目にしている（「アフガン 治安部隊に爆発物積載の車突入 死者40人以上の情報」NHK 2019年1月22日）。「私たちを含む援助関係者の認識」では、紛争影響国としてのアフガニスタンは、まさにこの報道に切り取られているようなイメージではないだろうか。自爆テロや反政府武装勢力であるタリバンなどによる攻撃が頻発する「危険な場所」という認識が、私たちの脳裏にあるのである。そして、それを裏付けるように、国連をはじめとするさまざまな報告書がアフガニスタンにおける死傷者の数を報告している。そこからは、急速に悪化する治安を象徴するように、NATO諸国等によって構成される**国際治安支援部隊★**（International Security Assistance Force：ISAF）やアフガニスタン治安部隊（Afghanistan National Security Forces）、そして民間人の死者の上昇が示されている。

紛争影響国という文脈にアフガニスタン開発援助を置いてみると、同国は

国際治安支援部隊（ISAF）：International Security Assistance Force. NATO加盟諸国の各国軍によって構成される国際部隊。2001年以降アフガニスタンの治安維持を支援するために各国によって派遣された。派遣が最盛期だった2010〜2011年には14万人前後がアフガニスタンに駐留した。

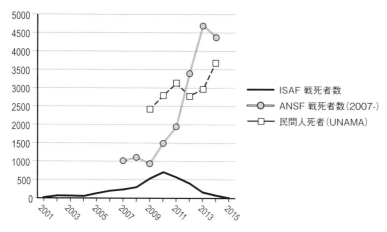

図 4-1　アフガニスタンにおける ISAF、ANSF、民間人死者数の推移
出典：Brookings、SIGAR、およびUNAMAのデータに依拠して筆者作成

2004年ごろより次第に治安が悪化していく（図4-1）。治安の悪化は、米軍をはじめとするISAFの戦死者数、ANSF戦死者数、民間人死者の増加が数字によって裏付けられる。このような報道や数字によって、危険な国アフガニスタン、という「私たちの認識」が形作られていくと考えられる。

Ⅲ　自らを囲い込む援助
　　──開発援助を「プレゼンス」という名で解釈する

　アフガニスタンという紛争影響国への開発援助を評価する私たち自身を含めた援助関係者をどう評価すべきか。次に問うべきは、援助を実施する際に「国際社会」が考慮する自らの「プレゼンス」についてである。ここでいう「プレゼンス」とは、開発援助が展開される地において、援助を受け取る国や人々、他の国等に対して、各国や団体が自らの開発援助を明示することで、「存在感」を表そうとする行為と人々の認識を意味する。

　図 4-2 は、アフガニスタン向けODA額の推移である。国際社会によるアフガニスタン支援は、2001年から急激に増加し、2011年で頭打ちとなり、以後減少していく。また、図 4-3 は、同時期における日本による対アフガニスタン支援の推移である。日本による対アフガニスタン支援もまた、各国

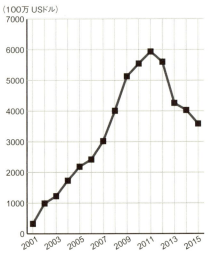

図 4-2　アフガニスタン向け ODA の推移
出典：OECD/DAC データをもとに筆者作成

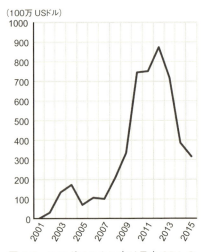

図 4-3　アフガニスタン向け日本 ODA の推移
出典：OECD/DAC データをもとに筆者作成

による対アフガニスタン支援とほぼ軌を一にして、2012年に頭打ちとなり、以後減少していく。この背景には、報道や各種報告書によって形作られていく「私たちや援助関係者のアフガニスタン認識」、つまり「危険なアフガニスタン」があると考えられる（もちろん、開発援助額の減少は、治安が唯一の原因であるとは言い切れない）。そして、危険な国での開発援助実施にあたっては、各種の安全対策が取られていくことになる。

その結果、国際機関や援助実施機関、NGO を含め、開発援助関係者は次第に安全の確保された地域のみでの活動や、厳重な治安対策の取られた首都の本部事務所での活動が主となり、開発援助の支援のニーズの高い地方での活動が制限されていくことになる。開発援助が増額過程にあるときには、積極的に援助実施国・機関を各地で掲げ、援助国・機関の「プレゼンス」の証としてきた（写真 4-1）。

写真 4-1　援助実施国・機関を示すプレート（筆者撮影）

写真 4-2　自らを囲い込む開発援助：カブール市内のブラストウォール（筆者撮影）

しかし、「治安の悪化」に対処する国際社会、あるいは援助実施側は、安全対策のために高いブラストウォール（攻撃や爆発の影響を削ぐ壁）の中に自らを囲い込んでいった（写真 4-2）。しかし、援助供与側が考える自分たちの「プレゼンス」ではなく、開発援助の受け手から見た「プレゼンス」を考えてみると、今まで地方にまで来ていた国連や各国援助実施機関、NGO 等が、地方に来なくなった、そして首都において高い壁の中にいる、ということが変化であろう。2001 年以降、アフガニスタンの各地で援助を実施する度に掲示していた開発援助を示すプレートは増加した。そして、「治安の悪化」という私たち（援助供与側）の認識によって、援助は減額され、地方から姿を消し、プレートだけが残っていく。「開発援助の実施における安全確保」と「プレゼンス確保」は、紛争影響国のような環境において援助を実施する際には難しいバランスが要求される。しかし、このような「バランス」はあくまでも援助を提供する側の話である。そこに暮らす人々（例えば、アフガニスタン人）の視点に立てば、「2001 年からさまざまな国や機関、NGO の人たちが自分たちの地方によく来ていたが、最近はほとんど来なくなってしまった」という姿が見えてこよう。開発援助が増額し、地方展開が拡大していく過程で、開発援助を提供する側が意識していたプレゼンスは、ひとたび援助が減少する段階になると、逆に援助に来なくなった国・機関を示すという「逆（負）のプレゼンス」を示すものとなるのである。そして、忘れるべきではないことは、かつて多くの援助実施国・機関の外国人を迎え、歓迎した、そこに暮らす人々である。

紛争影響国のような、治安が不安定な地域においては特に、そこに暮らす人々の目に映る私たちの姿（プレゼンス）を慎重に理解する必要がある。つまり、「かつて援助がたくさん来て、外国人がたくさん来ていた」時代から、「首都の高い壁の中に居て、もはや地方には来ない開発援助」の時代となったとき、そこに暮らす人々はどう考えるだろうか、ということである。

　地方展開が次第に困難になっていく状況の中で展開されたアフガニスタンという紛争影響国における開発援助は、援助を実施する側からみれば、治安が悪化し、悪いガバナンス、汚職が深刻化していったとみえる。しかし、悪いガバナンス、汚職の深刻化は、国際機関や各国援助実施機関、NGOなどが次第に地方から撤退していった中で進展していったとも考えられる。確かに、2001年以降の国際社会による開発援助資金の流入が汚職の原資を作り出した要因の一つであり、援助機関の減少と援助資金の減少、そして地方からの援助関係者の撤退は、汚職の根が小さくなるという可能性も指摘できる。この点に関して、**トランスペアレンシー・インターナショナル★**による世界汚職ランキング（corruption perception index）を見てみると、アフガニスタンの汚職は、2005年117位（159カ国中）、以後はほぼ最底辺に位置し続けている（Transparency International）。これは、開発援助資金の多寡に関係なく、汚職が悪化していった一端を示していると考えられる。

　アフガニスタン国民の7割以上が居住している地方から、開発援助関係者が次第に姿を消していったと、人々からは見られていたと考えられる。「治安の悪化」、「援助実施国・機関・NGOの地方撤退」という状況が、紛争影響国で発生したとき、そこに生きる人々に負の影響を与えたと考えることができる。ここには、「明日の100ドルより今日の50ドル」というような、汚職へのインセンティブを生んでしまう懸念もあるのである。「プレゼンスの低下による否定的な影響」といえる。

　また、研究者も含め、開発援助関係者が、援助を必要とする人々や地域・現場から次第に離れていき「自らを囲い込む」ことは、一層開発援助の対象

トランスペアレンシー・インターナショナル：Transparency Internationalは世界各国の汚職状況を調査・発表している非政府組織（NGO）。毎年国別汚職指数（Corruption Perception Index）を発表している。

（そこに暮らす人々や地方）から離れていってしまうという「対象からの離脱」ということを意味するとも指摘できるのである。

　ここにおいて、いま重視されるべきことが、グローバル開発という視点であろう。紛争の影響のもとで暮らす人々が直面するさまざまな困難や社会的不正義、不安定は、私たちにさまざまな形で波及してくる（ヒューム 2017）。援助関係者が「国」や「組織」の看板を背負って開発援助を実施しているとしても、援助関係者もまた地球という「一つの世界」に暮らす一人なのである。紛争影響国において安全に開発援助事業を行っていくことはもちろん重要である。しかし、紛争影響国における開発援助を、「紛争状態」から「平和な状態」へと至る動きと単線的に捉えることができないことは、すでに多くの国々における開発援助が示している通りである。つまり、一時停戦から再び紛争状態に戻ってしまうような、紆余曲折があるのである。私たちは、紛争影響国における開発援助を長い時間軸に基づいて取り組んでいくことが必要なのである。グローバル開発とは、遠くに見える国々や人々の状況を「他人事」としてみるのではなく、「我が事」として捉えることを理念としている。紛争影響国における開発援助において、私たちは治安情勢やプレゼンスをより大きく見せるというような視点を超えて、紛争影響国における開発援助を、長い目で捉え、紆余曲折を受け入れつつも長期的には安定に向かうという意思と歴史的視点を持つ必要がある。

Ⅳ　治安のギャップ
——私たちの見る紛争影響国とそこに暮らす人々の見る生活

　「アフガニスタンの治安の悪化」はISAFやANSF、援助関係者の死傷などによって象徴されるようにそのような傾向があることは否定できない。しかし同時に、メディア等によって報道される「イメージ」は、アフガニスタンの農村部に暮らす人々が持つ現在の「イメージ」とはしばしば齟齬をきたしている。筆者が調査したアフガニスタン首都北方地域の人々は、「現在は汚職があるとしても、殺人者（mass murderer）よりは良い」（Lamb 2012）とみる傾向にあったのである。

　本章では、「治安の悪化」をあえて鍵かっこを付けて記述してきた。その

理由は、「私たちや援助関係者の認識」する治安と、アフガニスタンで暮らす人々が認識する治安に違いがあることを意識していたからである。つまり、ひとつの国の「治安」には、いくつもの「認識」が成り立ち得るのである。私たちはさまざまな国の治安情勢に関して、しばしば一国単位で「治安」を認識する。しかし、一つの国とはいえ、国土、人口などはさまざまであり、一括りにして認識することは乱暴である。私たちは、すでに一つの国の「開発レベル」が平均でしかなく、地方や地域によって、あるいは人々の置かれている状況によって多様なことを知っている。しかし、「治安」となると、知っているはずなのに簡単に、「一国単位の一括り」で理解しようとする。

　図4-4は、日本外務省の海外安全ホームページにあるアフガニスタンの情報である。同HPによれば、アフガニスタンの全土が「退避勧告」対象である。外務省の海外安全ホームページは一般旅行者を対象とした情報案内で

「レベル1：十分注意してください。」
その国・地域への渡航、滞在に当たって危険を避けていただくため特別な注意が必要です。
「レベル2：不要不急の渡航は止めてください。」
その国・地域への不要不急の渡航は止めてください。渡航する場合には特別な注意を払うとともに、十分な安全対策をとってください。
「レベル3：渡航は止めてください。（渡航中止勧告）」
その国・地域への渡航は、どのような目的であれ止めてください。（場合によっては、現地に滞在している日本人の方々に対して退避の可能性や準備を促すメッセージを含むことがあります。）
「レベル4：退避してください。渡航は止めてください。（退避勧告）」
その国・地域に滞在している方は滞在地から、安全な国・地域へ退避してください。この状況では、当然のことながら、どのような目的であれ新たな渡航は止めてください。

図4-4　アフガニスタンの「危険レベル」（外務省）
出典：外務省海外安全ホームページ　https://www.anzen.mofa.go.jp/info/pcinfectionspothazardinfo_041.html#ad-image-0（2019年9月5日閲覧）

あるため、非常に厳格な安全基準に従って制定されている。したがって、退避勧告の対象は誰かといえば、第一義的には「一般旅行者」であって、国連やJICA、NGOなどの「援助関係者」ではない。しかし、実際にはJICAやNGOであっても、海外安全ホームページに記載されている「退避勧告」等の「危険レベル」区分に影響を受ける。具体的には、日本政府（外務省）資金による開発援助事業を実施するにあたっては、同ホームページの危険レベルによって、邦人の当該国立ち入りに影響が出てくるのである（ここに、当該国に関する「私たちの認識」が影響してくるのである）。

　現在の日本においては、もし政府開発援助資金による事業で、現地で死者が出た場合には、外務省、政府の責任が追及されるために、邦人の安全に政府、外務省が多大な努力を払っていることは理解すべきである。援助関係者の死亡事故が発生すれば、日本国内メディアや「世論」によって政府や援助実施主体が批判にさらされるという現状を反映している。邦人援助関係者が殺害された場合には、そのような「危険な国」での援助事業は即座に停止されるだろう。

　他方、日本以外の米国や英国においては、援助関係者の死亡は必ずしも「援助事業の停止」を意味していない。ここで、「援助を評価する私たちや援助関係者」を評価する、という視点から考えてみたい。邦人援助関係者の安全確保は重要であることは間違いないが、米国などの事例から学ぶことができるとするならば、亡くなった援助関係者の「気持ちを汲む」ということではないだろうか。アフガニスタンにおいて、米国の援助関係者が殺害された事例では、「殉職された米国人の意思は、アフガニスタンの平和と復興であり、人々のよりよい生活の実現に生命を捧げた」として称えたうえで、事業が継続されるのである。

　アフガニスタンのような紛争影響国における復興支援・開発援助を実施する際に、私たちは、果たしてどのような意思を以て援助をしていくべきなのか、私たち日本人の中で、議論の上で決定を下していく必要があるのである。現在までのところ、「邦人援助関係者の安全」が最優先となっているが、他方で国連や日本以外の国際NGOに勤務する邦人職員は、上記の対象からは外れている。所属している場所が、国連であろうと、国際NGOであろう

と、あるいは日本政府開発援助関係であろうと、援助の最前線に立つ人々の願いは、当該国のよりよい発展であろう。私見としては、「邦人援助関係者の安全の確保」は重要であるが、テロ等に巻き込まれた際には、援助に携わっている邦人関係者の方々の気持ちを汲めば、停止ではなく、継続をするような姿勢が望ましいように思われる。

　次に、アフガニスタンの地方における「治安」状況を見てみたい。記述のように、「私たちの認識」は、自爆テロや紛争の継続する「危険なアフガニスタン」というイメージであり、全土が退避勧告となっているアフガニスタンである。しかし、アフガニスタンの国土は、日本の1.7倍もあり、その様相は各地方によって大きく異なる。特に多くの治安事件が発生している場所は、実は、都市部であったり、一部地方となっているのである。写真4-3〜4-5は、筆者が2015年に訪問した現地の写真である。首都カブールから車で1時間半程度で行くことのできる場所である。写真4-3に示されているように、1979年から続いた紛争と内戦によって大きな被害を受けたブドウ畑は、2001年からの支援によって大幅に復興してきている。また、破壊された村のモスク（マスジッド）も再建され（写真4-4）、水路（カレーズ）も再建されている

写真4-3　復興したブドウ園（筆者撮影）

写真4-4　再建されたモスク（筆者撮影）

写真4-5　再建された水路（筆者撮影）

(写真4-5)。村の人々によれば、治安も非常によく、よそ者など武装勢力等の疑いがある者が来れば、村人同士で連絡しあうことで、すぐにわかるということである。このような村の様子を見ると、アフガニスタンという「一国単位で一括り」に治安情勢を評価するということが、「点」ではなく「面」で行っていることが分かる。確かに、治安の悪いアフガニスタン南部や東部は存在し、そこでの治安、テロや襲撃の危険は高い。しかし、平和に暮らそうとしている人々もいることを私たちは忘れるべきではないであろう。そして、平和に暮らしていこうとしている人々を支えている生活基盤の改善には、開発援助が地方で営々と実施してきた水路の改善や地方農村の地雷除去、農道建設や地方電化、職業訓練や保健衛生改善の取り組み等のさまざまな援助が大きな役割を果たしている。紛争影響国での開発援助では、特に「私たち」が考える「面での治安」と、そこに暮らす人々がいる各村などの「点での治安」は区別して考える必要がある。私たちの「治安認識」の手法を、改めて改善する必要があるのである。

おわりに

　開発援助の分野では、援助の提供者である援助実施国・機関は、援助の受け手とはしばしば対等な立場にはならず、力関係の不均衡が存在する。さらに、紛争影響国という文脈では、開発援助の実施主体を縛る「治安」や「イメージ」が、援助の送り手と受け手との関係に一層の複雑さを付与していることが見えてくる。

　一つの国（例えばアフガニスタン）における「治安の悪化」を、国全体で一括りに捉えてしまえば、村や地方で援助を必要とする人々から一層援助を遠ざけることになってしまう。紛争影響国への支援は、地球規模の視点を持ちながら、そこに暮らす人々の眼差しにも一層自覚的になることを求めている。ここには、「援助を受けている国を評価する」ことの重要性と同時に、「援助を送っている私たち」の姿勢を改めて問い直すことの重要性を示唆している。なぜなら、「邦人援助関係者の安全確保」が時として「援助を必要としている人々を無視する」ことにつながっているからである。

もちろん、邦人援助関係者の安全確保が重要なことは言うまでもない。しかし、首都に所在する事務所において、ブラストウォールで自らを囲い込んでしまった援助実施国・機関を、そこに暮らす人々はどう見、どう考えるか、私たちは改めて意識する必要がある。そして、意識するだけではなく、では、どうするかという行動も必要である。さもないと、援助を実施しようとしている私たちは、一層被益者から遠ざかってしまう。「平和と公正をすべての人に」そして「誰一人取り残さない」というSDGsの理念は、「安全確保」という現実と衝突する。だからこそ「誰一人取り残さない」というSDGsのモットーを実体化させるのは私たちなのである。そして、開発援助という「プレゼンス」を示そうとしてきた援助実施国・機関は、「治安の悪化」という認識のもとで援助を縮小すれば、現地社会に対して「負の影響（負のプレゼンス）」すら与えることになってしまうのである。開発援助の原則の一つは、Do No Harm★だが、紛争影響国支援の文脈での邦人援助関係者の安全確保は、時として現地社会に対するDo No Harmの原則と衝突しているのである。さらにここには、援助提供国の安全配慮という都合が、開発援助のニーズよりも優先される、つまり国際協力という一見中立的な言葉で隠されている非対称性（北野 2011）も潜んでいる。

　援助の送り手である私たちは、相手国における援助の評価に熱心であった。もちろん、援助を実施する私たち自身への評価（援助実施機関に対する評価）もされてきた。しかし、開発援助の歴史の蓄積が半世紀以上になった今、「援助を評価する」という私たち自身が、被援助国との相互作用の中にいることを改めて認識すべきであろう。そして、開発援助の評価すら、「被援助国やそこに暮らす人々」と「私たち」の相互作用を通して、（5年や10年ではなく）長い時間のスパンを以て評価する段階に至っているように考える。紛争影響国における文脈においてみれば、これは「人間の安全保障」という言葉を、「国という単位」に囚われるのではなく、そこに暮らす人々の眼差しを取り入れて実体化させることであると同時に、地域の人々の声を拾い上げるスペースを開発援助に組み込んでいくことにもつながると考えられる。

Do No Harm：援助を実施するにあたっては、援助によって現地社会を傷つけないようにするという一般原則。

紛争影響国における開発援助を通して見えてくることは、グローバル開発という視点の重要性である。つまり、「国」という枠に囚われずに、遠い国の人々が直面する困難を我が事として捉え、治安情勢等の紆余曲折を受け入れつつ、長期的な安定を目指す意思と歴史的視野の必要性である。本章では、紛争影響国における開発援助を評価する私たちという視点から述べてきた。本章を終える段階で立ち返ってみると、一見素晴らしいSDGsの目標達成の成否も、それを我が事として内面化できるかどうかという、私たちの「認識」と行動に大きくかかっていることにも気づかされるのである。

《参考文献》
Brinkerhoff, Derick W., ed. (2007) *Governance in Post-Conflict Societies: Rebuilding Fragile States*, London: Routledge.
Brookings Institution, 'Afghanistan Index,'http://www.brookings.edu/about/programs/foreign-policy/afghanistan-index（2018年10月1日閲覧）
Islamic Republic of Afghanistan, *Afghanistan Statistical Yearbook*, Central Statistics Organization, Kabul, Afghanistan. 各年度
Lamb, Robert D. (2012) *Formal and Informal Governance in Afghanistan*, Occasional Paper No 11, The Asia Foundation.
NHK（2019年1月22日）「アフガン　治安部隊に爆発物積載の車突入　死者40人以上の情報」https://www3.nhk.or.jp/news/html/20190122/k10011786121000.html?utm_int=news-international_contents_list-items_053（2019年1月23日閲覧）
Special Inspector General for Afghanistan Reconstruction(SIGAR) (2018) *Stabilization: Lessons from the U.S. Experience in Afghanistan*, Arlington, VA., Government of the United States of Americahttps://www.sigar.mil/pdf/lessonslearned/SIGAR-18-48-LL.pdf（2018年7月11日閲覧）
Transparency International(2005-2018)Corruption Perception Index. https://www.transparency.org/country（2019年1月23日閲覧）
United Nations Assistance Mission in Afghanistan(UNAMA), Reports on the Protection of Civilians https://unama.unmissions.org/protection-of-civilians-reports（2018年10月1日閲覧）
イースタリー，ウィリアム（小浜裕久・織井啓介・冨田陽子訳）(2009)『傲慢な援助』東洋経済新報社
小國和子・亀井伸孝・飯嶋秀治編 (2011)『支援のフィールドワーク―開発と福祉の現場から―』世界思想社
北野収 (2011)『国際協力の誕生―開発の脱政治化を超えて―』創成社
コリアー，ポール（中谷和男訳）(2008)『最底辺の10億人―最も貧しい国々のために本当になすべきことは何か？―』日経BP社
サックス，ジェフリー（鈴木主税・野中邦子訳）(2006)『貧困の終焉―2025年までに世界を変える―』早川書房
佐藤仁 (2017)「競争史観から依存史観へ」『東洋文化』第97号、197-218頁
バリンゴ調査団 (2003)『住民参加型開発フロントライン―日記が語るケニア・バリンゴ県半乾燥地農村開発計画―』国際協力出版会

ヒューム,デイビッド（太田美帆ほか訳）（2017）『貧しい人を助ける理由―遠くのあの子とあなたのつながり―』日本評論社
藤林泰・長瀬理英編（2002）『ODAをどう変えればいいのか―人権侵害、環境破壊、立ち退き、軍事国家支援 人びとの生きる権利を奪い続けた援助の実態と改革への道すじ―』コモンズ
渡辺利夫・草野厚（1991）『日本のODAをどうするか』日本放送出版協会

第5章 主権者を置き去りにする援助
―モザンビーク農業開発プロジェクトからの再考―

髙橋清貴

キーワード アフリカ開発、フードレジーム、農民主権、市民社会対話、対抗発展
SDGのゴール 2, 12, 15, 16, 17

序論

アフリカの広大な大地を農地として活用する目的で民間投資を呼び込み農業ビジネスを活性化させる仕組みとして「食料安全保障及び栄養のためのニューアライアンス」(アフリカで農業への民間投資を促進するためにG8が立ち上げたマルチステークホルダーイニシアティブ)がある。2012年のキャンプデービッド・サミットで成立した新しい政策枠組みである。農業に関するビジネス市場、技術イノベーション、リスク管理、栄養の4つの分野で民間投資を増大させ、具体的な政策行動に関しては国別にリーダーシップを担うパートナー国を決め、多様な関係者の意見集約のためのラウンドテーブルの開催などを通して援助協調を図りながら開発計画を実施しようとするものである。

しかし、2016年6月7日、このニューアライアンスに関し、**欧州議会★**は環境と土地収奪に対する社会的配慮を欠いているとして、改善を求める決議を出した(賛成577、反対24、棄権69)。ニューアライアンスはG8主導で進め

欧州議会:EU(欧州連合)の主要機関のひとつ。EU加盟各国から直接選挙で選出された議員によって構成される議会。議員は5年一度、各国で行われる選挙で選出される。定数は751議席で、全部で28ある加盟国にほぼ人口比で配分される。ドイツが96議席と最も多く、キプロスやマルタなどの小国は6議席となっている(2019年5月現在)。EUの政策運営について討議・検討する。立法権・予算審議・政治的監督などについての権限を有し、本会議はフランスのストラスブールで、委員会はルクセンブルクで行われる。

られてきただけに、ある意味自己批判とも言える突然の決議は意外であった。欧州を動かしたのは一体何だったのだろうか？

ニューアライアンスに対しては、当初から市民社会をはじめ、国連などからも批判を受け、改善を求める声があがっていた。決議の際に発表されたプレスリリースを読むと、欧州議会が農と食の問題に対する理解と認識を新たにしたことがわかる。例えば、「家族型小規模農家を支えることがアフリカの飢餓に対応する最も効果的な手段」であるとし、「アジアの『緑の革命★』と同じ轍を踏むべきではなく、化学肥料や農薬の使用は制限されるべき」である、としている。また、「農民が（種子を）つくり、交換し、売る自由は権利として保証されるべき」であるとも書かれている。そして、注目すべきは、改善決議のために欧州議会に提出された報告書の冒頭で、SDGsを中核とする「持続可能な開発のための2030」（Transforming Our World : The 2030 Agenda for Sustainable Development、以下「2030アジェンダ」）について言及していることである。

2030アジェンダの意義のひとつは「実施手段」（Means of Implementation : MOI）が書かれていることである。そこには「持続可能な開発目標とターゲットは、普遍的で、不可分、相互に関連していることを再度強調する」と明記されている。つまり、「ひとつのビジョンの下で政策を一貫させること」の重要性が指摘されているのである。キーワードは、「Indivisible（分割できない）」である。前身のMDGsでは、国によっては、8つの目標のうち一部だけが恣意的に運用されてしまったりして、逆に環境や人権状況を悪化させてしまったケースもあり、それを反省的に踏まえて、新たに書き込まれたのである。欧州議会が、ニューアライアンスには環境や人権に対する配慮を欠き、政策一貫性の観点から「受け入れがたい」と判断した背景には、このSDGsの考え方がある。

このことは私たちに次のことを示唆する。欧州では政策一貫性の考え方が確実に広まっており、既存の開発協力では持続可能な社会の実現には至らな

緑の革命：1960年代後半からアジア各地において様々な農業研究所によって行われた高収量品種の導入、化学肥料の使用による穀物収穫量の飛躍的な増大を目指す取り組み。しかし、実際には収量は伸びず、国内における貧富の格差を拡大させた。

いとする考え方が市民社会のみならず政府関係者の間にも浸透しているということだ。すなわち、「持続可能な社会」を基本的な価値観として、すでに政策課題の優先順位の入れ替えが起きていて、それに伴ったレジームの変化が起こり始めているということである。一方、日本を始め一部の国では未だ地球規模課題を優先課題と明確に位置付けることができておらず、これまで通り経済成長を最優先としている。気候変動を始め、地球環境の悪化は待ったなしの状況である。地球規模課題に対し、自分たちの暮らしや社会をつなげて「自分ごと」として考え、政府や企業に優先課題を見直しと政策一貫性を働きかけていく必要があるのではなかろうか。

　この問題意識の下、本章では、食と農をテーマに日本ODAによる農業開発協力事業に検討を加えていく。アフリカのモザンビークで計画されているプロサバンナ農業開発事業を対象に、国際社会で議論が進む食料安全保障とフードレジームの関係と、そこに立ち現れる「小規模農民」という開発主体と人権について考察することで、これまでの開発協力のあり方に再考を促してみたい。

I　プロサバンナ事業とは何か？

　プロサバンナ事業（ProSAVANA-JBM）は、日本のODA事業のひとつで、正式には「日本・ブラジル・モザンビーク三角協力による熱帯サバンナ農業開発プログラム」と言う。アフリカのモザンビーク北部地域の1400ヘクタール（日本の耕作面積の三倍）を対象とする一大農業開発事業である。70年代に日本がブラジルで行った大規模農業開発事業（**セラード開発★**）を成功モデルとして、日本とブラジルが連携し、モザンビークの中小農民40万人を直接的裨益者に、間接的には360万人の農業生産者を対象として計画された農業

セラード開発：日伯セラード農業開発協力事業（PRODECER）の略。1974年9月から日本政府からブラジル政府に対し、ブラジルのセラード南部からアマゾン東部におよぶ広範な地域を対象に行われた国際協力事業（第1期1977年〜85年、第2期1987年〜92年、第3期1994年〜99年）。この開発プロジェクトをJICAは、「ブラジルの緑の革命」「不毛の大地を穀倉地に変えた奇跡」「人類史上初めて熱帯圏で近代的大規模畑作農業を実現した」として奇跡的な成功プロジェクトとして喧伝している。これによって、ブラジルは世界の主要な大豆生産地となった。

開発事業である。モザンビーク政府は農業の近代化と市場化を民間企業や投資家による協力の下で進めようとしており、それと並行して農民に土地に対する所有の意識と権利関係を固定化し、それまで移動耕作（シフティングカルティベーション）で使用してきた土地を国が確保して、そこに企業経営的な農業の導入を図って集約的な土地活用で農業生産性の向上を図ろうとするものである。しかし、それは必然的に農民にそれまでとは違う農業のやり方を強いる。最近まで長い内戦を戦っていたモザンビークでは、紛争後の国づくりの中で中央政府への権力集中が起こっており、中央政府が進める政策へは必ずしも十分な住民参加が確保されないことが懸念される。

モザンビークの多くの農民は小規模だが、家族とコミュニティを中心とした自給的農業を営んでいる。土地は基本的に国に帰属しつつも憲法によって農民による使用が保証されており、農民は「所有」という概念を持たないままに土地を慣習的に使い続けてきた。インフラ網の未整備も手伝って流通はコミュニティ周辺に限られ、自家消費を中心とした家族農業とコミュニティによる共同的営農が主たる形態となっている。しかし、リーマン・ショック後の2010年あたりから、アフリカでは大規模な農地への投機と土地収奪が加速し、外国企業や投資家による土地の囲い込みが急増した。プロサバンナ事業は、こうした状況を背景に始められたのである。加えて、初期には計画やそれによる影響についての情報開示と説明責任を著しく欠いていたため、地方のとりわけ小農民たちの強い不安と懸念を増幅させることになった。農民たちの土地収奪への不安などに配慮を欠いたまま、事業を拙速に進めようとした日本の責任は小さくない。

この事態に対し、事業対象地域とりわけナンプーラ周辺の小農たちは、日本の市民社会の協力を得て、事業の中断、見直しを訴える活動を始めた。具体的には、「NGO外務省ODA政策協議会★」など既に存在していた対話の継続を利用して農民の問題意識を伝え、新たに設けられた「プロサバンナ意見

NGO外務省ODA政策協議会：外務省が関わるODA政策の質とアカウンタビリティ（説明責任）を向上させるためにNGOと外務省（国際協力局）との間でODA政策について協議ならびに情報交換を行うことを目的に1998年から始められている。原則として年3回開催され、そのうち1回は東京以外の地域で開催される。議事録はすべて逐語で記録され、外務省ホームページに公開される。

交換会」などの場を活用して、外務省・JICAと日本の市民社会による定期的な話し合いを持つようになった。この間、農民たち自身も日本を訪れ、外務省やJICAに直接、事業見直しを訴えた。約10年経って、公聴会や対話のあり方をめぐる議論がモザンビーク側の研究者やメディア、司法も巻き込んで訴え続けてきたが（2018年9月27日にマプト市行政裁判所より、プロサバンナ事業によって影響を受けるコミュニティの土地・食料安全保障・栄養に関連する情報の全面開示を命じる判決が出される）、正式な事業中止とはなっていない。錯綜した状態が続いているために、実質的に事業の進捗は止まった状態となっているが、モザンビークや日本政府が、いつ強行突破するかも分からず、その意味で「対話のあり方」がこの問題の重要なポイントとなっている。

　もうひとつ指摘しておきたいのは、プロサバンナ問題は事業単体で考える問題ではなく、その背景にある政治経済的文脈も視野に入れる必要があるということだ。アフリカ政策や開発援助をめぐる国際社会のスタンス、さらに国際的な食料安全保障問題の関心の高まり、食料を投資対象とするグローバル金融経済の動きを背景として、日本政府がどのような思惑の下に行動するのかということであるからだ。モザンビーク農民たちの抵抗運動も、こうしたグローバルな政治経済や金融の動きに対する疑問が根底にある。その意味でプロサバンナ事業は単なる一案件の問題を超えて、開発言説そのものへの問い直し、「開発」とは何かという疑問、さらには現代の食と農のあり方を規定するグローバル・フード・システムへの懸念と根本的疑問にもつながっているのである。農民たちは、このプロサバンナ事業への抵抗運動を通して、農産物生産者として「未来の食と農」のあり様を規定する権利を持つ「主権者」であるとの自覚を強めている。プロサバンナというODA事業への反対運動を通して、彼らは「農民主権」を訴えて能動的に活動する主体へと変わっていったのである。次節では、このフード・システムの問題をまず論じ、それに続いて農民の参加と対話の問題について検討を加えていく。それによって、遠いモザンビークの農民の抵抗運動と日本に暮らす私たちにもたらす意味を、より明確に捉えることができるからである。

II　プロサバンナの背景
──食料安全保障とアグロ・フードレジームの再編

　プロサバンナは、輸入食料の供給拠点を確保したい日本と、農産物輸出で経済発展を果たそうとするモザンビーク国の両者にとってウィン・ウィンとなることをねらった事業である。70年代にブラジルを小麦の一大輸出国に転換させた日本のODA事業に「セラード開発」があるが、それをモデルとして、同じポルトガル語圏として、そのブラジルにも協力してもらいながら3カ国による開発事業として始められた。その中身は、モザンビークで伝統的に行われてきた家族型農業から企業型・工業型「食と農のシステム」に移行させるものである。また、この開発事業は地域の食と農のシステムを大きく変化させる。池上甲一が言うところの「**アグロ・フード・レジーム★**の再編」(池上 2003) である。日本政府はこのフード・レジームの変化に棹さし、同分野でリーダーシップをとりつつ、アフリカにおける日本企業の進出と、日本の食料安全保障という2つの国益を享受しようと考えているのである。

　一般的に食料安全保障は、国家にとって優先度の高い政策課題のひとつである。国内生産と輸入や備蓄政策をどのように組み合わせるかは為政者の政策方針にかかっている。国家の近代化とともに食と農のあり方も変化してきた。農業と食料の国際的分業体制は19世紀後半、植民地主義時代に生まれ(第一次フードレジーム)、その後二つの大戦を経て、重商主義的貿易政策の下で農業・食料関連の多国籍企業が成長し、穀物メジャー、バイオメジャー、食品メジャー、小売りメジャーなどの一握りの一大企業体による農と食の独占化時代を導いた(第二次フードレジーム)。その後これら企業体はグローバルな厳しい市場競争の中で、生産部門だけでなく、生産を成り立たせる条件である土地や生産資材、種子の販売といった「川上の産業」や、生産後の食

アグロ・フード・レジーム：国際的な観点から食料・農業生産，流通の背後にある諸関係を考える考え方。農産物輸出国である政府が生産者に補助金を支出する一方で、途上国に対する外交政策で影響力を行使する「重商主義的」な動きや農業投資を行う大企業の重要性が上昇する「工業的」な動きが、1950年代から70年代にかけて欧米で進み、国際的なフードレジームの基軸を形成した。現在、農業に対する上流部門(種子、資材等)と下流部門に対する企業の支配力がより全面に出ている体制、「多角的貿易＝コーポレート・フード・レジーム」が生まれてくると予見されている。

品加工や輸送を担う流通、そして卸売りや小売りなどの「川下の産業」まで、サプライチェーン全体を網羅的かつ寡占的に押さえるようになっていた。現在、その傾向はさらに加速し、いま企業体は農業投資のための金融企業から流通網整備を担うインフラ事業体などの「異業種」まで幅広く傘下に取り込むまでになっている。日本政府は、このグローバルなアグロ・フード・レジームの再編の流れに乗り遅れまいと、商社などと連携を図り、足がかりとして計画されたのがプロサバンナ農業開発事業である。そして、これは、「アフリカ開発」という新たなフロンティアとなるはずであった。

　日本の援助（ODA）の所管省庁である外務省はモザンビークを「豊富な資源」「多数の農業従事者」「低い生産性」「未発達の企業活動」といった言葉で捉え、インフラを整備して、輸出振興による国家経済の拡大を図れる有望な潜在力を秘めた「途上国」であるとさまざまな場で強調している。そして、同国の開発には、これまで以上に援助や民間の投資が必要であり、官民が連携して農業国モザンビークのアグリビジネスのポテンシャルを生かさない手はないと主張する。生産ポテンシャルを高めるために流通網の整備をODAで協力するという考え方である。政府はそれに「質の良いインフラ」や「質の高い成長」といった言葉を重ね、官民連携が貧困削減や持続可能な社会づくりにいかに貢献するかという新たな開発言説を定着させようと画策しているのである。

　筆者はこの流行りの「新しい開発言説」の登場に危うさを覚える。外務省は貧困や脆弱性、持続可能性などの課題は経済成長の論理的帰結として導かれるはずだとする。しかし、貧困や格差といった倫理上の問いが国単位での経済成長という手段で解決できるとする考え方は既に時代遅れではないだろうか。貧困や格差をなくそうとする倫理感は、一定の人間関係や自然との共生関係などつながりが実感される社会やコミュニティの中から導き出されるものであり、経済中心主義的思考から導かれるものではない。倫理は、特定の地域やコミュニティ、あるいは国家という社会の枠組みにおいて、政治や自然環境、経済などが複合的を関係し合った生まれる文化を背景として感じられるものであり、その意味で特定の文化や価値観と深く結びついている。一方、現在のグローバル経済は文化や社会を横断するものであり、地域に根

差した社会規範や人々のつながりを基礎とした文化や価値観と相反してしまうことがある。別の言い方をすれば倫理のあり様は、人間と自然が共存していくことをベースにつくられる規範やルールであり、グローバル経済の下での行動はむしろ社会を壊していく方向に作用する。お金が人間のあり様や地域の価値を決める比重が高い社会は「共存」という持続可能な社会にとって重要な要件を難しくしてしまうであろう。

　この議論はSDGsに見ることができる。持続可能な開発目標（SDGs）が策定されたのは、単にミレニアム開発目標に代わる新たな国際目標をつくったということだけではない。格差や環境破壊といった課題の緊急性を踏まえて、その危機意識の下で価値観の転換と持続可能な社会をつくるための新たな思考の枠組みと社会制度をつくりだし、その下で経済をコントロールすることに国際社会も真剣に取り組まなければいけないという国際社会のコミットメントを示すことにある。SDGsは、この「価値観の転換」を広く国際社会に浸透させる目的で「人類の共通目標」としてつくったのであって、経済的論理を優先させたままで（すなわち経済発展主義のままで）の開発は本質的な問題解決とはならないことを含意している。しかし、筆者が見るところ日本の外務省は、このような理解には至っていない。SDGsをつくるプロセスに参画してきた日本政府だが、ODAに関しては、国益を重視した外交と結びつけ高い倫理意識の下で行うものではないと開き直っている。プロサバンナに関する外務省と市民社会の意見交換会でも、担当課長は繰り返し「同じ日本人として足を引っ張るのはいかがなものか」と述べていた。そして、「アフリカ」を食料や資源の確保、企業進出の機会の観点ばかりで見ようとしている。プロサバンナ事業への農民の抵抗運動が提起しているのは、この旧来的で自国中心的な開発の思考にもとづく「まなざし」と実践への問いである。私たち人間は、自然循環が与えてくれる恵みを享受するものの、資本主義経済の下で自然をコントロールし搾取することは許されないはずである。そこに食と農の捉え方のちがいが表れる。以下では、日本政府がモザンビーク農民の間で参加と対話に関してすれ違いがなぜ起こるのか、この食と農の開発に対する価値観とまなざしをめぐる問いを軸にモザンビーク農民の抵抗運動から考えてみたい。

Ⅲ　プロサバンナ事業とともに成長する農民

　不透明で説明不十分なプロサバンナ事業に当初から懸念を表明していた団体に「モザンビーク全国農民連合」（UNAC）がある。UNACは1987年に小農の権利を守るためにモザンビーク全国の小農が立ち上げた当事者運動の連合体である。2400の下部組織があり、モザンビーク全十州に「州農民連合」を設置し、各郡に「郡農民連合」を擁し、グローバルな小農の連帯運動体である「La Via Campesina」のモザンビーク代表組織にもなっていて、早くから種子の保存や農地収奪の問題に取り組む活動していた。

　UNAC設立の背景には、1980年代世銀・IMFの構造調整計画によってモザンビークに緊縮財政が導入され、急速な民営化に伴い「土地の私有化」が進んでいたことがある。モザンビークは、長らくポルトガルの植民地支配下におかれ、1962年に統一の植民地解放運動が発足し、小農を中心とした武装闘争が64年から74年まで続けられ、75年にようやく独立を果たした国である。彼らにとって、独立はまさしく「人と土地の解放」を意味している。77年の「国有化」宣言によって植民地入植者や企業から土地を解放させた歴史をリアルタイムで経験した農民もまだ多く存命し、彼らは長い解放闘争の歴史を経て、自らの手で「自己決定権」と土地への「主権」を実現したという自負を持ち、「解放後の希望」を基底に強い自立の精神構造を有していた。

　しかし、日本の外務省やJICAは、そうした歴史的・政治的背景や人々の精神構造を軽んじUNACを単に「地方の小農＝大した技術を持たない受動的被援助対象者」と見越して、「成長の機会を提供してあげる」「援助してあげる」という目線で援助の客体として農民を捉えてしまった。そのことが、まず最初の大きな「ボタンの掛け違い」であった。農民たちの抵抗運動が始まった後も外務省とJICAは、言葉の上では「対話」や「参加」を謳うものの、この歴史的背景をもった農民たちに対する十分な理解と尊重する姿勢が一貫して変化することはなかった。

　このことをこれまでの約6年間のプロサバンナに対する農民の運動をふり返るとよくわかる。主なできごとを表5-1に整理したが、便宜上、日本政

表 5-1　プロサバンナ事業をめぐる政府と農民の主な動き（2011 年 1 月～ 2019 年現在）

第1フェーズ： 「対話」への関心 （2011年～2014年）	UNAC初のプロサバンナに批判声明（12年10月） NGO・外務省ODA政策協議会で初めてプロサバンナ問題が議題に（12月） ODA政策協議会サブグループ「プロサバンナ事業に関する意見交換会開始」（13年1月） プロサバンナにノー！キャンペーン開始（14年6月） 3カ国調整会合マスタープラン・ドラフト承認（14年12月） モザンビーク10団体、大臣宛に事業関連資料の公開請願（14年12月）
第2フェーズ： 要請主義と 御都合主義 （2015年）	モザンビーク政府が事業対象3州の郡レベルでドラフトゼロ公聴会を開催（15年4月） 教会・市民社会声明（15年5月） 3カ国市民社会声明（15年6月） UNAC派遣団来日、外務省訪問（15年7月）
第3フェーズ： 市民社会の分断 （2016年～2019年）	UNACの拒否声明（16年1月） プロサバンナにノー！キャンペーンによる対話不正非難声明（16年2月） 3カ国市民社会共同抗議声明・公開質問の提出（16年8月） 市民社会対話メカニズムが公聴会開催を宣言（16年10月） 外務省とNGOがプロサバンナ事業に関して協議（16年10月） モザンビーク農民・市民社会組織によるJICA宛公開書簡（17年1月） モザンビーク事業対象地住民がJICA環境社会配慮ガイドラインに基づく異議申し立て（17年4月）

出典：筆者作成

府の対応姿勢に従って「対話の関心」「要請主義と御都合主義」「市民社会の分断」の3つのフェーズに分けてみた。

　第1フェーズのポイントは、2012年10月にUNACがプロサバンナ事業を批判する声明を出したことを機に、日本の市民社会がODA政策協議会やプロサバンナ意見交換会などで主にマスタープランのあり方をめぐって外務省及びJICAと対話を始めた点にある。特に、第1回意見交換会（13年1月）において、日本政府は農民やNGOの批判の手前、「プロサバンナ事業は小農のためである」と発言したものの、外務省やJICAは実際にどうすれば農民の声を聞き、対話できるのか明確な方針やスキルを持ち得ていなかった。この発言をきっかけに農民やNGOと政府は対話らしいものを始めることになったものの、別の見方をすれば農民に指摘されるまで対話をしようとしていなかったとも言える。その後明らかになるように、外務省もJICAも繰り返し「対話の用意がある」と発言するものの、形式的あるいは儀礼的な対応に留

めた姿勢を続けるばかりであった。対話によってどうにか事業を当初の計画内容とスケジュールのままで進めたいという本音と対話をするための方法論を持ち得ていなかったのである。そして、「対話のあり方」に関して十分な農民との合意がないままに、日本政府は14年12月に**ドラフト・マスタープラン**★を一方的に承認・発表してしまった。この日本政府の動きに、農民は深刻な「裏切り」を感じ、彼らは大いに失望し、日本政府に対する信頼を失っていった。さらに、日本政府はドラフト・マスタープランに対し、「広く意見を聞くため」として公聴会を行うことを発表して、形式的にでも「対話」した「事実」をつくって無理矢理でも事業を前に進めようとした。しかし、そのマスタープランの最終化に向けたプロセスが一体どのように農民の声を聞きドラフトに反映させるのか、また公聴会そのものがいつ、どこで、どのように開かれるのか、事前十分な情報が出てこないことから、現地でさらに多くの批判が寄せられた。

　この日本政府の対話の進め方の拙(つたな)さは決して看過できるものではない。まず、「参加」のあり方について農民と真摯に話し合うことが重要であったにもかかわらず、外務省もJICAも「参加」に対する明確な考え方もスキルもなく、意見交換会でも「農民たちのことを考えてる」といった情緒的な発言に終始するばかりであった。そして、その言葉とは裏腹に突然、「公聴会」実施という通告を一方的に行い、発表された「公聴会」も、短期間に都市部のみの限られた場所で、短時間の会合を集中的に行うという形式的なもので、決して「意味ある参加」を保証するものではなかった。真剣に農民の声を聞こうする姿勢を感じられないお粗末な「公聴会」であった。このやり方に、現地では農民のみならず、モザンビーク教会関係者や研究機関からも強い懸念と批判の声があがった。そして、このずさんで形式的な「公聴会」提案とその後も誠意かつ責任ある回答をしようとしない日本政府に、農民たち

ドラフト・マスタープラン：開発計画等を行う場合に基本方針や全体的な方向付けを決める基本計画書のこと。「ドラフト」は、その「原案」という意味。JICAは、「マスタープラン等においては戦略的環境アセスメントを適用し、早期段階からモニタリング段階まで、環境社会配慮が確実に実施されるよう相手国等に働きかけ」、「プロジェクトを実施しない案を含む代替案の検討を含んだ環境社会配慮調査を相手国等と行うと共に、調査の過程では、情報公開やステークホルダー協議への支援を行い、その結果を反映させる」としている。

の不信感は決定的なものになった。

　第2フェーズの2015年は、この形式的公聴会への批判と対応で明け暮れた年になった。指摘しておきたいのは、この時に日本政府が用いた「切り札」である。相手国政府に丸投げし、責任放棄する「要請主義」という常套手段である。「援助の主たる責任は援助受取国にある」という要請主義は、相手の「自助努力」を促すという表向きの説明とは裏腹に、ドナー国としての主体的責任を回避する常套手段として、日本政府は過去にも問題案件が出てくる度に使ってきた。そして、この最も日本的かつ官僚的常套句はある程度機能し、相手国政府の強硬手段を誘い出し、反対運動を下火にさせ、事業を多少の遅れがありながらも計画通り進めることができていた。いわゆる「分断と統治」（デバイド・アンド・ルール）という植民地時代からの古典的抑圧の手段である。実際、モザンビーク政府は、反対農民たちに対する脅迫や迫害を激化させていった。しかし、両国政府にとって誤算だったのは、農民たちはこれで泣き寝入りすることはなく、むしろモザンビーク国内において同国政府のやり方に対し反対の旗幟を鮮明に掲げたのである。このためマスタープランの最終化は実質的に進まなくなった。いつもなら、途上国政府が強硬手段で反対運動を鎮静化させることで、日本政府は「無傷」のまま事業を進められたはずなのだが、今回はあまりに非常識な「公聴会」の実態が、モザンビーク国内の多様なステークホルダーのみならず、日本側でも議員会館で緊急集会が開かれて広く知れわたったことから、日本国内でも国会議員から外務省・JICAに対し「対話のあり方」に対する厳しい注意喚起があり、日本政府も「無知」を演じ続けられなくなったのである。逆に「プロサバンナ」という事業名が広く援助関係者やNGOsの間で認知されることになった。外務省やJICAからすれば、注目を浴びた案件となったことで、むしろ「中止」や「中断」といったドラスティックな選択肢をとれないという板挟みに置かれてしまい、このダブルバインド状態からどうにか逃れようとして、焦った末にすがりついたのが次の第3フェーズで日本政府が行った「市民社会の分断」という暴挙である。

　外務省・JICAは市民社会との対話において、再三「小農のためである」「対話を行う」と発言してしまったため、それらを反故にすることもできず、

事業を前に進められないことを焦り、農民や市民社会への対応にますます苦慮することになった。そして、この焦りが日本政府に決定的に不適切な対応を行わせることになった。農民や市民社会の事業における当事者性と問題意識の隙間に亀裂を入れる「市民社会の分断」を行ったのだ。JICAは、数あるモザンビークのNGOs・NPOs団体の中からプロサバンナ事業に比較的好意的な団体を選び、「対話メカニズムの構築」という名目を与えコンサルタント契約を結ぶことで進めていった。請け負った団体はさまざまな手段をつかって、多数の市民社会組織にプロサバンナに賛同するように囲い込んでいったのである。その結果、事業に批判的な団体は少数派の立場に追い込み、そこにタイミングを合わせてモザンビーク政府が反対派に対する「政権転覆の政治的意図を持っている」というネガティブ・キャンペーンを行って、反対派の抑え込みを図ったのである。この「分断工作」を担ったコンサルタントと契約したJICAの責任は小さくないはずである。しかし、ここでも外務省とJICAはそのような意図はなかったと責任逃れの姿勢を続けるばかりであった。

　確かに、市民社会と対話のチャネルを開きたいという焦りから生まれた「拙速な方策」だったと考えられなくもない。しかし、こうした働きかけがあったことは事実であり、またそうしたこと自体が自由で開かれた対話を蔑ろにする行為であることは言い逃れできないであろう。実際、この一連の政府側の仕儀に、匿名の個人（恐らく良識を持つ政府内部の人間）から交わされたコンサルタント契約書がリークされ、市民団体を「色分け」していた事実が明らかになった。慌てたJICAは、反対派に誠意ある姿勢を見せようと、モザンビーク政府の脅迫を受けながらも事業中止を訴えるために来日していた小農たちに強引に会合を迫り、農民たちに恐怖感を与える言動まで繰り出す始末であった。日本政府の無策と混乱した行動が続く中、農民たちは「最終手段」として、JICAの環境社会配慮ガイドラインにある異議申し立てメカニズム（JICAの開発事業において、適用すべき環境社会配慮ガイドラインに不遵守があった場合、被害を受ける住民が申し立てることができる制度）を使って、日本政府に対する異議申し立てを訴えたのである。

　異議申し立ては、モザンビーク北部に暮らす現地住民（農民ら）11名によ

り2017年4月に提出され、これを受けたJICAの審査役3名が同年5月17日より予備調査、7月3日からの本審査（現地調査を含む）を行い、最終報告書が11月1日に理事長に提出された。審査結果は、「JICAにガイドライン違反はなかった」とするものであった。しかし、報告書にはJICAが現地住民との対話に十分取り組んでこなかったことが明記され、これまでのやり方を見直すようコメントが付された。これによってJICAは改めて対話の仕切り直しが求められることとなった。しかし、外務省やJICAは、一貫して事態を根本的に改善する意志も手段もなくある種の手詰まり状態のまま現在に至っている。

Ⅳ 「主権者」となる農民

　プロサバンナ事業をめぐる政府と農民のやり取りは、表面的にはいつものODAと反対住民の対立のように見える。しかし、これまでの農民の政策提言と反対運動を「参与観察」した筆者の眼には、農民たちが政策提言の質と戦術・戦略を洗練化させ、自らの暮らしをグローバルな「食と農」の文脈に関連付けて意味づけし、国際的なネットワークを広げ連帯を図り、農民であることの自覚と自尊心を高めていったように見える。農民が「成長した」と言えるかどうかは別にしても、反対を続けてきたモザンビーク農民たちは以前とは明らかに違う「強い」存在として自他共に認識されるようになっていった。何より農民たちはより広い政治経済の文脈の中で自分たちの農業と小農のあり方を位置付けることができるようになったのである。

　開発の文脈で広く議論される概念に「脆弱性」がある。プロサバンナでもモザンビークの小農たちは「脆弱である」と捉えられてきた。しかし、「脆弱性」は本質的なものではなく、他者との関係性の中で定義され、社会的に構築されるものである。農民は最初から「脆弱」なのではなく、位置付けられた文脈によって「脆弱」とされる。モザンビークの農民たちは、プロサバンナ事業という開発事業によって「対象者」あるいは「被益者」と位置付けられ、それによってそれまで自らの生活を築いていた主体者としての農民というアイデンティティから、国家が主導する開発の一部あるいは付属物のよう

な立場に相対化されようとしていた。彼らが抵抗を続けた背景には、自ら土地を耕す者としての主体性を維持することへの思いが強くあったのである。彼らの運動を当初から見ていた筆者には、農民たちが自分たちのあずかり知らないところで始まった開発によって、「脆弱」にさせられ、「貧困な農民」とさせられることに強い危機感と抵抗を強めていったと見えるのである。

　農民はプロサバンナ事業をめぐってこれまで約10年にわたり外務省・JICAと議論を交わしてきた。そこで、農民たちが口にしていた言葉が「農民主権」である。農民たちの抵抗運動は、この言葉の解釈をめぐって行われてきたと言っても過言ではない。「農民主権」とは何であろうか？「農民主権」は、より根源的な規範的理念の言葉である「当事者主権 individual autonomy」を想起させる。女性運動から障害者運動まで、自分の運命を自分で決定する権利を表す言葉として使われる言葉で、中西正司が2003年に障害者運動の文脈で書いた『当事者主権』（岩波新書）で紹介され、大きな議論を巻き起こしたことは援助関係者なら記憶に新しいだろう。中西はその本の中で、ケアというサービスをめぐって、「当事者主体」や「利用者本位」とは異なる「主権」という強い用語を当てて、障害者の「他者に譲渡することのできない至高の権利」を主張した。リベラリズムの人間観、「対等な個人」の擬制のもとで潜在能力の不均等を覆い隠す嘘を批判し、専門家中心主義に潜むサービス供給者側の父権的な眼差しの問題に光を当てたのである。「主権」という言葉を用いたことで、当事者は「自己のニーズを充足されるべき権利」の主体として概念化され、社会によって不利益を被っている者、「社会的弱者」と自らを認識するようになったのである。つまり、「主権」とはどのような主体となるのかを自ら決める権利を持っているということである。プロサバンナをめぐって、農民たちが「主権」という言葉を使い始めたとき、筆者はこのことを想起した。モザンビークの農民が、この事業によって社会的不利益を被る者になるのか、それとも別の何者かであろうとするのか、それを自ら決めることに強いこだわりを持っていたのである。

　こうした農民たちの思いと動きを見て、筆者や日本の市民社会は、意見交換の場で一貫して「誰のための援助なのか」と問うてきた。それに対し、日本政府は「農民第一」と答えるものの、その言葉の真意として、農民の「主

権」を認めるような意味合いを認めることはできなかった。確かに、日本政府も農民に情報を提供し、説明責任を果たそうとしていたかもしれない。議論を続けてきたのも事実である。市民社会を分断させた「対話プラットフォーム」も、好意的に見れば苦肉の策だったと言えなくもない。しかし、日本政府が「農民のため」と言うとき、形式的なものばかりで果たして農民の「主権」を正しく理解していたとは言えないのだ。日本も近代化の中で農業を軽視し、農民の生活を変えてきた。日本も小農は、1960年代以降農業が続けられなくなり、出稼ぎ労働者となって、一方で進められる工業化のために利用されていったことを思い出さずにはいられない。モザンビーク農民たちも、世界の至る所で農民が「開発」の名の下で社会的不利益を被る「社会的弱者」となった歴史を理解していた。農民たちの一番の懸念はそこにあった。つまり、プロサバンナ事業は土地収奪を加速させ、将来的に農業を続けられなくなることへの「不安」を払拭できないまま、自らの暮らしのあり方を自ら決めることのできる主体者性を失うことへの抵抗であった。農民たちがJICAの環境社会配慮ガイドラインを使って、プロサバンナ事業に対する異議申し立てを訴えることを決めた時も、その異議申し立て自体が主体者性の証であり、主張したのはまさしく農と生活の主体者であることを保証することの「権利」の訴えであった。

　ここで考えておきたいのは、農民は最初から望んで権利主体となることを求めたのではないことだ。農民は、プロサバンナを契機にモザンビーク政府や日本政府によって受動的に援助を受ける「被援助者」にさせられそうになってから、自らの主体的な「権利」を意識するようになったのである。農民は、それまで家族農業を中心に自給自足に近い静かな暮らしを営んでいた。恐らく、その頃の彼らには「権利主体」などという意識は持っていなかったであろう。しかし、プロサバンナが登場したことによって、開発の対象となり、「農民のニーズ」がつくりだされ、「援助当事者」とされそうになって、初めて農民は自らの農業や暮らしのあり方を見つめ直し、モザンビークや日本政府が当てはめてくる開発という文脈の中で考察し、その背景にある政治経済のあり方に疑問を持ち始めたのである。彼らの考える「農民」というアイデンティティには、「貧困」や「ニーズが満たされない者」という概念

は含まれていなかった。それに対し、プロサバンナを受け入れることは、農民としての尊厳を失うことであった。そのことを日本の外務省やJICAはまったく理解できなかった。理解しようとする努力を欠いていた。外務省もJICAも農民に対し、情緒的に訴えても、その実、プロセスを進めようとする手続き論ばかり、話し合いも形式的に終わらせようとしていた。JICAは、意見交換の度に「私たちも農民のためを思ってやっているのです」「どうしてわかってくれないのですか」と何度も懇願していたが、そうした善意感情を剥き出しにした訴えは、むしろ農民を正しく理解することを遠ざけてしまっていた。そこには、農民自身も気づいていない「ニーズがあるはず」であり、それを専門家であるJICAが「無知な農民」に気づかせてあげなければというという援助にありがちなパターナリズムがあり、それが逆に農民に大いなる失望と怒りをもたらしてしまったのである。

　国際協力もケアの世界と似て、ニーズとサービスの交換と言えなくもない。そして、そのニーズが援助者と被援助者の対話の中で、感得され、表出されてくる、と援助関係者は考えがちである。さらに、ニーズのあり方は実に多様であり、だからこそ援助は難しく、慎重な対話と丁寧なニーズのすくい上げが重要なのである、と理解する。しかし、援助する／されるという関係性からもたらされる援助者としての「まなざし」は、当の農民が求めているものを正しく理解することをむしろ妨げてしまっていた。プロサバンナに限らず、どのような援助も、それを受ける側にも援助の「当事者」となることを強いる側面がある。心理学者の鈴木啓嗣はこれを「侵襲」と呼んで、援助する者に注意を喚起しているが（鈴木 2011）、グローバル化が進む社会の周縁で資本主義システムの影響、土地を奪い、契約栽培者となってアグロ・フード・レジームの歯車となり、農民としての自立と自尊を失うことの不安を常に感じている小規模農民が、巨大開発事業を目の前にした時どのような心持ちになるのか、そのことへの理解を外務省もJICAも持ち得ていなかった。援助は「侵襲」であり、外部から地域社会やコミュニティに「摩擦」や「ストレス」をもたらす。そして、人々はそれに抵抗する。しかし、その抵抗こそが新たな「発展」の契機となるのである。逆説的だが、ひとは言われるままに成長し、発展するのではない。むしろ、それへの抵抗の中で自らの

成長や発展の道を切り開くのである。この複雑だが、相手を対等な人間と捉えれば当たり前のことを、外務省もJICAも理解が及ばなかったのであろう。

結論

最後に、以上のことを踏まえ、なぜ私たちは既存の「開発」の考え方から脱却できないのか考えてみたい。そして、そこから私たちが進むべき新しい「発展」のあり方を考えてみたい。

経済成長優先型開発モデルが現地で住民とさまざまな軋轢を引き起こし、時には激しい抵抗運動に遭うことは、何も今に始まったことではない。世界銀行によるインドの**ナルマダ・ダム建設**★に対し地域の森を守ろうとする住民、とりわけ女性たちの抵抗運動やフィリピンの**カラバルソン開発計画**★によって立ち退きを強いられる漁民たちの抵抗など、開発事業には大小を問わず必ず住民たちの反対運動があった。

開発事業への住民の抵抗運動は、一見すると「反開発」の旗幟を鮮明に打ち出した反対運動である。しかし、プロサバンナもそうだが、事業に反対しながらも住民や農民が求めているのは「発展」の機会であり、それへの「参加」なのであった。ただ、政府が一方的に与える枠組みの中での「参加」ではなく、農民自身が発展の中心となるように「主体性」を訴えているのだ。あるいは、それを「権利」として訴える運動であるということである。加えて、彼らの発言をよく聞くと、そこには「開発」とは何かという問い直しが

ナルマダ・ダム建設：ナルマダ渓谷プロジェクト。「インド近代化」の目的でナルマダ川の流域に40〜50年にわたって、30の大規模ダム、135の中規模ダム、3000以上の小規模ダムを建設しようと1979年に計画された。一連のプロジェクトが実施されると、約350000haの森林と200000haの農地が水没すると見積もられた。1985年時点ですでに3つのダム建設が行われたが、世界銀行や日本政府からの援助（融資）が計画された4つ目のダム建設に対し現地で激しい住民による抵抗運動が展開され、中止に追い込まれた。

カラバルソン開発計画：フィリピン首都マニラの南側に広がるカビテ、ラグナ、バタンガスなど、いわゆる南タガログ地方の5州を対象として計画された総合地域開発プロジェクト。外国企業による直接投資の誘致のためにインフラ整備を中心に1991年に計画され、期間は2010年まで。必要な公共投資の総額は31億ドルと見込まれ、マスター・プランがJICAによって作成されたこともあり、必要資金の多くが日本のODAから供給された。

あることに気づく。一様に求めているのは、「開発」という言葉、あるいは思考の枠組み、さらに言えば言説の仕立て直しである。具体的には、近代化という西洋社会が中心につくり広められてきた概念と共にある現代の「開発」という枠組みは、その受け手の側の文化や社会システムとさまざまな軋轢を必然的に生じさせてきた。その歴史的事実の裏には、人々のそうした軋轢を引き受け、飲み込み、対応しつつも「近代化」というものへ抵抗する本音があった。特に「成長」「発展」「経済」「政治」「計画」「ニーズ」「貧困」「技術」「環境」「援助」、そして「開発」などの近代化を象徴する言葉と概念とは無縁な暮らしを営んできた周縁にいる人々には尚更強く感得されていた。

　私たちは言葉によって連続体として存在する現実世界を切り分け、分類して意味を与え、関係性を構成している。その意味で新たな言葉を受け入れるということは、新たな文化を受け入れ、その「文化」によって自分たちの暮らしを仕立て直すことと同義である。モザンビークの農民たちは、「開発」という言葉による特定の思考枠組みの強要や意味づけに対して、疑念の姿勢を示し、文化的に抵抗していたとも言えるのである。近代化を押しつける側にいる私たちも、いま一度改めて、これまで当然のように使ってきたさまざまな言葉や諸概念を、もう一度考え直し、その輪郭あるいは境界線を新たに引き直すことはできないのだろうか。

　つまり、こういうことである。農民たちが生活する場所から見れば、農業は国家開発のための手段で捉えられる経済的事象ではない。農民にとって「開発」という概念も、人々の暮らしに根付いた生活の言葉でもないし、「ニーズ」や「技術」、「計画」や「政治」といった概念も、暮らしとどうつながっているのか与り知らない。「開発」という概念は、私たちの生活実感とは乖離している。そして恐らく、その乖離をたいしたこととは考えず、「大切なことだから」と概念だけで一人歩きさせて「開発」や「発展」を使って私たちの社会を構成してきてしまったのではなかろうか。人々が暮らす生活は一つの連続体であって、それを人工的な概念できれいに切り分けられるはずがない。だとすれば、モザンビークの農民が、「農業開発」などという概念で生活を分類され、意味づけられることに違和感を感じるのは当たり前のことであろう。つまり、農民たちは自らの抵抗運動を通して、日本に暮らす私

たちに開発や近代化にまつわる概念で生活を測り、分析し、評価することはおかしくないか、と当たり前のことを問うているのである。そう考えてくると、外務省やJICAが、なぜ農民の抵抗や彼らが提起する問題を受け入れないのかが少しわかってくる。結局、外務省やJICA、開発の専門家たちは、農民のような生活空間とは異なる特殊な空間を生きており、彼らには農民たちが生きている「当たり前の生活」が理解できないのである。これは、社会科学的手法の調査で「わかる／わからない」という次元の話ではない。そもそも、社会科学自体が「開発」と同じ文化圏にある知識と概念体系の中にあるツールだからだ。その道具を使っても農民たちの暮らしを正しく理解することはできないのである。援助は「近代化」という先進諸国が考えるフィクションを世界の終焉まで浸透させようとする「未完のプロジェクト」であると言われる。一方、グローバリゼーションは、世界を「近代化」させていく現象である。グローバル化する世界の周縁部分では、この近代化が地域独自の文化や伝統との摩擦や軋轢を引き起こしつつ、その境界線において近代化の概念自体が溶解するという事態も起こっているのだ。

　筆者がモザンビークの農民たちを尊敬するのは、彼らがプロサバンナに倦むことなく反対の声を上げていたが、それは西洋から世界に拡散を続ける「近代化」というシステムの末端で、彼らの土地や自然資源などの生存基盤が奪われる恐怖と不安への訴えであると同時に、周縁で溶解して剥き出しになった「近代化」の本質の危うさを私たちに知らしめようとしているからである。グローバリゼーションは強固であり、自壊することはないだろう。これを推し進める近代のシステムは、本章で描いてきたようにその終端で「非人道的」という言葉では片付けられない暴力性を剥き出しにする。そして、人々を社会から排除する動きは、日本社会の中にもある。私たちも、いつまでもシステムの内側で安心して生きていられるわけではない。開発と近代化という文化的暴力に対する最後の砦は、モザンビーク農民は、世界の周縁で生きつつ、グローバル・システムの問題を指摘してくれている。その声に耳を傾け、彼らから学ぶ姿勢を持つことが私たち自身のためにもなるはずである。そして、それこそが今求められている「開発」に伴った倫理的態度ではないだろうか。

筆者の提案は、JICAが「開発」を専門とする組織ならば、その本来のマンデイトを認識し直して、ODAを外交から切り離し、持続可能な社会をつくるために自らの行動を組織的に規範化するようになることである。筆者のNGO経験から言えば、人々が本当にオーナーシップを感じられるような開発は、裨益(ひえき)を受けるべき人々が主体となってドナーとの双方的なやり取りの中でしか可能ではない。これまで多くの援助の教科書で何度もくり返し言われていることだが、住民から学ぶ姿勢、とりわけ苛烈なグローバル化の中で周縁に生きる人々から学ぶことの意義は現在、ますます大きくなっているように感じる。「開発」の文化や言説を抜本的に見直し、モザンビーク農民が発する声に耳を傾け、それにきちんと応答し、「学び直し」ができる文化を、JICAという組織の中に育て直すことはできないだろうか。JICA自身が自らの組織を周縁に生きる人々から学ぶことを姿勢においても、実践においても仕立て直していかない限り、グローバル・システムの拡散に手を貸し、人々をシステムから「追放」し続けることに棹さし続けるままである。SDGsの「誰一人取り残さない」という美しいスローガンが、文字通りきれいごとで終わるかどうかは、今後JICAが「他者(途上国)から学ぶ組織」に変革し、周縁に生きる人々から学びながら、共生の道を探すことを主たる業務とする組織になれるかどうかにかかっている。「古い皮袋に新しい酒」を入れ続けることは終わりにしたい。SDGsの革新的かつ本質的な目的は、「Not business as usual★」である。これまでのODAのように17の目標の中から都合のよいものを恣意的にピックアップしてその成果を喧伝するための政治的道具として使われることではない。日本が、もし本当にSDGsに真剣に取り組むのであれば、プロサバンナ事業に対するモザンビーク農民の批判を真摯に受け止め、彼らから学ぶ姿勢を明確にして、開発協力の現場を既存の枠組みからのパラダイム転換を図る契機と捉えるべきである。日本にそれができれば、新たなグローバル開発協力のあり方を世界の中でリードするチャンスとなるであろう。

Not business as usual：地球温暖化、人口爆発、経済格差、森林や地下水、海洋などの環境破壊などが深刻化する危機感の中で、既存の経済システムや生き方を見直そうとする考え方、あるいはスローガン。「商売」や「ビジネス」だけを対象としているのではなく、私たちがふだんやっていることを広く捉え、「これまで通り」(business as usual)とは違うやり方を提唱している。

《参考文献》
池上甲一 (2003)「大規模海外農業投資による食農資源問題の先鋭化とアグロ・フード・レジームの再編」第63回地域農林経済学会大会講演　http://a-rafe.org/70/3（2019年8月21日閲覧）
鈴木啓嗣 (2011)『子どものための小さな援助論』日本評論社
中西正司・上野千鶴子 (2003)『当事者主権』岩波書店
フレイレ，パウロ（三砂ちづる訳）(2011)『新訳　被抑圧者の教育学』亜紀書房
ベック，ウルリヒ（東廉・伊藤美登里監訳）(1998)『危険社会—新しい近代への道—』法政大学出版局
ラミス，ダグラス (2004)『経済成長がなければ私たちは豊かになれないのだろうか』平凡社

《参考ウェブサイト》
日本国際ボランティアセンター「プロサバンナ事業に関する取組」https://www.ngo-jvc.net/jp/projects/advocacy/prosavana-jbm.html（2019年8月21日閲覧）
アフリカ日本協議会「ProSAVANA・モザンビークについて考えよう」http://www.ajf.sakura.ne.jp/lang_ja/activities/ps_base0001.html（2019年8月21日閲覧）
モザンビーク開発を考える市民の会「公式ブログ」http://mozambiquekaihatsu.blog.fc2.com/（2019年8月21日閲覧）

第3部

世界の貧困・格差問題
―事例編2―

第6章 人身取引課題から開発を再考する
―メコン地域の事例から―

齋藤百合子

キーワード 人身取引、メコン地域、労働搾取、タイ、SDGs、
SDGのゴール 3、4、8、10、12、14、16、17

はじめに――人身取引課題における「グローバル開発協力」

　本書の中心的テーマである「グローバル開発協力」[1]の可能性と課題を、人身取引[2]課題から取り上げる。現代の人身取引問題は、グローバル化の進展によって拡大し、一国だけでなく国際社会や国や地域、またNGOや市民社会などそれぞれのアクターのパートナーシップを通じて解決すべきグローバルな課題のひとつである。「グローバル開発協力」を推進するために、持続可能な開発目標SDGsと「人間の安全保障」の考え方を批判的に考察しながら、グローバルに展開する人身取引課題の解決にどのような視点での開発協力が必要かを考えていく。

I　メコン地域における人身取引の現状

　ASEAN地域では、2015年からアセアン経済共同体（ASEAN ECONOMIC Commnity：AEC）が発足し、域内の関税の撤廃や人の移動の簡便さが進んでいる。しかし、ASEANのメンバー国を見ると、日本と同等かそれ以上のGDPを誇るシンガポールやブルネイ、先進国にはまだなれないが、もはや途上国ではないタイ、インドネシア、マレーシア、フィリピン、そして域内の経済格差の下位を占めるミャンマー、カンボジア、ラオス、ベトナムなどが

ある。カンボジア、ミャンマー、ラオス、ベトナムはそれぞれの国の頭文字をとってCMLVと呼ばれ、労賃が安価であるなどのインセンティブもあって近年は縫製工場など労働集約型の工場を誘致し、ミャンマーやカンボジアに投資する外国事業が少なくない。このCMLV国は地理的にメコン地域に位置し、そのほぼ真ん中に経済格差が少し上位のタイがある。タイの隣国のミャンマーやカンボジアからタイへの移住労働者とその家族の人口は400万人とも言われている。メコン地域では、経済開発の格差において下位から上位の国や地域に人々が移動している。

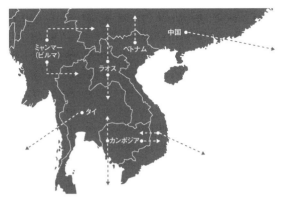

図6-1　メコン地域における人身取引の流れ
出典：UN-ACT 2014 p.10

1　メコン地域における人身取引──タイにおける経済開発と人身取引

　メコン地域における人身取引に入る前に、まずこの地域の中心国であるタイにおける人身取引の経緯そして現状を記す。タイの人身取引を取り上げるのは、国際政治経済の影響を受けながら発展してきたタイの経済開発がメコン地域の周辺国からの人を巻き込む人身取引（性的搾取と労働搾取の）に影響しているからである。まず、タイにおける経済開発と強制売春などの性サービス産業の中で発生する性的搾取型の人身取引を、次に国際経済の中で重要な位置を占めてきたタイの水産業に関連した労働搾取型の人身取引を取り上げる。

（1）タイの経済開発と性サービス産業の発達

　タイにおける性的搾取型の人身取引は、タイでの性サービス産業の発達と大きくかかわっている。そして、タイにおける性サービス産業の発達は、国

際政治と経済開発が大きく影響している。

　タイでは、戦後期（1946年～1960年）のタイの開発政策は外国資本からの投資を奨励して進められた。しかし1950年代後半には農業生産の損害によって国内生産が落ち込み厳しい状況が続いた（ウォンハンチャオ・池本 1988, 61頁）。政府はこうした状況を打破するために、より外資を誘致して国の発展を促すため、1961年に第1次国家経済社会計画を導入した。それ以降、5年毎に第2次、第3次と計画が刷新されるにつれて、農業と工業の格差、経済の不均衡が顕著になってきた。農業の第一次産品を輸出する交通網や港、ベトナム戦争や反共政策促進のための交通網などのインフラストラクチャーが整備される一方、一次産品の価格は低く抑えられ、農村は疲弊し、都市への国内の移住労働が促進され、工業分野の格差が拡大してきた（ポンパイチット 1990, 140-148頁）。

　米国や日本などの外国資本の流入に加えて、国際政治において東西冷戦の代理戦争とも言われる1960年代に発生したベトナム戦争は、タイの性サービス産業を著しく発展させた。ベトナム戦争の最中の1967年に、米国とタイ政府の間でレスト＆レクリエーション（R&R）協定が締結され、ベトナム駐留米兵はタイで遊興を楽しんでから戦場に向かうことが可能となった（トゥルン 1993, 297-298頁）。バンコクやタイ東部チョンブリ県の小さな漁港だったパタヤはベトナム戦争を契機に性サービス産業を有する一大観光地・遊興地に発展した（片岡 2000, 32頁）。米兵など西洋人は、褐色の肌の、「オリエンタル[3]」な女性を好み、ベトナム戦争の後方基地として機能していた東北タイのウドンタニ米軍基地周辺などの東北タイから多くの若い女性がパタヤを目指した。

　1970年代後半以降、つまりベトナム戦争が終結後は、発展したタイの性サービス産業を背景に旅行代理店が日本と西ヨーロッパ（オランド、ノルウェー、西ドイツ、イギリス）に向けた安価なツアーが、個人および団体向けに売り出された。これが、タイの「セックス・ツーリズム」を促進させた（トゥルン1993, 322-323頁）。

　サイスリーとマーシャル[4]は、タイ国内で最初の人身取引事件は1984年のプーケット県でのチェンマイ出身の少女監禁・焼死事件[5]だと指摘してい

る。タイ南部の華人系オーナーの売春宿では、東アジア男性の「処女との性行為が長寿をもたらす」神話によって、タイ北部の色白で幼顔の少女や女性たちが求められた。このようにタイの性産業の発達は国際的な政治や経済に影響を受けているのである。

(2) 性サービス産業で働く女性たちのエージェンシー（行為主体）を凌駕する暴力

　タイでは1970年代から1980年代に性サービス産業が発達した。その一つの形態に性サービスを伴うマッサージ・パーラー[6]がある。タイの政治学者**ポンパイチット**★は、多くがタイの東北部および北部の疲弊した農村出身の女性たちを調査し、次のように分析した。

　「貧しい家庭環境にいる女性たちが、世界でもっとも古いといわれる職業に就くだけのことだ、とする見方は、タイの女性たちの背景にある重要なポイントを見逃す。女たちは家族の束縛と、農村社会の貧しい生活環境から逃げてくるのではない。それどころか家族の生活を助け、農村社会におけるみずからの生活を改善しようと村を出ていく。女たちがこの仕事にはいるのは、生活費を稼ぎ出す構成員という慣習的役割を担うものとして、女性たちが家族に対してもっている義務感に応じるからである」（ポンパイチット 1990, 139頁）。1960年以降のタイにおける性サービス産業の発展は、貧しい農村の家族に生き残る道を提供し、さらに外貨稼ぎという側面をも持っていた。

　ポンパイチットは、貧しい家庭環境に置かれた女性たちを、非自発的に、誰かに騙されて売春を生業とする性産業に送られていくかわいそうな、他者の助けをもとめている「客体」として捉えない。リスクがあったとしても、みずからの生活を改善、向上させるため、生活費を稼ぐ役割を積極的に負う意志を持った「主体」として捉えた。こうした女性の主体的な行為をエージェンシー（行為主体）と呼ぶが、ポンパイチットはマッサージ・パーラーで働く女性たちのエージェンシーを認めた上で、タイ政府が1960年代以降進

ポンパイチット：パースック・ポンパイチット。タイを代表する経済学者。チュラロンコン大学経済学部教授。タイの政治経済開発や社会運動、汚職等に関する著作多数。主な著書は、タイ性産業で働く女性たちの社会経済分析 *From Peasant Girls to Bangkok Masseuses*, 1983, ILO（邦訳『マッサージ・ガール—タイの経済開発と社会変化』同文館出版）、Chris Bakerと共著 *Thailand: Economy and Politics*, 1995、Oxford Univ.（邦題『タイ国—近現代の経済と政治—』刀水書房）などがある。

めてきた開発政策と国際経済に影響を受けて格差が広がり、移住労働の性産業で働く女性たちの姿を描いた。女性たちは、かわいそうな、弱々しくて誰かの助けを待っている「被害者」や「犠牲者」などの「客体」ではなく、自分（や家族）のニーズを満たそうとする人々の「主体」に焦点をあてる視線（まなざし）は、人身取引課題の改善や解決を考える上で　鍵となる考え方である。

しかし、こうした女性のエージェンシー（行為主体）を凌駕するように、性サービス産業は拡大し、若い女性という年齢と性別を限定した集約的な労働力を必要としていた。そのため、特定の年齢と性別の労働力の回転を速く、また量的に供給するために、暴力の行使につながった、と『売春―性労働の社会構造と国際経済―』を執筆したトゥルンは分析している（トゥルン1993, 330頁）。1960年代から継続するタイの性サービス産業の興隆は、1980年代にはタイの若い女性の集約的な労働の国内移動が促された。

そして、1990年代にはタイ国外から外国人がタイ国内へ、またタイから日本などの外国へと需要に応じて、人身取引や搾取的、暴力的な供給が行われた。タイ国内でメコン諸国のひとつであるミャンマー人が人身取引に遭った初期の象徴的な事例として、1991年にタイ南部ラノン県の売春宿の一斉摘発事件を挙げる。その際に売春を強要されていたミャンマー出身女性150人が救出された（Chutikul & Marshall 2004, p.6）。その後も現在にいたるまで、タイの人身取引は、周辺諸国のミャンマー、ラオス、カンボジア、ベトナムから移動してきた人々（男性も女性も）が、性的搾取や労働搾取の人身取引被害に遭うことが多い[7]。

2　タイの水産業の発展と労働搾取型の人身取引
（1）タイの水産物加工業の発展と日本経済の影響

タイにとって水産物加工・製造品は世界有数の輸出を誇る。しかし、タイの水産物加工業の発展は、日本経済が大きな影響を与えていることはあまり知られていない。広島大学の漁業経済学者の山尾は日本の水産物貿易と東アジアの関係について、次のように分析している（図6-2）。年代別に見ると、1980年代以前は東南アジアを含めた東アジアの水産物消費市場は日本を中心に展開していた。しかし、世界の海洋秩序が200カイリ体制に移行し、

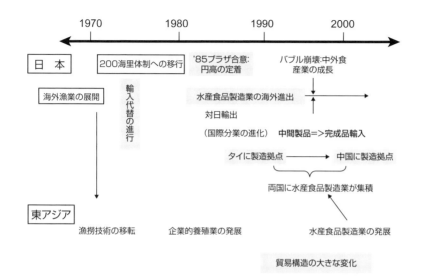

図6-2　日本の水産物貿易と東アジア
出典：山尾 2006, 21頁

　1980年代半ばの円高傾向は、日本の水産企業や水産食料品製造企業が積極的に海外進出をはかった。対日輸出用の原料確保だけでなく、現地で加工した製品が日本に輸出された。日本企業の海外移転は、輸出志向型の水産物加工技術も移転し、輸出志向型水産業が根付くきっかけとなった。特にASEANでは輸出志向型の産業が求められ、エビの養殖産業が進展し、マグロ資源がないタイにマグロ（ツナ）缶詰工場が立地し、世界各国からマグロが供給されるようになった。安価で大量の水産物加工品輸出産業が成り立つのは、こうした水産加工業での安価な外国人労働者や児童労働が陰にあるからだった。
　しかし、1990年代半ばに日本経済のバブルがはじけると、日本の外食・中食で広がった価格破壊現象によって、それを支える安価な輸入水産食材に対する需要が急速に高まった。原料を海外からタイに供給し、現地加工工場で最終製品化して日本の外食・中食産業を支えた。豊富な低賃金労働がタイの水産物加工産業の発展を支えた。2000年に入ってからは、水産物加工拠点はタイの一極集中だけでなく中国にも部分的に移転した（山尾 2006, 20頁）。

近年は、ベトナムやインドネシアでの水産物加工業も発達しつつあり、タイの水産物加工業者や工場への水産物供給業者は熾烈な競争状態にあり、漁船乗組員に対する過酷な労働搾取の背景になっていると推測される。

(2) 低賃金工場労働者における労働搾取型人身取引

タイの首都バンコクから西に50キロほど離れた所に位置するサムットサーコン県は、世界の魚介類が水揚げされ、加工してシーフード食品として世界に輸出する一大拠点である。そのサムットサーコン県のエビの皮むき工場から、ある日ミャンマー人女性らが逃亡し助けを求めてきた。そして彼女らの告発によって工場内の劣悪な労働環境が明るみになった。2006年に発覚したランヤー・ペオ事件とよばれる労働搾取・人身取引事件である。

当時、ランヤー・ペオ工場にはミャンマー人288人が働いていた。そのほとんどが正規の在留資格を持たない超過滞在者で、ブローカーに前金を支払い（もしくは借金をして）、タイでの就労先を斡旋されていた。労働者の中には、15歳、16歳の子どももいた。捜査の結果、288人のうち66人（女性63人、男性3人）は人身取引被害者と認定され、被害者は政府のシェルターに保護された。258人は未払い賃金をめぐって労働裁判所に提訴したと、この事件を支援したMAP財団[8]スタッフだったポロックは記している（Pollock 2007, pp.193-194）。工場は主に欧米のスーパーマーケット[9]向けに輸出用のシーフード製品の下請け工場だった。また下請け工場の経営者はタイ人よりも安い労賃でミャンマー人を雇用していた。仕事の内容はエビの皮むきだったが、労賃は時給ではなくエビ一尾毎に計算され、残業代も有給休暇もなかったという（Solidarity Center 2008, p.22）。その後、2006年9月にこのランヤー・ペオ工場は操業停止命令が出されて閉鎖に追い込まれた。このランヤー・ペオ事件によって、シーフードを食する先進国に住む消費者もまた人身取引課題に対峙すべきアクターであることが明示された。

(3) 安価な水産物、安価な労働力としての漁船労働者

NGOのLabour Rights Promotion Network Foundation[10]（以下、LPN）は、2004年12月に正式にNGOに登録して活動を始めた。LPNは、もともと外

国人労働者の労働者としての権利を擁護・支援する目的で設立された。また、外国人労働者の労働相談だけでなく、工場で働く児童労働問題や、子どもたちの不就学からタイの公立学校での多文化共生教育の促進や、移住労働者とその家族の健康や人権の課題に取り組んできた。

　タイの水産業界において安価な水産物輸出がより求められるようになった2000年代に入ったころから「インドネシアのアンボン島あたりから帰国できないタイ人やミャンマー人が大勢いるらしい」との噂がLPNスタッフに伝えられるようになった。その噂の真偽を確かめるため、実態調査の資金を確保して、2015年3月にLPNのスタッフ複数名がインドネシアのアンボン島を訪問した。そして、出身国に帰国できないタイ人、ミャンマー人ら漁船乗組員たちをインドネシア現地で「発見」した。漁船乗組員らによって漁獲された水産物は、タイとインドネシア沖を行き来する中型船で運搬されたが、漁船乗組員らは海に浮かぶ小型漁船での寝泊りを余儀なくされていた。いつ漁場と遭遇するかわからず、睡眠時間4時間で、船の甲板で仮眠状態の日々が数年続いていた。この事件は国内外のマスコミに大きく報じられた。2015年3月から6カ月後の2015年9月17日のAP通信の記事は、「6カ月間に2000人以上の奴隷状態に置かれた漁船乗組員らが救出された」と報じている[11]。ミャンマー人やカンボジア人、ラオス人も救出され、インドネシアから出身国への帰国が支援された[12]。

（4）漁船での強制労働と人身取引被害者認定の相克－LPNでの労働搾取や人権侵害の聞き取りから

　筆者は2017年8月にサムットサーコン県のLPN事務所で、インドネシアのアンボン島付近で漁船乗組員をしていて、LPNらの支援によってタイに帰国したA氏に質問する機会を得た。「逃げて、帰国しようと思いませんでしたか」との問いにA氏（ミャンマー人）は「どうやって帰国したらいいのかわからなかった。船を操縦できないし、海図も読めない。船から出ることは不可能だった。睡眠時間も休憩時間もほとんどなく、他のことは何も考えられない状態だった。もし、船長の命令に従わない、待遇改善を訴えるなどをしたら、私的な懲罰として「監獄」と呼ばれる檻に閉じ込められた」と答え

た。心身ともに限界状態で、隷属状態におかれ、帰国のための情報が限定されていた過酷な状況だったという。A氏によれば、漁船乗組員の中には日々のつらさから逃れるために自ら命を絶った人、発狂した人などもいたそうだ。「故郷に帰れないと前途を悲観して海に身を投げた仲間を助けるために、自身も海に飛び込んで救出したこともある」とも証言していた。

　LPN代表のソンポンは帰国した人々から聞いた漁船労働の内容を次のように述べていた。「船に乗る人は、漁船で仕事をすることはわかっていても、休みなしで一日20時間の就労、給料はまともに支払われないなどの労働条件を知って乗船した人はほとんどいない。タイに仕事をもとめてやってきた比較的若いカンボジアからの少年（13歳から18歳）、すでにタイで就労し、より条件のよい仕事を探していたミャンマー人やカンボジア人のほとんどは、海がない内陸の出身者で、泳げないので、船での生活や就労は、監禁された状態ともいえる。さらにタイ人では、僧侶から還俗したばかりの男性がだまされて漁船で働かされていた事例もあった」[13]。

　マスコミではこうした過酷な漁船労働は「現代の奴隷制」や「人身取引」と報じた。しかし、漁船労働者は帰国後の警察や入管担当官などの聞き取りと審査において、労働問題とされ、人身取引被害者と認定された人はわずかであった。人身取引被害者と認定されれば、タイの人身取引禁止法[14]を根拠に規定された人身取引被害者支援策に沿って一例えば帰国費用支払いの免除、職業訓練、起業支援などーが受けられる。しかし、漁船での就労の条件が明確にされない、もしくは騙されて（手段）、漁船という監禁された状態で、しばしば暴力がふるわれ（行為）、給料はほとんど払われない強制労働状態にあり（搾取を目的）、人身取引の要件が満たされていても、タイの人身取引禁止法に基づいて、人身取引被害者と認定された人は極わずかであった。人身取引被害者に認定されない人々は、インドネシアからタイへの航空券など帰国費用の支払いが求められた。それでもタイに帰国した元漁船乗組員らは人身取引被害者に認定されなくても、労働問題としてタイにある漁船管理会社に未払い賃金を請求することは可能だったが、ミャンマーやカンボジア、ベトナムに帰国した元漁船乗組員たちは、自国に留まったままで未払い賃金の請求手続きを行うことは現実的には困難だった。

LPNはタイに帰国した元漁船乗組員らの未払い賃金の請求やモラルサポートを行ってきた。事務所の建物の2階部分は、宿泊機能があり、LPNに集い、滞在し、生活をともにする中で、漁船で同じような過酷な経験をした元漁船労働者らが、帰国後に直面する就労問題や家族の問題を互いに共有し、助け合うようになった。必要なときには団体交渉も行った。カンボジアから未払い賃金請求にLPNに滞在していた元漁船乗組員をタイ人の元漁船乗組員らがサポートしていたこともある。

　タイに帰国した元漁船乗組員らは、労働組合としてThai and Migrant Fishers Union Group（TMFG）という当事者グループを2016年に結成した。代表のチャイラットは「俺たちは憐憫（れんびん）を誘う人身取引被害者に認定されなくてもいい。自分たちの尊厳は自分たちの手で獲得する」と、静かに、しかし力強く述べた[15]。

　彼らは、自分たちが人身取引被害者に認定されて得ることができる支援のために「人身取引被害者」としての認定を勝ち取る努力よりも、人身取引被害者に認定されるかどうかにかかわらず人間としての権利が侵害されたことについて、侵害された権利を要求し、取り戻すための努力に重きを置いていた。これも、自らが主体的に決めて行動するエージェンシー（行為主体）と呼べるだろう。人身取引課題は国連や政府のイニシアティブや法整備など、「上からの」取り組みの充実が求められることが少なくないが、こうした被害に遭った当事者（それらの人々を人身取引被害者と呼ぶかどうか、当事者は自称するかどうかにかかわらず）が互いに助け合い、必要なことを共同して政府や関係者に訴えて状況を善くしていく当事者グループは、アクターとして重要な役割を担っている。

II　人身取引対策を推進するアクター

　人身取引という、人間を搾取し、尊厳を傷つける行為に対して、この課題に対峙するアクターは誰か。NGO以外のアクターは国際機関、地域間協力、各国政府、市民社会・NGO、当事者グループと5つに分類できるアクターの人身取引課題への対応を概観する。

(1) 国際機関(広義の国際社会)

複合的な人身取引問題における代表的なアクターは国際機関である。表6-1に見るように国際機関ではそれぞれの分野における人身取引の対策を講じてきた。特に国連薬物犯罪事務所(UNODC)の役割は大きい。人身取引議定書(正式名:国際的な組織犯罪の防止に関する国際連合条約を補足する人、特に女性及び児童の取引を防止し、抑止し及び処罰するための議定書)を含む定義草案を牽引した。その国際組織犯罪防止条約(正式名:国際的な組織犯罪の防止に関する国際連合条約)を起草し、2000年に採択された。2019年8月6日現在、国連加盟国193カ国のうち締約国・地域は190カ国である。日本は国会における共謀罪の是非をめぐる議論の末、テロ等準備罪を2017年6月に成立させ、翌7月11日に国際組織犯罪防止条約を締結した(効力発生は2019年8月10日)。

国連人権高等弁務官事務所(OHCHR)は、人身取引に関する特別報告者を任命し、対策がより必要な国を訪問、調査し、国際文書に基づいて必要と思われる施策について勧告を行っている。日本には2009年に訪問し、2010年に人身取引対策、特に被害者の人権保護についての勧告を含む報告書を2010年に国連総会に提出した。また、タイには2010年に訪問し、翌2011年に同じく報告書を国連総会に提出した。2002年に人身取引被害者の権利ガイドラインを発表している。

国際労働機関(ILO)は児童労働や強制労働と人身取引が重なる部分を調査、報告、政策提言を行うほか、2006年には日本政府が人間の安全保障基金を通して拠出金で、タイおよびフィリピンに帰還した人身取引被害者の社会経済的な地位向上(社会再統合)のためのパイロットプロジェクトを2008年から2009年にかけて実施した。

そのほか、世界保健機関(WHO)は人身取引被害者をインタビューする際の倫理と留意点をまとめたガイドラインを、ユニセフは人身取引被害児童への対応に関するガイドラインを発行している。

(2) 国際地域間協力

国際的な地域間協力は、国連機関などのイニシアティブによるものと、地

表6-1 人身取引対策を担うアクターと対応分野

アクター		対応分野および対策（人身取引に関連して）
国際機関	国連薬物犯罪事務所 UNODC（United Nations Office of Drug and Crime）	越境犯罪、密輸、麻薬、国境管理など。人身取引議定書の定義草案を作成。国際組織犯罪防止条約批准の管理。
	国際移住機関 IOM（International Organization for Migration）	移住、移民に関すること。難民や人身取引被害者の帰還支援も行う。
	国連人権高等弁務官事務所 OHCHR（Office of High Commissioner of Human Rights）	人身取引を含む人権侵害に遭った人々の侵された権利回復と人権擁護促進。人身取引特別報告者を任命し訪問調査、報告、提言等を行う。
	国際労働機関 ILO（International Labour Organization）	児童労働や強制労働など調査、報告、政策提言などを行う。2006年には人間の安全保障基金の拠出により
	国連児童基金 UNICEF（United Nations Children's Fund）	子どもの人身取引に関する啓発活動。2008年に人身取引被害児童に関する報告書を発表。
	世界保健機関 WHO（World Health Organization）	2003年に人身取引された被害者にインタビューをする際のガイドラインを発表した。
地域間協力	UN-ACT（United Nations Actions for Cooperation Against Trafficking in Persons）、前身は、人身取引に対する国連機関間プロジェクトUNIAP（United Nations Inter-Agency Program on Human Trafficking）	国連計画（UNDP：United Nations of Development Programme）の下、国連機関が共同でメコン地域における人身取引対策を行うユニット。UNIAPはメコン地域の6カ国を対象としていたが、UN-ACTはメコン地域6カ国の周辺地域も対象としている。
	東南アジア諸国連合 ASEAN	2004年にASEAN人身取引宣言を発表。2007年に「人、特に女性および子どもの取引に対するASEAN条約」を締結。
	欧州連合 EU（Europe Union）	EUでは先進的な2011年にEU人身取引法を定めた。政策、訴追、被害者保護、防止に関する法整備とモニタリングのシステムを形成した。
各国政府（国家）	国際連合の加盟国	米国国務省は自国だけでなく各国政府の人身取引対策を独自の評価方法で評価して年次報告書を発行している。そのほかに国間協力などもある。国連加盟各国は人身取引に関する法整備や被害者保護を推進する義務を負っている。
NGO	国際NGO	ワールドビジョン、アムネスティ、ヒューマンライツウォッチなど。
	ローカルNGO	Labour Rights Promotion Foundation Network、MAP Foundation, Friends of Women, Live Our Livesなど。
市民社会	市民や学生らの集まり、グループなど。	
当事者	当事者グループ（TMFGなど、タイ）など。	

出典：筆者作成

域における各国政府が協議・協力・合意しながら進める地域間協力がある。
①国際機関のイニシアティブによる地域間協力
　国際機関の地域協力は、メコン地域6カ国（タイ、中国雲南省、ミャンマー、カンボジア、ラオス、ベトナム）とその周辺国（マレーシア、インドネシア）において2014年に発足した国連人身取引のための共同行動（以下、UN-ACT）がイニシアティブをとっている。UN-ACTの前身は、人身取引に対する国連機関間プロジェクト（以下、UNIAP）として2001年に発足した。UNIAP時代には、2004年にメコン地域6カ国の人身取引対策のための閣僚協調イニシアティブCOMMIT（The Coordinated Mekong Ministerial Initiative against Trafficking）を締結した。世界的に見ても、人身取引が活性化しているといわれるメコン地域は、UNIAPによって互いの法整備状況など人身取引対策の情報交換などを行い、閣僚級で協調しながら人身取引対策を推進してきたことは意義深い。

②地域間協力（欧州連合（EU）、東南アジア諸国連合（ASEAN））
　地域間協力しながら人身取引対策を先進的に推進しているのは欧州連合（EU）である。EUはEU基本憲章の第5条第3項で「人身取引は、禁止される」と規定し、また、2011年にEU人身取引法を定め、政策、訴追、被害者保護、防止に関する法整備とモニタリングのシステムを形成した[16]。EUはタイがIUU（違法・未規制・未報告）漁業対策に非協力的であるとして2015年4月に輸入を規制する「イエローカード」措置を発動した。

　東南アジア諸国連合（ASEAN）は、2004年にASEAN人身取引宣言を発表したほか、2007年に「人特に女性および子どもの取引に対するASEAN条約」を起草し、2015年に締結した。ASEAN諸国では1990年代から女性と子どもの性的搾取型の人身取引が横行していることが認識され、被害者の保護や権利擁護を訴える市民社会やNGOなどの働きが強かった。しかし、しだいに越境的犯罪対策協力の制度が形成されるようになると、つまり人の移動の管理が厳しくなると、人身取引対策は被害者の人権擁護よりは犯罪対策、刑事司法的な対応へシフトしつつあり、市民社会やNGOからはその偏重が批判されている（青木2016, 125頁）。

③各国政府
　各国政府もアクターで、人身取引対策を講じ、法整備や人身取引被害者保

護を推進する責務を負っている。各国政府は国内の法制度など対策を講じるだけでなく、二国間協力の下で人身取引対策関連事業が実施されることもある。例えば日本の国際協力機構（JICA）は、タイの社会開発・人間の安全保障省をパートナーとするプロジェクト、メコン地域人身取引被害者支援能力向上プロジェクト（2015年〜2019年）が実施されている[17]。

また、米国国務省は、自国の人身取引被害者保護法を基準に同程度に人身取引対策を講じている政府を第1階層、対策はあるが不十分を第2階層、継続すれば米国の制裁の対象になる可能性がある政府を第3階層として独自に2001年から評価している。第2階層、第3階層の間には、監視国（努力しなければ第3階層に転落の可能性）が置かれ、各国の人身取引対策の推進を促した。

④NGO

1980年代から90年代、各国政府はまだ人身取引被害者を認識せず、被害者は不法滞在、不法就労など「犯罪者」として摘発されていた。NGOは、その頃から人権を侵害された人々の保護や支援を通して人身取引被害者支援に大きな役割を果たしてきた。現在でも世界各国では性的搾取だけでなく労働搾取の人身取引も増加し、実態を知り、被害者らのより近い存在として支援しながら、政策提言（アドボカシー）を行うNGOの存在意義は増している。

⑤当事者グループ

人権侵害や搾取に遭った人々が、互いにサポート（ピア・サポート）したり、共通の問題にグループで取り組んだり、NGOと協力しあって政府や国際社会に政策提言をしたりする。これまで、人身取引対策は、非当事者が当事者のために計画され、実施されることが多かった。しかし、近年はネパールやタイなどで当事者グループが組織され、ニーズに応じた活動を行うことも増えた（齋藤 2018）。

Ⅲ　人身取引課題に取り組むアクター：NGO

人身取引は安易に人の目に見えないところで行われている。行政や警察からの可視化しにくい。そのため、移住労働や搾取的な性サービス産業などに潜む人身取引で被害に遭っている人々に出会い、支援を行うのは、より草の

根レベルで活動しているNGOの方が機動しやすい。前述したプーケットでの少女焼死事件をフォローし人身取引事案として加害者を実刑に持ち込んだ裁判支援がなされたのもNGOのFriends of Womenだったし、エビの皮むき工場のミャンマー人労働者の裁判支援をしてきたのもNGOのMAP Foundationなどだった。この章では、移住労働者の人権を擁護し、インドネシア沖の漁船労働での強制労働から帰国した人々を支援しているLPNを、人身取引課題に取り組むアクターとして取り上げる。

1　人身取引という人の搾取を起こさせない社会づくり

(1) LPNの社会政策環境整備としての活動

　LPNの活動は、前述したように、広く移住労働者およびその家族の人権や生活を支援することが目的である。すでに人身取引の被害に遭った人々（当局は人身取引被害と認定していなくても）に対しては、行政や国際機関と調整して帰国を支援し、帰国後は同じような境遇に置かれた人々が相互に支援しあう当事者グループの形成などを支援してきた。しかし、ここで人身取引対策としてのLPNの役割の重要な点を指摘したい。それは、脆弱な状態故に人身取引の被害に遭いやすい人々の脆弱性を除去・軽減すること、そのような社会環境を整え、政策を改善していくためのアドボカシーを担っているという点である。こうした社会政策環境の整備は、移住者とその家族だけでなく、移住者らと共存している地元地域の人々、そして受入れ国の社会発展に寄与する可能性がある。社会政策環境整備としてのLPNの活動は、①企業（雇用主）、②教育（多文化共生教育、インターンシップ）、③当事者自立支援、④メディアを通した消費者への働きかけ、⑤政府へのアドボカシー、⑥国際機関との連携の6方向があると言えるだろう。これらをSDGsを加えて順番に見ていく。

①企業への働きかけ（ゴール8：働き方）

　ツナ缶詰などを製造するタイ・ユニオン社は、2006年頃、工場内で児童労働の存在が問題視され、LPNも児童労働問題を指摘していた。その後、LPNはタイ・ユニオン社と対話と交渉を継続した結果、児童労働問題は改善され、2017年にはタイ・ユニオン工場で児童の権利、労働現場における

児童の保護などを記した冊子「児童労働とは」を社員や工員らに意識啓発の一環として配布することができた[18]。また、2015年以降、インドネシア沖の長年の漁船労働から帰還し、その後、就労先がなかった男性数名（人身取引被害者）をタイ・ユニオン社は積極的に雇用し就労支援するなど、当初対立関係にあった企業との人権意識向上の環境整備を支援できた。

②**教育（多文化共生教育、タイの大学生インターンシップ）（ゴール４：教育、ゴール１６：平和とインクルーシブな社会）**

児童労働の問題の背景のひとつに、移住労働者の家族として来タイした子どもたちの不就学問題もあった。LPNは、積極的にサムットサーコン県内の公立小中学校に働きかけ、児童の権利条約や万人の教育の権利を根拠に粘り強くタイの公教育への就学の機会を支援した。LPN代表のソンポン氏は、「NGOが運営する移民の子どもに特化した教育は母語教育を可能とするなど長所も多いが持続性に欠ける。しかしタイの公教育は、タイで生活していくための基礎的なライフスキルを持続的に得ることができ、タイ社会にとっても移民を理解する一助となるため公教育での教育を支援している」[19]と述べて、包摂的（インクルーシブ）な社会づくりに貢献している。

さらにLPNでは2016年頃からタイ国内外の大学生のインターンシップを積極的に受入れ、ミャンマーやカンボジアからの移民が直面する課題を通して社会福祉、社会開発、コミュニティ開発、多文化共生教育など実践的な専門知識を学ぶ機会を提供している。広義の社会環境整備と言えるだろう。

③**当事者支援（ゴール１６：平和とインクルーシブな社会、ゴール３：健康）**

前述したインドネシアから帰国した元漁船乗組員らの自助グループだけでなく、LPNの支援をかつて受けたことのあるミャンマー人、カンボジア人、ラオス人らが、それぞれの労働や生活の困りごとを相談できるグループを形成した。2018年12月18日の国連移民の日には、それらのグループの結成が報告された。人権意識、相互扶助などを通して、タイのそれぞれの同国人コミュニティだけでなく、出身地域への人権意識の向上につながっている。

④**メディアを通した消費者への働きかけ（ゴール１２：消費と生産）**

2015年の３月以降、インドネシア沖の漁船労働から帰還した労働者らの問題を国内外に発信するメディアを通して報道した。また2018年には、

ミャンマー人元漁船労働者の男性を主人公としたノンフィクションの映画『*Ghost Fleet*』が米国で制作され、2018年9月にはカナダの国際映画祭に出品された（日本での上映未定）。漁船での強制労働が、安価なシーフードを求める先進国の消費のあり方や責任あるサプライチェーンとは何かを問うアドボカシーとなっている。

特にタイの水産物加工業の発達には日本経済が関係しており、安価で大量の水産加工物は欧米や日本や中国などの消費大国で消費されている。先進国の私たちが使用し、消費する食品や製品のサプライチェーンの末端での労働搾取型の人身取引対策において消費者もアクターの一端を担っている。

⑤**政府へのアドボカシー**（ゴール14：海洋資源の持続的利用、ゴール17：パートナーシップ）

インドネシア沖漁船での強制労働問題は、欧米のタイからのシーフード輸入に打撃を与えた。この状況を打開するべく、タイ政府もIUU法を制定するなどさまざまな政策で対応してきた。その結果2019年1月8日にEUからの「イエローカード」措置が解除された。2018年3月にはプラユット首相自らがLPNを訪れ、移住労働者の人権侵害課題に対して直接対話する機会があった[20]。LPNはこうした機会を移住労働者の権利を訴えるアドボカシーの絶好の機会と捉えた。そうした成果もあってタイは2019年1月30日に、ILO第188号の漁業労働条約[21]にアジアで初めて締約した。

⑥**国際機関との連携**（ゴール10：不平等の廃止、ゴール17：パートナーシップ）

LPNは国連や国際機関と協力しながら実態調査を実施して根拠を明確にし、国際社会での移住者と移住労働者らの人権保護のアドボカシーにつなげてきた。LPNは、ILOと水産加工産業における児童労働や漁業労働問題などを共同調査[22]したり、政策提言のための情報提供などを2011年以降、積極的に行ってきた。LPNはタイ政府やILOなど国際機関に漁船労働者らの権利を保護するよう働きかけを行ってきた。このように国際機関とパートナーシップをもちながら、漁業労働における不平等を是正している。

こうした社会政策環境を整備し、改善していく取り組みは、潜在的な人身取引被害者の脆弱性を軽減、除去していくことにつながっている。

(2) LPNの課題

　上記に見るようにLPNの活動は、雇用、多文化共生教育、コミュニティ形成、政府や国際機関へのアドボカシー、メディアを通した消費者への働きかけなど多岐にわたっている。これらの活動を統括しているのは代表のソンポン氏とLPNの主要スタッフであるが、人的資源、経済的、物理的不足は常に絶えない。近年は、タイ大学生らのインターンシップ生が運営管理部門にも関わるようになり、移民の中の当事者グループの活動が活性化しつつあるので、活動権限の分散化は進みつつある。しかし、LPNが提供している被害者のためのシェルターは事務所と共に手狭となっており、事業拡大のための移転も計画されている。それらを実現する安定した財源確保が第一の課題である。

　しかし、LPNというNGOが突出しているだけではよりよい社会づくりはできないので、他のNGOとの協力も必要なのではあろう。それぞれの団体の主義主張が異なるため、NGOだからと安易な協働は簡単ではないかもしれない。しかし、これが第二の課題と考える。

Ⅳ　LPNから見るSDGsと「人間の安全保障」

　LPNの活動からSDGsと「人間の安全保障」を見ていく。

(1) SDGs

　上述したLPNの活動から、SDGsの17のゴールのうち、ゴール３の健康、ゴール４の教育、ゴール８の人間的な労働、ゴール10の不平等の廃止、ゴール12の消費責任、ゴール14の海洋資源の持続可能な利用、ゴール16の平和と公正、ゴール17のパートナーシップは密接につながりをもっている。特にゴール10の不平等の廃止を促進するためのターゲット10.7には、「計画的でよく管理された移民政策の実施を通じた秩序のとれた安全で正規の、かつ責任ある移住と移動を促進」が記されている。SDGsのプラス面を見るならば、上記のように一見別々の分野で取り組まれている課題は互いに関連しているため、SDGsはそれぞれの問題群を架橋し、複数の問題群と共通の事

項において相互のコミュニケーションを促進する可能性をもつ。また、達成目標の期限が2030年に設定されているので、少なくとも2030年までは、つながりを認識し、さまざまなアクター間が協力し合える可能性を追求し、実行することが求められている。

　しかし、SDGsの取り組みには大きく2つの課題もある。まず、SDGsの各開発目標は、あくまで予防的な、未来志向の内容で、過去のマイナス面、つまり企業活動による人権侵害や、経済格差を生み出す経済開発の歪みを是正するものではない。そのため、数年間の漁船での暴力的な就労により、精神に異常をきたしてしまった人、網に指をはさまれて指が切断され障害を負ってしまった人、自死に追い込まれてしまった人、帰国しても仕事はなく家族からも見放され孤独な状態にある人に向かって、未来志向の明るい開発目標を示しても、一緒に目標に向かうことは非常に困難である。侵害された権利が回復され、人間として尊厳のある対応がなされて、心身の休息がなされ、家族や友人など周囲の人間らに対する信頼を取り戻し、人間関係を再構築できるようになって、ようやく社会参加ができるのではないだろうか。「誰一人取り残さない」というSDGsの理念を実現するために、既に取り残されてしまっている人たちが被った被害や権利侵害を回復するためのプロセスが必要なのではないか。

　次に、17の目標がそれぞれ関連付けされ、相互に補完しあいながら取り組みが進められることが望まれるが、SDGsの開発目標のうち、気候変動や環境保全などの環境分野や、保健、教育などの社会開発分野への取り組みが企業や行政によって進む一方、公正や平和、人権、平等など格差の是正や人権擁護の開発目標の取り組みの進捗のスピードは鈍化しているのではないか。現代の社会では、新興国や途上国においてさまざまな開発事業が進められているが、十分な補償がないまま住民を立ち退かせ、新たな脆弱な人々を再生産している事例も指摘されている（島﨑 2016）。開発事業に携わる大企業らは、SDGsに取り組むことで、人権侵害の免罪符化することはあってはならない。開発目標の推進に偏りがないように、特に人権確保、不平等の解消の推進には留意すべきであろう。

(2)「人間の安全保障」

　「人間の安全保障」の考え方は、ノーベル経済学賞を受賞した**アマルティア・セン**★のケイパビリティ論に基づく人間開発の観点をもとに提唱された。人間の生存を支え、生活や生計を維持し、尊厳を守り、個々およびコミュニティの能力強化を通じて、貧困、環境破壊、自然災害、感染症、テロなどに、さまざまなアクターを通じて包摂的に対処していこうとするもので、「グローバル開発協力」を支える重要な概念でもある。「人間の安全保障」の考え方は、2000年に日本政府の呼びかけで組織された人間の安全保障委員会によって現実的にグローバルな課題を解決に協力していくために、さまざまな事業が展開されてきた。日本政府もこの人間の安全保障の考え方を基にした、人身取組対策の国際協力事業[23]を実践してきた。

　しかし現代の社会での「人間の安全保障」はその存在価値が揺るがされている。近年、欧州やアジア、世界各国で移民・難民問題がクローズアップされ、「人間の安全保障」よりも「国家の安全保障」として取り上げられるようになったからだ[24]。戦禍を逃れ、住むところを追われ、また、よりよい将来のため、さまざまな理由で人は移動する。その移動は、移民を排除する国や地域から排斥の対象となり、移動する人々が脆弱であればあるほど、搾取や人身取引の被害に遭いやすいのである。

結論　人の移動と人身取引

　2000年以降の人身取引課題をめぐる国際規範は、人身取引は犯罪（国際組織犯罪）として定義され、法整備の充実と加害者には刑事処罰と、支援が進められてきた。しかし、被害者の認定基準は厳しく、特に移住労働者の搾取と人身取引被害者の線引きはあいまいだ。犯罪の諸要因である開発政策など国際政治経済の影響や、人々が移住・移動する過程で被害に遭った人々の

アマルティア・セン：インド生まれ。経済学者。ハーバード大学教授で、センの「人々の選択肢を拡大することで、皆がかちある人生を送れるようになるプロセス」というケイパビリティ理論は、人間開発や人間の安全保障概念の形成に寄与した。哲学、倫理学、社会学にも大きな影響を与えた。1998年にアジア出身者ではじめてノーベル経済学賞を受賞した。

エージェンシーを軽視・無視した支援や「国家の安全保障」を重視した人々の排除は、人身取引課題のグローバル開発協力は本質を見誤るだろう。

本章でメコン地域の人身取引課題をみただけでも、問題が関連し、一国の対策だけでなく、グローバルで複数のアクターの協力が必要であることがわかる。またSDGsを推進することは、このつながりを強化していくことができる。性的搾取や労働搾取の人身取引課題に対峙する不平等の廃止（目標10）や平和と公正の達成（目標16）をするために、健康（目標3）、教育（目標4）、ジェンダー平等（目標6）、人間的な労働（目標8）、使う責任（目標12）、海洋資源の持続可能な利用（目標14）とつながりながら推進することが重要だ。

しかし、現実はそれほど楽観的ではない。未来志向の予防的なSDGsは、すでに「取り残されている人々」や「被害をこうむっている人々」に焦点をあてないし、人身取引が内包されているかもしれない移民・難民問題は「人間の安全保障」の概念を「国家の安全保障」に揺り戻す動きを広げている。「グローバル開発協力」を推進には、旗を振りながら、非当事者の開発計画による推進ではなく、当事者の声を尊重し、関係者のつながりを大事にしながら、協働していくことではないだろうか。

《注》

1 「グローバル開発協力」の定義は、本書の25-26頁を参照のこと。
2 本稿では、人身取引の定義を2000年に国連が採択した国際組織犯罪防止条約に付帯する人身取引議定書第3条で記された定義を使用する。第3条(a)では、人身取引は、目的、行為、手段の3つの要件で定義している。まず、搾取が「目的」であることで、搾取には性的搾取、強制労働、隷属や臓器の摘出も含まれる。次の「行為」とは、人を獲得し、移送し、引き渡し、隠しまたは収受することである。「手段」とは、暴力などによる脅迫や強制、誘拐、詐欺、権力の濫用や脆弱な立場にじょうずること、または他者を支配におく者の同意を得るために金銭や利益の授受が行われることである。また、第3条(b)では、そのような手段が使われれば、たとえ被害者の同意があっても人身取引であることを規定する。さらに被害者が18歳未満の未成年の場合は、上記の手段が使われなくても、搾取の目的で獲得、輸送、引き渡し、隠しまたは収受することは人身取引である（第3条(c)）。人身取引の定義によれば、売春などの性サービス産業すべてが人身取引ではなく、性サービス産業において、搾取の目的で、手段や行為の3つの要件がそろって意思に反して働かされている時に人身取引とみなされる。したがって、18歳以上の人が自由意志で、性サービス産業で就労している場合は、人身取引とは見なされない。
3 オリエンタリズムとは、もともと東洋文化を示す言葉だったが、サイードが1978年に『オリエンタリズム』を発表してから、植民地主義において征服者・侵略者の西洋が一方的に、差別的に東洋を見る偏見の総体とされる（サイード 1978）。文化人類学者の速水は、征服・侵略的に西

洋と非西洋が出会う場における自他関係、特にその表象において、オリエンタリズムは根本的にジェンダー化され、かつ性的なまなざし、自己の欲望やセクシュアリティを映しだす鏡などと議論されていると指摘している（速水 2009,20-21頁）。

4 サイスリー・チュティクンは、女性と子どもの人権保護のためにタイ国内外で活躍する政治家。1992年のタイ国内政変の後、アナン政権の下で総務省大臣を務め、1997年には「女性と子どもの人身取引禁止法」成立に尽力した。1996年から2000年まで、総務省管轄下の女性と子ども・若者協議会の議長を務めた他、国連女性の権利向上委員会（UN/CSW）のタイ代表および副議長（2001-2005）、女子差別撤廃委員会委員（2007 – 2010）などを歴任している。

5 焼死体で見つかった北部チェンマイ出身の被害者の少女たちは、南部プーケットで監禁された状態で売春を強要されていた。この事件は、タイの女性の人権に関する活動を行うローカルNGO、Friends of Womenが、焼死した少女の家族の代理人として管理売春させていた商店主を訴え、加害側の店主には実刑が下された。この事件はタイ国内で初めて認識された性的搾取の事例とされている（Chutikul & Marshall 2004, p.5, 齋藤 2016, 129頁）。

6 タイのマッサージ・パーラーを研究したウォンスパープは、バンコクのマッサージ・パーラーは1950年代に日本企業のタイ進出にともなって日本の特殊浴場型の性風俗ビジネス「トルコ風呂（Turkish Bath）」がマッサージ・パーラーに変容したことを指摘している（Wongsuphap 1995）。

7 UN-ACT Thailand　http://un-act.org/thailand/（2018年10月8日閲覧）。UN-ACTは、タイでの人身取引は性的搾取や労働搾取だけでなく、組織的な物乞いという形態がとられることも多いと指摘している。

8 MAP Foundationは2002年にタイ国チェンマイに、主にタイに移住したり、国境のタイ側の工場に日帰りで働きにくるミャンマー（ビルマ）のさまざまな民族の人々の労働者の権利擁護、コミュニティ開発、リーダーシップ研修等を実施している。https://www.endslaverynow.org/map-foundation（2018年10月14日閲覧）

9 NGOのSolidarity Centerによれば、タイのエビをブランドとして販売しているのはAsian Classic, Wal-MartやTOPS, Tiger Bay ,Royal Thai ,Sail, Sam's Clubなど大手のスーパーマーケットなどだった（Solidarity Center 2008:18）。

10 タイのローカルNGOであるLabour Rights Promotion Network (LPN)は、2004年にタイ東部のサムットサーコン県に設立された。県内の移住労働者の子どもの教育など社会環境面や児童労働、移住労働者らの権利擁護支援活動を展開し、タイ社会での移民との共生、すべての人々の権利擁護、労働者とその家族の福利厚生の意識向上などを目的としている。http://jica-cb-workshop.weebly.com/uploads/8/0/7/2/8072630/lpn_history_in_samutsakhon.pdf（2018年10月11日閲覧）。

11 "More than 2,000 enslaved fishermen in Indonesia rescued in 6 months" AP通信 http://www.nydailynews.com/news/world/2-000-enslaved-fishermen-rescued-6-months-article-1.2363846（2018年10月7日閲覧）。

12 "Over 500 New Human Trafficking Victims Identified in Indonesia since Benjina "Slave Fisheries" exposed" 2015年8月3日IOM Newsdeskに掲載された。http://weblog.iom.int/over-500-new-human-trafficking-victims-identified-indonesia-benjina-%E2%80%98slave-fisheries%E2%80%99-exposed（2018年10月7日閲覧）。

13 2017年8月23日、タイ国サムットサーコン県のLPN事務所でのソンポン氏からの聞き取りより。

14 包括的なタイの人身取引禁止法は2008年に成立した。それまでは1997年に女性と子どもの人身取引禁止法で、保護や救済対象者を女性と子どもに限定していた。

15 2016年12月20日タイ国バンコクで開催されたチュラロンコン大学アジア・マイグラント・リサーチセンター主催の会議に参加したチャイラット氏へのインタビューでの発言から。
16 EU人身取引対策サイト　http://ec.europa.eu/anti-trafficking/（2018年10月3日閲覧）。
17 JICA「プロジェクト概要」https://www.jica.go.jp/project/thailand/016/outline/index.html（2018年10月3日閲覧）。
18 タイ水産加工業でもトップクラスのタイ・ユニオン社は2015年以来、タイの水産加工工場では奴隷労働による水産物を使って労働搾取が行われているとの欧米の厳しい批判を受けてきたが、批判以来、社会のクリーンアップ化、つまり透明性を確保し、行動規範を確立することで国内外の批判を少しずつ交わし、株価も上昇しつつあるとファイナンシャルタイムズ紙に二代目社長のチャルーム氏は述べていた。児童労働禁止も透明性確保の一環であろう。https://www.ft.com/content/225ad6d0-3be3-11e8-b7e0-52972418fec4（2018年10月14日閲覧）。
19 2018年9月6日タイ国サムットサーコン県のワット・コ小学校にてソンポン氏より聞き取りをした。
20 プラユット首相一行は、タイ人や外国人労働者らの労働者搾取が横行し、違法・無届・無管理業（IUU）を改善していることをアピールするためにサムットサーコン県の港や水産物加工場、そしてLPNを訪れていたと2018年3月6日付電子版バンコクポストは述べている。"Prayut charts course to beat EU's import ban PM in fishing hub to help root out IUU https://www.bangkokpost.com/news/politics/1422910/prayut-charts-course-to-beat-eus-import-ban（2018年10月14日閲覧）。
21 ILO第188号の漁業労働条約は、2007年のILO総会で採択され、その後10カ国が批准することになったために2017年11月に発行した。第188号の漁業労働条約の内容は、船上や陸上における医療や労働安全衛生、休息期間、書面による労働契約、他の労働者と同水準の社会保障による保護など、漁船上の労働に関する主要事項についての拘束力ある要件を定めており、船上における漁業者のまともな生活条件を確保するような形で漁船の建造・維持が行われることも目指す。強制労働や人身取引その他の権利侵害を予防のため、募集・斡旋過程の規制や漁業者による苦情の調査に関する規定も含む。また、第188号の漁業労働条約第188号条約批准国は、検査、報告、監視、苦情手続き、罰則、是正措置を通じて漁船を管理する。寄港する外国漁船を検査し、適切な行動を取ることもできる。（ILO HPより。https://www.ilo.org/tokyo/information/pr/WCMS_598701/lang--ja/index.htm［2018年12月9日閲覧］）。
22 タイの水産物加工産業における児童労働の課題は、ILOは2010年から2016年のプロジェクトとして実態調査を実施し、LPNも協力NGOの一団体として参加した。2016年に*Combating the Worst Forms of Child Labour in Shrimp and Seafood Processing Areas in Thailand*がILOから発行された。
23 日本政府は2006年に人間の安全保障基金に約2億1,155万円を拠出し、ILOが「タイ・フィリピンに於ける帰還したトラフィッキング犠牲者の経済社会的エンパワーメント事業」を実施した（外務省HP https://www.mofa.go.jp/mofaj/gaiko/jinshin/trafficking_kj.html）。また外務省の草の根・人間の安全保障無償資金協力事業は、インドの「テランガナ州ランガレディ県人身売買被害女性のための保護及び社会復帰支援施設建設」（2015年）、ミャンマーの「タニンダリー地域コータウン地区の人身取引被害者シェルター計画」（2013年）、タイの「パヤオ県人身取引防止及び被害者支援計画」（2005年）など人身取引防止もしくは被害者保護支援事業、また人身取引を発生させない広義の人身取引防止でもあるコミュニティ強化事業に無償資金協力を講じてきた。
24 しかし、国際組織犯罪防止条約を親条約とする人身取引議定書は、人身取引被害者の保護や支

援などを人権的配慮より、越境する非正規移民や労働者側の非正規性を問題視しており、人身取引被害や脆弱な移民の「人間の安全保障」ではなく、移民の管理、摘発に重きを置く「国家の安全保障」の傾向があるとニーボーンとデヴェルジャクは指摘している（Kneebone and Debeljak 2012:20-24）。

《参考文献》

青木まき（2016）「人身取引問題をめぐる国際関係―東南アジアにおける地域的な人身取引対策協力の力学―」山田美和編『「人身取引」問題の学際的研究―法学・経済学・国際関係の観点から―』IDE-JETROアジア経済研究所、109-139頁

ウォンハンチャオ，ワリン・池本幸生編（1988）『タイの経済政策―歴史・現状・展望―』アジア経済研究所

片岡隆裕（2006）「「サービス・ガール」の周辺―現代タイの売買春をめぐるエスノグラフィーの試み」『国際文化論集』第20巻第2号、23-60頁

齋藤百合子（2018）「人身取引被害者とは誰か　当事者の声を聴く」齋藤百合子編著『PRIME Occasional Papers　人身取引被害者とは誰か』No.4、明治学院大学国際平和研究所

―――（2016）「メコン地域における人身取引対策の課題―タイの労働搾取型の人身取引への対応―」『国際学研究』第49号、123-138頁

島﨑裕子（2016）「カンボジア都市部の立ち退き居住者に見る社会的排除―貧困創出のメカニズム―」山田満編著『東南アジアの紛争予防と「人間の安全保障」―武力紛争、難民、災害、社会的排除への対応と解決に向けて―』明石書店、131-166頁

トゥルン，タン・ダム（田中紀子・山下明子訳）（1993）『売春―性労働の社会構造と国際経済―』明石書店

速水洋子（2009）『差異とつながりの民族誌―北タイ山地カレン社会の民族とジェンダー――』世界思想社

ポンパイチット，パスク（田中紀子訳）（1990）『マッサージ・ガール―タイの経済開発と社会変化―』同文舘出版

山尾政博（2006）「東アジア巨大水産物市場圏の形成と水産物貿易」『漁業経済研究』第51巻第2号、15-42頁

Chutikul, Saisuree and Phil Marchall (2004) *Summary Thailand Country report on Combating Trafficking in Persons*, Office of the Permanent Secretary, Office of the Minister, Ministry of Social Development and Human Security of Thailand.

Pollock, Jackie (2007) "Thailand", *Collateral Damage: The Impact of Anti-Trafficking measures on Human Rights around the World*, Global Alliance Against Traffic in Women (GAATW), pp.171-202.

Pongpaichit, Pasuk (1982) *From Peasant girls to Bangkok masseuses*, International Labour Organizations.

Said, Edword (1978) *Orientalism*, Panteon Books, New York.

Solidarity Center (2008) *The true cost of shrimp*, Solidarity Center.

United Nations Action for Cooperation against Trafficking in Persons (UN-ACT), 2014, *Annual Progress Report*, UN-ACT.

Wongsuphap, Nalumon (1995) *Naangaam Too Krojok*（原文タイ語、「ガラス窓の向こうの女性たち」の意味）, Kred Thai Co.,ltd. Bangkok.

第7章 アジアの格差・貧困問題に関する考察
―カンボジアにおける日本のNGOによる支援活動を事例に―

重田康博

キーワード 格差、貧困、カンボジア、NGO、農村開発
SDGのゴール 1, 2, 8, 10, 17

はじめに

　第二次世界大戦後、資本主義および社会主義国家による工業化・産業化による経済成長や社会開発が進められたが、特に1990年代初頭東西冷戦が終結すると、ソ連や東欧諸国の社会主義政権が崩壊し、既成の資本主義国家だけでなく、多くの国が資本主義あるいは資本主義的社会主義を目指すようになった。2000年以降資本主義やグローバリゼーションが拡大する中で、国家や企業の果たす役割が一層強くなっている。特に、躍動するアジアの国家は、国境を超える経済のグローバル化の動きと一体となった資本主義が進められ、自国や外国への投資や貿易を拡大している。

　しかし、グローバル化の時代に資本主義を進める国家は、国民や貧しい国民に対して基本的人権を尊重し、社会福祉の充実等を行っているのか、国民に真の利益を還元しているのだろうか。また、途上国の脆弱な人々に対して支援が末端まで届くような開発協力を行っているのだろうか。逆に、今日の世界で国家や企業によるグローバル化が進み、各国で貧富の格差拡大・貧困問題が深刻化している現実がある。

　躍進するアジア諸国の一つ、カンボジアでは、フン・セン長期政権の下で、1994年以降10年間で、一人当たりの生活水準は富裕層、貧困層とも上昇した。カンボジアの経済は、近年の高度成長により大きく変化し、貧困ラ

イン以下の人口も減少した。カンボジアは国連ミレニアム開発目標（MDGs）を一部達成し、現在2030年の国連持続可能な開発目標（SDGs）の達成を目指している。2015年末にはカンボジアも加盟している東南アジア諸国連合（ASEAN）は、関税の撤廃を目指す**ASEAN経済共同体（AEC）**★を創設した。それにもかかわらず、一部の有力者による富の独占、腐敗・汚職が進行し、国民の間の貧富の格差は開いた。特に2000年以降都市部を中心に急速な経済成長が進められ、外国資本による土地の購入とその高騰、都市と農村の所得格差の拡大、グローバル化の影響により富裕層と貧困層（特に農民）間の富の格差の拡大、土地の売却による土地なし農民や都市やタイへの出稼ぎ農民の増大の問題が発生した。

2015年は、フランスの経済学者**トマ・ピケティ**★の『21世紀の資本』が話題になった。ピケティは、資本主義は自動的に恣意的で持続不可能な格差を生み出すと述べ、現代の資本主義やグローバル化の世界では貧富の格差は拡大していると警告している（ピケティ2014, 1-38頁）。ピケティがいう通り、自由主義的資本主義や経済開発が発展途上国においても貧富の格差を拡大させているのか、については、事例的に検証する必要がある。

世界の格差・貧困問題はなぜ発生するのか、それはピケティのいう資産の格差が原因なのか、それとも多様な政治的・経済的原因によって発生するのか、NGOの活動は格差・貧困を是正するためのセーフティネットとなるのか、本章は、グローバル化が進むカンボジアの格差・貧困問題の現状とその原因である「新しい貧困の罠」を取り上げ、カンボジアの貧困や格差問題を解決するために、日本のNGOの農村開発活動を事例に、その活動が受益者のた

ASEAN経済共同体（AEC）：ASEAN Economic Community。ASEAN10カ国域内の経済成長、関税撤廃、社会文化的発展を目指して、2015年12月に発足した新しい経済共同体である。AECの戦略目標は、①単一市場と単一生産拠点、②競争力のある経済地域、③公平な経済発展、④グローバル経済への統合の4つである。ASEANのEU化とも言われ、貿易品目の96％に関税撤廃を適用し、ASEAN内の更なる自由化でサプライチェーン（部品供給網）が拡大していく可能性がある。

トマ・ピケティ：1971年生まれのフランスの経済学者である。現在パリ経済学校教授、社会科学高等研究院教授であり、フランスの社会党系に属する理論家である。2013年に出版した邦訳『21世紀の資本』（みすず書房）が世界的なベストセラーになり、注目を浴びる。ピケティの欧米社会を中心に考察した所得格差拡大や貧富の格差拡大の実証的研究は、「ウォール街を占拠せよ」運動など世界の格差問題や格差是正運動に大きな影響を与えた。

めのセーフティネットとしてどこまで有効なのか、問題の解決のための新たな方策として「グローバル開発協力」のあり方について考察することを目的とする。

I　カンボジアの政治・経済の現状

　カンボジアは、1953年フランスから独立後シハヌーク★体制の下で仏教社会主義を歩み、1975年から1979年までクメール・ルージュ★（共産党ポルポト政権）の圧政と虐殺が行われた。1979年ベトナム軍が侵攻しポルポト政権は崩壊、以後1980年代ポト派を含む3派とベトナム・ヘンサムリン派との内戦になり、1991年パリ和平協定を結び内戦終了後、明石康国連事務総長特別代表率いる1992年国連平和維持活動である「カンボジア暫定統治機構（UNTAC）」が統治し、1993年民主選挙が行われ、以降5年毎に総選挙が行われる。1998年から、人民党を率いるフン・セン首相の長期政権となった。フン・セン政権の権威主義体制の下でカンボジアは開発国家を目指し、2000年以降は高い経済成長を達成した。カンボジアの実質GDP成長率は2008年

　シハヌーク：ノロドム・シハヌーク。1922年生まれで、フランスからの独立時からカンボジアを導いてきた指導者であった。1941年フランス植民地下で若くして国王に即位しフランスから独立へと導き、1949年独立宣言後1955年に退位し、人民社会主義共同体（サンクム）の首相・外相、1960年国民投票により国家元首になる。外交的には非同盟・中立主義路線を歩む。1970年クーデターによるロン・ノル政権成立で北京に脱出し、カンボジア王国民族連合政府樹立を宣言する。1975年ロン・ノル政権崩壊後帰国して、1976年ポルポト派による民主カンプチアが成立し、元首・大統領に就任したが、再度中国に出国した。その後ベトナムの支援を受けて1979年カンプチア人民共和国（ヘンサムリン政権）が成立後、カンボジア内戦が開始され、1982年反ベトナム3派による民主カンプチア連合政府の大統領になる。1991年SNS議長に就任し、パリ和平協定調印後亡命先の北京から帰国し、1993年9月新生カンボジア王国の終身国王となる。2004年健康悪化を理由に退位を表明し、政治と関わりのない息子のシハモニの国王即位後、2013年2月4日死去した。激動の時代を生き抜いたシハヌークは国民に敬愛された指導者であったが、その性格や判断で国民を混乱に陥れた時期もあった。

　クメール・ルージュ：赤いクメール、カンボジア共産党（またはポル・ポト派）のことで、シハヌークはポルポト派のことを軽蔑してこう呼んだ。1975年ポルポト書記長によって成立された民主カンプチア政権は、毛沢東主義を基礎とする原始共産制を掲げ、教育のあるエリート層や少数民族などを強制的に全国の農村に強制移住させ、農作業などをさせた。1979年ベトナム軍の侵攻で政権が崩壊するまでに、推定で150万人から200万人とされるカンボジア人を殺戮し、餓死させたといわれている。ポルポトは、1998年4月15日死去した。

表7-1 「カンボジアの主要経済指標」(会計年度1-12月)

	名目GDP(百万米ドル)	一人当たり名目GDP(米ドル)	実質GDP成長率(%)
2016年	20,043	1,270	6.9
2017年	22,225	1,388	7.0
2018年	24,523	1,509	7.3

出典：日本貿易振興会アジア経済研究所 (2019) vi-vii頁

　の世界金融危機で大きく落ち込むがその後回復し、表7-1の通り、カンボジアの実質GDP成長率は2016年6.9％、2017年の7.0％、2018年7.3％と安定し、2016年の名目GDPは20,043百万米ドル、2017年は22,225百万米ドル、2018年は24,523百万米ドルとなり毎年上昇し、また一人当たりの名目GDPは2016年の1,270米ドルから2017年には1,388米ドル、2018年には1,509米ドルに伸びている（日本貿易振興会アジア経済研究所 2019, vi-vii頁）。

　カンボジア政府は、この過程で国家開発戦略（四辺形戦略）を4回表明し、フェーズ4（2018年9月）では、①人間資源開発、②経済の多様化、③民間セクターと職業開発、④包摂と持続的開発、という4つのガバナンス改革を発表した。この間、中国や韓国等を中心とする外国資本による積極的な投資が行われ、土地の売買が急激に増加した。カンボジア日本人商工会会員企業（正会員数）も2007年の34社から2018年には192社と約10年間で約6倍弱増加している（日本貿易振興会プノンペン事務所 2019, 46頁）。

　2013年7月28日の総選挙で、与党フン・セン政権の人民党が勝利したが、サム・ランシーが率いる野党の救国党が大きく議員の議席を獲得した。救国党の躍進は人民党を動揺させた。権威主義的な独裁政権を続けるフン・セン人民党は、次回の総選挙に向けて強硬手段をとり、野党救国党のケム・ソカ党首の逮捕、救国党解党命令と議員の政治活動停止命令、Cambodian Dairyの閉鎖等メディアや人権および選挙監視NGOへの弾圧を行った（重田 2018, 31-32頁）。その結果、2018年7月29日第6回カンボジア総選挙が行われ、人民党が全125議席を独占し大勝した。

　一方、フン・セン長期政権の下で、1994年以降10年間で、一人当たりの生活水準は富裕層45％上昇、貧困層8％上昇したにもかかわらず、一部の有力者による富の独占、腐敗・汚職が進行し、国民の間の貧富の格差は開い

た。カンボジアへの外国からの投資は年々増加しており、1994年～2017年の国別投資認可額累計の経済特別区内外への投資を見た場合、1位が中国14,022百万米ドル、2位が韓国5,726百万米ドルと2カ国の投資額が飛び抜けており、日本は1,661百万ドルの6位で毎年増加しているが経済特別区への製造業への投資が中心である（日本貿易振興会プノンペン事務所 2018, 18頁）。それも1994年～2011年の中国の直接投資は不動産が58％（5,020百万ドル）とトップである（日本貿易振興会プノンペン事務所 2018, 18頁）。カンボジアでは外国人や外国企業の不動産の投資には土地を所有できない制限があり（憲法第44条）、外国企業の土地使用方法として、カンボジア国籍企業（もしくは個人）と合併会社（有限責任会社）を設立し、この会社名義の土地を購入、ただしこの場合外国側の出資比率は49％まで（日本貿易振興会プノンペン事務所 2018, 34頁）、となっている。つまり、外国企業の不動産投資の場合、そこにカンボジア人の企業家等の有力者が必ず介在して土地を購入することになる。カンボジア政府は、多くの土地を「経済コンセッション」等の形で民間企業に長期間貸付け、民間企業の営利活動を進めてきた。

　しかし、投資や開発の対象になるその土地には、従来から住民が住んでいるが、彼らは正式な土地の権利書を持っていないので、カンボジア政府から土地を譲り受けた企業によって土地に対する権利の剥奪が各地で行われ、強制的な立ち退きにあう人々や農民が存在している[1]。2000年以降都市部を中心に急速な経済成長が進められ、外国資本による土地の購入とその高騰、都市と農村の所得格差の拡大、富裕層と貧困層（特に農民）の富の格差の一層拡大、農民の医療費の支出負担の増加、農業収入と副収入の減少、農民の借金の拡大、土地の売却による土地なし農民や都市やタイへの出稼ぎ農民の増大の問題が存在している。タイへのカンボジア出稼ぎ労働者の事例をあげると、2014年5月タイで働くカンボジアの出稼ぎ労働者がタイ政府の労働許可の関係で一斉帰国し、総勢25万人がカンボジアに帰国したといわれている。10月末までに労働許可なくタイに入国してきた労働者に対し、タイでのビザや労働許可書を発行するワン・ストップ・サービス・センターへ仮登録にきた65万人の労働者とその家族が非正規に入国した。約3倍の賃金格差と長い陸路の国境を接する両国の間での完全な管理は困難であると述べて

いる（初鹿野 2015, 290-291頁）。2018年タイ政府はカンボジアからの不法就労者への罰則を強化した。

　カンボジア計画省によると、カンボジアのミレニアム開発目標（CMDGs）の中の「目標1の極端な貧困と飢餓の撲滅」はほぼ達成され、2007年から2011年のカンボジアの新しい貧困ライン以下の人口の割合は減少し、食料の貧困も削減され、CMDGsは明らかに進展としている。さらに、消費の不平等は、同時期確実に下がっている。2011年の貧しい20％の人口は、2015年の11％の目標に対して全消費の9％までになったと述べている。しかしながら、子どもと女性の栄養状態は、もっと改良する努力を求めるレベルにある、貧困削減の目標は達成したが、子どもと女性の栄養状態の一層の改良の必要性は、高いプライオリティとして残っていると課題を指摘している（Royal Government of Cambodia Ministry of Planning 2013, pp.5-12）。

　現在カンボジア政府は、MDGsに続いて、2030年に向けてカンボジアの持続可能な開発目標（CSDGs）の17のゴールを目指して活動している。CSDGsは計画省（Ministry of Planning）のNational Secretariat Devclopment Plan（NSDP）で進められている。CSDGsを進める中で、19のTechnical Working Group（TWG）があり、セクターレベルで活動している。それぞれのTWGには、2名のCo-Chairがいる。公的事務の改革で事業の分散化と地方分権化を行っており、このTWGの作業を各国政府、国連機関、カンボジアのNGOがパートナーシップを組んで支援している。例えば、カンボジアのネットワークNGOであるCCCやNGO Forum on CambodiaはそれぞれのTWGの作業グループに入り、活動している。この様に、カンボジア政府は各国政府、国連機関、NGOとパートナーシップを組み積極的にCSDGsを進めている（2018年8月カンボジアにおけるCCC、NGO Forumへの調査より）。しかし、筆者はSDGsのゴール10.3の「不平等を是正する」項目やゴール16.3の「法の下の平等」の項目について、フン・セン独裁政権が続く中、SDGsに法的な拘束力がなく、司法の独立性がないカンボジアではこれらのゴールの達成は困難と考えている。

　カンボジア計画省の発表では、図7-1の通り2007年から2011年のカンボジアの新しい貧困ライン以下の人口の割合は、2007年には47.8％であった

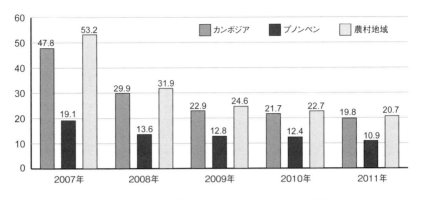

図 7-1　カンボジアの貧困ライン以下の人口の割合（単位：％）
出典：Royal Government of Cambodia Ministry of Planning (2013) "Annual Progress Report-Achieving the Millennium Development Goals Report Prepared on the Status in 2013" p.6 の Figure2.1 をもとに筆者作成

が、2011年には19.8％まで低下している。同じくプノンペン地域では2007年には19.1％だったが、2011年には10.9％まで減少している。一方農村地域では、2007年には53.2％を示したが、2011年には20.7％まで減少した。このようにプノンペン地域と農村地域の割合は、2011年の時点で10％以上の格差があり、国内の貧困の格差は縮小していないことがわかる。ちなみに、本章で扱うシュムリアップ県の貧困ライン以下の人口の割合は21.3％となっていて、カンボジアおよび農村地域の数値より少し高いことがわかる。カンボジア政府は、2015年までに19.5％までの貧困ライン以下の人口の数値を目指した (Royal Government of Cambodia Ministry of Planning 2013, p.6)[2]。その一方、貧困の格差を示すGINI係数[3]は1994年に0.35だったのが、2011年には0.44と貧富の格差は拡大している（坂本 2012, 4頁）と指摘している通り。カンボジアの貧困人口は単純に減少しているとはいえず、プノンペン都市部と農村地域の貧困の格差は広がっていると認識したほうがよいであろう。

　このようにカンボジアは、国家と市場による急速なグローバル化が進められ、国家と市場による権力と富の独占は埋め合わせが困難なほどに集中し、土地紛争が発生し、人身売買や児童労働も行われるになっている。また、汚職や賄賂に対する批判も強まり、下からの民主化の勢いが強まりかけたが、

与党人民党はその後強硬手段をとり、2018年の総選挙で大勝した。関税の撤廃を目指すASEAN経済共同体（AEC）は、貿易、物流、人の移動等の経済のグローバルの流れが、カンボジアをますます市場化させ、格差拡大につながる可能性もある。
　しかし、EUは、カンボジアの政治・人権状況が悪化していることを理由に、輸出が好調な繊維産業などを含む特恵関税を取りやめることを検討している。EUの特恵関税が実行された場合、カンボジアの輸出産業に影響を与えることが予想される。

II　カンボジアの農村の貧困・格差の原因
　―― 「新しい貧困の罠」

　カンボジアの政治・経済状況の現状について以上述べた通り、経済は、2000年以降実質GNPの成長率と一人当たりの名目GNPは、2008年の世界金融危機にもかかわらず順調に拡大している。またカンボジアの貧困ライン以下の人口の割合もカンボジア全体、首都プノンペン、農村地帯で各々減少してきているが、プノンペン地域と農村地域の割合は、2011年の時点でまだ約10％の格差があり、国内の貧困の格差は縮小していないことがわかった。
　これに加え、カンボジアでは、現在グローバル化の影響で都市部を中心に急速な経済成長が進められ、外国資本による土地の購入とその高騰、都市と農村の所得格差の拡大、富裕層と貧困層（特に農民）の富の格差の一層拡大している。
　それでは、カンボジアではなぜこのような農村の格差・貧困問題が発生しているのであろうか？　1983年にロバート・チェンバース[4]が述べた「窮乏化の罠」は、2015年の現在も存在しているのであろうか。答えはイエスであり、さらに「新しい貧困の罠」が始まっている。チェンバースは、①物質的貧困、②身体的弱さ、③外からの影響や不測な事態に対して脆弱なこと、④孤立、⑤政治や交渉力を持っていないこと、以上の5つの不利な状態が複雑に絡み合って蜘蛛の巣状態になり「窮乏化の罠」となって、貧しい人は貧困の悪循環に陥ると述べている（チェンバース 1995, 209-263頁）。さらに近年途上国では「新しい貧困の罠」が始まっている。最近カンボジアでは急速なグ

ローバル化の影響が強まり、農民の医療費の支出負担の増加、農業収入と副収入の減少、農民の借金の拡大、土地の売却による土地なし農民や都市やタイへの出稼ぎ農民の増大の問題が顕在化している。

筆者は、この12年間毎年カンボジアの農村を訪問し、貧困や格差の原因について調査研究を行いながら検討してきた。その結果、今日のカンボジアの貧困と格差の問題を考える時、チェンバースが取り上げている「窮乏化の罠」は解決しているわけはなく、現在も存在し新しい貧困の危機が始まっていると考える。今回筆者は、カンボジアの農村の貧困や格差の原因について、過去の先行研究や今回の著者の調査結果を整理して、図7-2の通り、①農業と環境の危機、②人間の基本的権利の危機、③経済のグローバル化による危機、の3つの危機が絡み合う「新しい貧困の罠」が存在していると考え、以下に3つの危機について説明する。

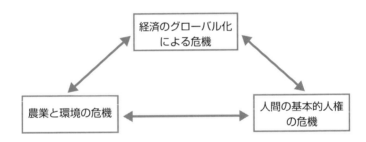

図7-2　カンボジアの「新しい貧困の罠」と3つの危機
出典：筆者作成

第1に、「農業と環境の危機」である。

現在カンボジアの農村にもいろいろな変化が押し寄せている。従来農業のみで生計をたてていた専業農家も、気候温暖化の影響と見られる旱魃による水不足、洪水など自然災害や価格の低下等の事情で農業生産が低下し、自宅での副業、農業労働者、工場労働者等で兼業農家となったり、あるいはプノンペンなどの都市、さらにタイやカンボジアなど国外へ出稼ぎに行く農家もある。

第2に、「人間の基本的な権利の危機」である。

これは、医療、教育など農民の最も基本的な権利が侵されている人間の安

全保障の危機のことである。例えば、医療費拡大については、農民が農村で生活するための支出は、家族のための食料、結婚式や葬式の冠婚葬祭、日常品・雑貨類、教育などの支出が多いが、家族の病気による入院・治療のための医療費など負担も大きい。特に保険制度がしっかりしていないカンボジアの農村では、子ども等家族が病気になるとその医療費を払うために借金をするが、その借金返済をすることができずに土地を売り払い、土地の喪失、借金、出稼ぎによる家族の離散などの悲劇につながることがある。また、子どもの就学機会については、農村の子どもたちは引き続き貧しく、小学校に行くことはできても親の農業の手伝いや親の仕事や出稼ぎなどの事情で退学する子どもたちがまだ多い。中には児童労働や子どもの人身売買などの話もある。農村の子どもたちの就学機会をいかに確保し保護していくことができるのか、また農民の土地の権利も認められていないことも大きな課題である。

　第３に、「経済のグローバル化による危機」である。

　カンボジアの経済発展でカンボジアの都市住民や有力者が豊かになる一方で、農村部の住民は依然として貧しく、借金をしたり都市や国外へ出稼ぎに行くなどしており、都市の富裕層と農村の貧困層の格差は拡大している。また、2000年以降カンボジアが経済発展すると、中国や韓国などの企業が進出し、外国から資本が流入するようになり、最近では200社を超える日系企業が経済特区などに進出するようになった。カンボジアの好調な経済成長を支える中国や韓国は不動産投資を行うようになり、土地や家屋の売買をカンボジアの企業を通じて行ったりしている。中国や土地の外国企業は、カンボジア国内の有力者と手を組んで、都市ばかりか農村の土地も購入するようになり、農村の土地の高騰につながっていく。土地の権利書を持たない農民は立ち退きを迫られ、泣く泣く土地を手放すこともある。このようにカンボジアの経済のグローバル化による危機は、カンボジアの農民にとって新しい危機となっている。特に、大規模農業および土地開発により、貧しい農民が土地を失い、都市や国外へ出稼ぎに行くケースにつながっている。カンボジアの「経済のグローバル化による危機」は、クラティエ州プロマ村、プノンペンのポライケイラ地区、ボンコク湖周辺の住民の事例の通り、カンボジアの農民にとり新しい危機であり、大規模農業および土地開発により、貧しい農

民が土地を失い、都市やタイなど国外へ出稼ぎや現金収入が欲しい農民の出稼ぎの例が多くみられる。

　以上の通り、カンボジアの農民が3つの危機の存在により「新しい貧困の罠」に陥り、格差・貧困の悪循環から抜け出せなくなっている状況がある。その結果、格差・貧困の問題は農村の構造的な問題だけでなく、近年のカンボジアでの経済のグローバル化による危機の問題でもある[5]。

Ⅲ　シュムリアップ県における農村の貧困問題と日本のNGOによる農村開発支援活動調査の考察

1　調査の目的

　筆者は、グローバル時代のカンボジアの格差・貧困問の現状とその原因を検証するために、シュムリアップ県のチークレン郡の農村において、2015年3月に研究調査を行った。この研究調査の目的は、カンボジアの中でも貧しいといわれている、シュムリアップ県の農村における格差・貧困の実態を把握し、カンボジアの農村においてグローバル化の影響により農民に対してどのように「新しい貧困の罠」が押し寄せているのか、農民はその「新しい貧困の罠」からどのように脱出し、問題を解決することができるのかについて、日本のNGOである日本国際ボランティアセンター（以下、JVC）の農村開発プロジェクト（CLEAN）がカンボジアの農民の貧困問題の是正に対して、どのような効果を果たしているのかを考察することにある。

2　JVCのCLEANプロジェクトの概要

　次に、JVCのカンボジアの農村開発プロジェクトを紹介する。

　JVCは、1994年以来カンボジアで14年間にわたりカンダール県オンスノール郡にてSARDプロジェクト（持続可能な農業と農村開発）を行ってきた。その結果、農民のグループ活動の自立運営を支援し、当初のプロジェクトの目的は達成したと判断し、予定より1年早い2008年3月にSARDを終了した。そして、カンボジアの中でもより生活が厳しいシュムリアップ県において「生態系に配慮した農業による（家族経営農家の）生計改善」（Community Livelihood Improvement through Ecological Agriculture and Natural Resource

Management：CLEAN) プロジェクトを開始した。以後JVCは、このCLEANプロジェクトを通じて、貧しいカンボジアの農村のフード・セキュリティと自立の現金収入確保ために、持続可能な農業を行っている。活動期間は、第1フェーズ2007年4月〜2010年3月、第2フェーズ2010年4月〜2013年3月であり、延長フェーズは2013年4月から2015年3月までであった。この延長フェーズでは、3割の農家がJVCから学んだ農業技術を実践し生計が改善するという目標を立て対象村6村で活動した。

　JVCによると、CLEANの上位目標 (Overall Goal) は、これまでの自給用の作物すら安定的に得られてこなかった農家が、JVCが提供する研修から習得した農業技術を用い生計を改善させ、その結果として農家の生活が安定する。また、そうした農家から技術が他の農家へ広がっていくことである。さらに、延長フェーズのプロジェクト目標 (Projected Purpose) は、生態系農業技術と食品加工技術の習得、自然資源の増加、生態系の農業に関する情報へのアクセスを通して、拠点村の全世帯の3割の農家が生態系農業を実施し生計改善できるようにすることである (日本国際ボランティアセンター 2015b, 3頁)。JVCによるCLEANプロジェクトにおける「生計改善」とは、「現金収入が増加し、家計が黒字化する」だけでなく、「JVCが提供する農業技術によって農産物の生産量が増え、それに伴いコメや野菜の自家消費の量が増えたり、これまでよりも支出を軽減できるようになったりすること」も含めた広義の意味で使用されていると述べている。つまり、JVCが生計改善に寄与する農業の基礎技術を提供し、技術を学んだ農家の3割以上が学んだ技術を実践に移せるように支援することである。

　このCLEANの主な活動内容は、①生態系農業に関する研修、②苗木作りと植林支援、③環境教育の実施、④資料・情報センター、⑤コミューンや郡での報告会やワークショップの実施、である。

3　シュムリアップ県チークラエン郡を選んだ理由

　筆者がシュムリアップ県チークラエン郡を研究調査の対象地域 (図7-5参照) として選んだ理由は、以下の通りである。

　第1に、シュムリアップ県チークラエン郡はカンボジアの中でも比較的貧

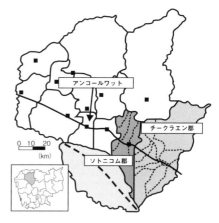

JVCの「CLEANプロジェクト活動地域
シェムリアップ東部シェムリアップ市内から
60キロほど離れたチークラエン郡とソトニ
コム郡で活動

・対象村数
ソトニコム郡、チークラエン郡の2郡、8コ
ミューンで活動。

・活動内容と目的
農業開発：生態系に配慮した農業の技術
を農家に伝え、農家がそれを実践し、生計
状態を改善できるようにすることが目的。

環境教育：地域の住民が地域の自然環境
を自らの手で守り、自然との調和が取れた
暮らしを送ることが出来るようにすること。

図7-5　シュムリアップ県チークラエン郡の地図
出典：JVC提供

しい地域であることであるである。シュムリアップ県は、都市プノンペンから離れ、かつてポルポト政権が支配してきた地域であり、アンコールワット遺跡群の観光地の繁栄とは無縁の開発が遅れていた地域である。

　第2に、シュムリアップ県は経済のグローバル化の影響が多い地域だからである。カンボジアへの経済のグローバル化の浸透により、都市と農村と格差が広がり、農民の暮らしが厳しく、農民が都市や海外へ出稼ぎする事例もある。

　第3に、日本のNGO（日本国際ボランティアセンター、以下JVC）が長年貧しいシュムリアップ県の農村で支援を行い、日本のNGOの開発効果を検証する上で適当な地域の一つであることであったことである。同時にシュムリアップ県は長年筆者の調査地域であることが挙げられる。JVCは、ポルポト政権崩壊後1980年前期からカンボジアで最初に活動したNGOとして、長年の開発協力活動の実績があり、カンボジアの中で農村の貧困、食料、水、環境の問題に取り組んでいる。筆者は、1988年に初めてJVCのカンボジアプロジェクトを訪れ、2003年以後はほぼ毎年訪問し、2007年以降シュムリアップ県チークラエン郡におけるCLEANプロジェクトを開始してから、2011年3月日本で発生した東日本大震災の時を除いて、2015年で8回目の訪問であった。

以上の理由により、シュムリアップ県チークラエン郡の農村における JVC の農村開発活動調査を行うことにした。

4　JVC 農村活動に対する調査について

以下、筆者の今回のシュムリアップ県での JVC の農村活動の調査項目である。

表 7-2　JVC 農村活動に対する調査項目（2015 年 3 月 16 日～3 月 18 日）

インタビュー項目	①名前、性別、年齢、JVC からの支援の有無、②職業、③生活費、④出稼ぎの有無、⑤出稼ぎの理由、⑥子どもの学校・退学の有無、⑦退学の理由、⑧JVC 研修内容、⑨JVC 研修の満足度、⑩JVC 研修で役立った点、⑪JVC への要望
対象者	3 村合計 17 人（男性、5 人、女性 12 人）
対象者の年齢	20 代 4 人、30 代 4 人、40 代 1 人、50 代 3 人、60 代 2 人、70 代 3 人
調査の方法	JVC が支援する各家庭への訪問式インタビュー調査
日時・場所	・2015 年 3 月 16 日～3 月 18 日カンボジア・シュムリアップ（Siem Reap）県チークラエン（Chi Krang）郡 ・2015 年 3 月 16 日～3 月 17 日 A 集合村 AA 村、人口 1325 人、240 世帯、女 608 人、男 717 人の中 7 人の女性世帯主にインタビュー ・2015 年 3 月 17 日～18 日　B 集合村 BB 村、人口 491 人、99 世帯、女 280 人、男 261 人の中 6 人の女性世帯主にインタビュー、 ・2015 年 3 月 18 日　C 集合村 CC 村、人口 491 人、99 世帯、女 280 人、男 261 人の中 4 人の女性世帯主にインタビュー
調査の留意点	①チークラエン郡の各村の名称は、都合により匿名にしている。 ②本調査結果は、調査対象の農民の人数が少数であること、農民の選定方法も JVC から紹介された農民を中心に各村でアトランダムにインタビューしたことを前提としているため、ここでは参考事例として紹介する。

5　日本の NGO 活動の調査結果の考察

グローバル時代のカンボジアの格差・貧困問題の現状とその原因を検証するため、シュムリアップ県チークラエン郡の農村の状況調査の結果（2015 年 3 月）は、以下の通りであった。

①この地区の農村では家族も多く農民の生活は決して楽ではないこと
②農家は自家消費の他米や野菜を販売して収入を得ていること
③大規模農園、工場、クラフト生産などで兼業していること

④タイやシュムリアップへ出稼ぎをしている農家があったこと
⑤農家の支出の大半は家族の食事、冠婚葬祭、病院の治療費、借金の返済、寺院へ寄進していること

次に、日本のNGO (JVC) の農村開発活動の調査結果は以下の通りであった。

①シュムリアップ県チークラエン郡でのJVCの活動がインタビューした村人から大変満足から満足しているという回答を得た。
②JVCからの支援で役に立ったプロジェクトとして、米SRI研修、家庭菜園、ため池が挙げられた。
③村人の満足度を見ると、JVCの支援がインタビューした村人のニーズにある程度効果を上げていることがわかる。しかし、インタビューを行った村人の数は少数だったので、その他の多くの村人に対してJVCの活動がどの程度の効果を上げているかは今回の調査ではわからなかった。
④JVCの農村開発活動は、SDGsのゴールでいうと1、2が主であるが、特に2.1.1から2.4.1までが重要であり、筆者は飢餓を終わらせ食料安全保障及び栄養改善を実現し、持続可能な農業を促進するべきだと考える。また、出稼ぎ農家のために、ターゲット5.4と5.4.1の女性の子育てと家事労働支援、ターゲット8.3、8.6、8.8の雇用の確保は重要で、ターゲット17のグローバル・パートナーシップの活性化も求められている。

それでは、本論の主題である「新しい貧困の罠」の3つの危機に対して、JVCが村人を危機から守るためにどのような活動を行っているのかを検証する。

第1に「農業と環境の危機」に対しては、米SRI研修の有機米づくり、家庭菜園での野菜、果物づくり、命の水不足を解消するためのため池や井戸づくりを行い村人の食料確保に寄与していた。JVCが支援する村では、現在の米、野菜、果物づくりが自家消費中心であった。しかし、JVCによると、農民の一番のニーズは現金収入、自給による農業改善や食品加工は出稼ぎほど大きな収入にならない（日本国際ボランティアセンター 2015a, 4-5頁）と述べ

ている通り、村人の現金収入確保のための米、野菜、果物、加工品の品質保証、販路の確保や市場づくりは今後の課題である。山形（2008）は経済発展のプロセスに貧困層が参加し、自らの所得を上昇させることが不可欠である、と述べているが（山形 2008, xii頁）、カンボジアの農村の貧困層が現金収入の向上のためにその経済発展からどのように恩恵を受けるのかを検討しなければならない。その一方、農民が単なる現金収入を増やすだけでは支出増加による赤字減少や外国への出稼ぎはなくならず、農村の貧困や都市と農村の格差の問題の根本的解決にはつながらない。JVCは農業改善や食品加工をベースにした、より効果的な現金収入につながる持続可能な農業のシステムを目指すべきであろう[6]。

　また、ため池や井戸づくりは、村人への一時的な水の供給や確保に役立っていると思われるが、旱魃や水不足の解消のため解決のためには、設備の整った灌漑用水の確保や水を安定供給できる大規模なため池の整備が求められる。

　第2の「人間の基本的な権利の危機」に対しては、JVCの支援プロジェクトは食料や水を確保し村人のニーズを満たす条件は取りあえずクリアしているが、残念ながら村人の支出や借金の増大、出稼ぎの増加、学校の退学者の増大には対応しきれていない。村人はやはり手っ取り早い現金収入の確保を求めており、そこはJVCの活動支援だけでは限界があり、JVCの支援と他のアクターを組み合わせた持続可能な現金収入の事業を組み合わせた活動が求められる。

　第3の「経済のグローバル化による危機」は、JVCが村人の借金による土地の喪失と国内外への出稼ぎという直接的な問題に対処しているわけではないが、JVCが村人の支出の増大、借金、都市や海外への出稼ぎ、子どもの学校退学等の農村の貧困問題、都市と農村の経済格差という「経済のグローバルの危機」の問題に対しては、JVCの支援だけでは対応しきれず限界がある。村人を「新しい貧困の罠」に落ちていくことを防ぎ脱出するためには、JVCの支援だけでなく、NGO以外の多様なアクターによる持続可能なグローバルな貢献が求められる。

　今後NGOは、どのように貧困や格差の問題に対処していけばよいのか、

NGOが貧困削減のための従来の伝統的な農村開発の手法だけでなく、多くの農民が「新しい貧困の罠」に陥らないために、地元の自治体や他の地元のNGOとパートナーシップを組む等外部のアクターと協力して農村の貧困や格差の根本問題を俯瞰するグローバルな協力の視点が求められている。今後NGOがどのように貧困と格差の問題に対する役割と責任を果たしていくのかが問われている。そのためには従来の伝統的な農村開発だけでなく、グローバル化の時代における新しいセーフティネットとオルタナティブな発展の構築を多様なアクターと共に求めていく、グローバル開発協力の視点が必要である。

おわりに

　本章では、アジアの途上国の貧困や格差問題を解決するために、資本主義・経済開発の歪みを修正しどのように見直していけばよいのか、グローバル化が進むカンボジアの事例から格差・貧困問題の原因である「新しい貧困の罠」から脱出していくための新たな方策について検証した。さらに、その新たな方策として、カンボジアにおける日本のNGOの農村開発活動を事例に、その活動が受益者のためのセーフティネットとしてどこまで有効なのか、を考察した。

　その結果、カンボジアの格差・貧困の問題は都市と農村の構造的な問題であり、その原因はピケティのいう富裕層の「資産」の問題だけでなく、カンボジアの多様な政治的・経済的要因が絡んでいることを把握した。近年のカンボジア、特に農村では「農業と環境の危機」、「人間の基本的権利の危機」、「経済のグローバル化による危機」という3つの「新しい貧困の罠」が複雑に絡み合って存在し、ここから抜け出すのは容易ではないということがわかった。

　また調査では、カンボジアの格差・貧困問題の解決のためにNGOの農村開発活動がカンボジアの農民に対して一定のセーフティネットの役割を果たしていることを明らかにした。しかし、カンボジアをはじめアジアに押し寄せている経済のグローバル化の大きな波に対してどのように対処していくの

か、その大きな問題に対してJVCの様なNGOの農村開発活動だけでは限界があり、カンボジアに関わる全てのアクターの役割と責任が問われている。この多様な要因によるカンボジアの格差・貧困問題から抜け出すためにも、「誰一人取り残さない」というSDGsの視点から日本のNGOは、カンボジアのNGOやその他アクターとパートナーシップやグローバルな協力を求めることも必要である。

　現在のカンボジアにおける政府や企業による「上からの力による開発」をいかに「下からの開発」に変えていけるのか、SDGsが目指す持続可能な開発や民主主義的価値や政策環境の改善を求めるグローバル・パートナーシップによる包摂的な協力を進めていけるのか、NGOのアイデンティティや独自性を保ちつつ複合的かつ多様で柔軟な開発協力が求められる。

　最後に、本調査でお世話になった、JVCカンボジアのスタッフの皆様（山崎勝氏、坂本貴則氏、樋口正康氏）、情報を提供してくれた秦辰也氏（近畿大学）に感謝を述べたい。

> なお、本稿は重田康博（2016）「カンボジアの格差・貧困問題に関する考察―「新しい貧困の罠」からの脱出は可能か―」『宇都宮大学国際学部附属多文化公共圏センター年報』第8号の原稿を基に加筆・修正したものである。

《注》
1　カンボジア市民フォーラム（2014）『2014年度カンボジア連続セミナー第4回「カンボジアの人権は今―土地を追われ、表現の自由を奪われる人々に私たちができること」2014年12月19日配布資料より。当日報告したヒューマンライツ・ナウは、クラティェ州プロマ村、プノンペンのポライケイラ地区、ボンコク湖周辺の住民から事情聴取を行った。
2　2013年の新しい貧困ラインの算出方法は、2010年時に比べ変更している。
3　GINI係数では0が完全な平等状態で、1に近づくにつれ貧困の格差が拡大する。
4　ロバート・チェンバース（1932〜）は、イギリスの開発学研究者で、サセックス大学開発研究所研究員。発展途上国の農村開発や農民の支援の研究・実践に長く携わり、参加型開発の概念や手法を提唱した。
5　カンボジアの農村開発の貧困問題では、矢倉研二郎がその著書『カンボジア農村の貧困と格差拡大』において、農村家計の所得・資産と経済格差を規定する諸要因をあげ、研究課題として①農村家計の営む生産活動、②家計の直面する危機とそれへの対処、③信用市場、④家計間の土地・資産所有規模格差、⑤子どもの教育水準格差をあげている（矢倉2008, 12-21頁）。
6　JVCは2019年現在農家の収穫分をシュムリアップ市内のレストランに出荷することを検討している。

《参考文献》

阿部彩（2008）『子どもの貧困―日本の不公平を考える―』岩波新書
カンボジア市民フォーラム（2014）『2014年度カンボジア連続セミナー第4回カンボジアの人権の今―土地を追われ、表現の自由を奪われた人々に私たちができること―』配布資料
坂本貴則（2012）「カンボジアの経済発展と農村開発NGO―日本人が農村に関わる意義とは―」カンボジア市民フォーラム・上智大学アジア文化研究所・日本国際ボランティアセンター共催『2012年度カンボジア連続セミナー第4回』配布資料
重田康博（2018）「カンボジアの市民社会スペースの実態と課題」『宇都宮大学国際学部研究論集』第46号、27-38頁
─── （2016）「カンボジアの格差・貧困問題に関する考察―「新しい貧困の罠」からの脱出は可能か―」『宇都宮大学国際学部附属多文化公共圏センター年報』第8号、20-42頁
スティグリッツ，ジョセフ・E（峯村利哉訳）(2015)『世界に分断と対立を撒き散らす経済の罠』徳間書店
チェンバース，ロバート（穂積智夫・甲斐田万智子監訳）(1995)『第三世界の農村開発―貧困の解決 私たちにできること―』明石書店
日本国際ボランティアセンター（2009）『生態系に配慮した農業による生計改善プロジェクト終了前評価報告書』
─── （2013）『生態系に配慮した農業と自然資源管理による生計改善プロジェクトフェーズⅡ終了時前評価報告書』
─── （2015a）「特集 変貌するアジア」『TRIAL & ERROR』No.318秋号、2-5頁
─── （2015b）『生態系に配慮した農業と自然資源管理による生計改善プロジェクトフェーズⅡ延長フェーズ（2013年4月〜2015年3月）活動終了評価報告書』、10頁
─── （2019）「プロジェクト一覧／カンボジア」『TRIAL & ERROR』No.337.2019夏、17頁
日本貿易振興会プノンペン事務所（2018）『カンボジアの経済、貿易、投資環境と進出日系企業について』
日本貿易振興会アジア経済研究所（2015）『アジア動向年報』日本貿易振興会アジア経済研究所
─── （2018）『アジア動向年報』日本貿易振興会アジア経済研究所
─── （2019）『アジア動向年報』日本貿易振興会アジア経済研究所
秦辰也編著（2014）『アジアの市民社会とNGO』晃洋書房
初鹿野直美（2015）「カンボジア／与野党対話による膠着状態の解決」『アジア動向年報』日本貿易振興会アジア経済研究所
ピケティ，トマ（山形浩生・守岡桜・森本正史訳）(2014)『21世紀の資本』みすず書房
矢倉研二郎（2008）『カンボジア農村の貧困と格差拡大』昭和堂
山形辰史編（2008）『貧困削減戦略再考―生計向上アプローチの可能性 アジア経済研究所業書4』岩波書店
Royal Government of Cambodia Ministry of Planning (2013) "Annual Progress Report-Achieving the Millennium Development Goals Report Prepared on the Status in 2013".
Royal Government of Cambodia (2018) "Rectangular Strategy for Growth, Employment, Equity and Efficinoy: Bulding the Foundation Toward Realizing the Cambodia Vision 2050 Phase IV."

第8章 トップダウンの開発と住民の相互扶助や在来知
―タンザニアにおける事例から―

阪本公美子

キーワード 相互扶助、在来知、在来資源、MDGs、持続可能性
SDGのゴール 2, 3, 15

本章のねらい・目的

　国際社会が定めた目標に向けて世界各国が取り組むことが求められているが、国際開発・協力は、外部に依存した形、もしくは政府主導による**トップダウン**★の方法で達成できるものだろうか。2000年以降、国際社会は、経済のみに傾倒した単線的な開発だけでなく、ミレニアム開発 (MDGs) や持続可能な開発 (SDGs) に取り組み、人間開発や社会開発、そして持続可能な開発に目配りをしてきたが、ローカルな視点を充分に取り入れることができているだろうか。

　筆者が25年近く付き合ってきたタンザニアは、独立直後、**アフリカ社会主義**★をとり世界の注目を集めた。多くのアフリカ諸国が紛争を経験しているなか平穏を保っていることもあり、1980年代以降は、世界の国際開発の潮流の影響を受けた開発をすすめてきた。本章では、タンザニアを事例にあげ、トップダウン開発や外部依存型開発の功罪を明らかにする。その上で、タンザニアで「後れている」と認識されている地域に焦点を当て、ローカルな視点から**住民の相互扶助や在来知・在来資源を活かした発展**★のあり方を

トップダウン：上意下達。政策決定者などが、国民などに指令を伝達・命令する方法。
アフリカ社会主義：1960年代以降、新たに独立したアフリカ諸国が独自にとったアフリカ的な社会主義の政策。

提案する。また、国際協力に関連して、先進国に暮らす私たちの役割についても最後に考察する。本事例を通して、従来の開発協力や、「後れた」状態を「進んだ」状態にしようとする単線的な開発観（開発の多様なあり方を認めず、一つの開発の方法のみを追求しようとする価値観）の限界とともに、ローカルな視点から見えるSDGsの弱点を踏まえてグローバル開発協力のあり方を模索する。

I　トップダウン・外部依存型開発の功罪

　本節では、タンザニアにおける政策背景、MDGsの成果、経済状況を通して、政府主導のトップダウンの開発、及び外部依存型開発の功罪を確認する。

1　独立後の政策

　1960年代独立後、タンザニアではウジャマー政策に基づくアフリカ社会主義が打ち出された。「ウジャマー」とは、スワヒリ語で「拡大家族」を意味し、アフリカ的な思想をもとにする独自の政策は当時、内発的発展の事例としても注目された (Hammershöld 1975, 鶴見 1996)。

　しかし、その目玉として実施された集村化は、初期の時代に自発的移動を呼びかけていたが、その後、強制移住へと変更され、トップダウンな政策に移り変わっていった。協働農業の失敗により経済的にも成功を収めず、1980年代には、世界銀行やIMFからの債務と引き換えに、構造調整・経済自由化を受け入れることとなった。構造調整は、教育や保健を有償化することによって人びとの福祉を悪化したこともあり、国際的にも批判が相次いだ。その結果、1990年以降、教育や保健、貧困削減が国際開発協力の現場で重要視されるようになった。それでも、その背後では、経済自由化もセットで、すすめられていた。では、その後のMDGsは、タンザニアにはどのような影響があっただろうか。

住民の相互扶助や在来知・在来資源を活かした発展：住民の人間関係やその地にある知識や智慧、陸や海にある資源を活用した発展のこと。

2　タンザニアにおけるMDGs

　2000年（ミレニアム）に世界的に合意されたMDGsは、2015年を目標として、世界各国で実施された。その成果もあり、多くの国々で目標の一部は達成された。サブサハラ・アフリカ（北アフリカを除く赤道以南アフリカ諸国）においても目標の一部は達成されたが、他の地域と比較すると達成できなかった目標も少なくない。全般的に、初等教育就学率、ジェンダー平等、乳幼児死亡率などに関する目標は、達成された国々が多いが、貧困や飢餓、妊産婦死亡率に関する目標に関しては、達成されなかった国々が多い（UNECA et al. 2015）。タンザニアも、類似した特徴を持つ東アフリカの国であるが、本章では、その詳細をみる。

　タンザニアにおけるミレニアム開発目標（MDGs）の達成度合いをみると、目標によってその結果は異なる（表8-1）。目標2や目標3をみると初等教育の完全普及（総就学率96.2％、純就学率89.7％）や、初等・中等教育にみるジェンダー平等に関する目標は、ほぼ達成できている（図8-1）。また、生存にかかわる目標4、乳幼児死亡率の削減（1000人当たり67人）も、ほぼ達成できたといえる（図8-2）。他方、貧困削減については、所得貧困率でみると、最大都市であるダルエスサラームにおいては目標を達しているが、地方において

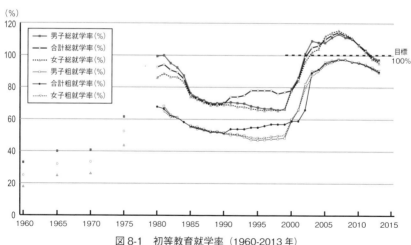

図8-1　初等教育就学率（1960-2013年）
注：異なる出典に基づくデータのため、合計は合致しない。
出典：Sakamoto 2009 and Tanzania MOEV 2007-2013より作成

はその目標は達することができていない（図8-3）。また、妊産婦死亡率に関しては、10万人当たり454人と、目標の133人には程遠い（図8-4）。

この間、教育を推進する政策が推し進められたこと、また、はしかの予防接種率が99％と高くなっていることをみると、達成できた目標はトップダウンな開発の成果といえよう。他方、訓練された人材に介助された出産については、50.5％と、目標値の90％と程遠く、近代医療サービスの提供の拡大がなされていないだけでなく、人びとの出産に関する選択にも左右されてい

表8-1　タンザニアにおけるミレニアム開発目標（MDGs）の達成

目標		指標	1990年	現状	評価	データ年	2015年ターゲット
1：極度の貧困と飢餓の撲滅	1日1ドル未満で生活する人口の割合を半減させる	所得貧困線（BHN）以下人口比率(%)	39	28.2	×	2011	19.5
		所得貧困線（食糧）以下人口比率(%)	21.6	9.7	○	2011	10.8
	飢餓に苦しむ人口の割合を半減させる	年齢別低体重(%)	28.8	13.4	○	2014	14.4
		年齢別低身長－慢性的栄養失調(%)	46.6	34.7	×	2014	23.3
2：初等教育の完全普及の達成	すべての子どもが男女の区別なく初等教育の全課程を修了できるようにする	純就学率（NER, %)	54.2	89.7	△	2014	100
		総就学率（GER, %)		96.2	○	2014	100
3：ジェンダー平等推進と女性の地位向上	すべての教育レベルにおける男女格差を解消する	初等教育女子/男子比(%)	98	101	◎	-	100
		中等教育女子/男子比(%)		105	◎	-	100
		高等教育女子/男子比(%)		68	△	-	100
		国会における女性比(%)		30.3	△	-	50
4：乳幼児死亡率の削減	5歳未満児の死亡率を3分の1に削減する	5歳未満児の死亡率(1,000人当たり)	191	67	○	2012	64
		乳児死亡率(1,000人当たり)	115	46	△	2012	38
		はしかの予防接種率(%)		99	◎	2014	90
5：妊産婦の健康の改善	妊産婦の死亡率を4分の1に削減する	妊産婦死亡率(100,000人当たり)	529	454	×	2010	133
		訓練を受けた医療人材によって介助された出産率(%)	43.9	50.5	×	2010	90

◎達成、○ほぼ達成、△未達成、×大幅遅れ
出典：Tanzania and UN 2011, p.22, Utz 2008, p.86, TFNC 2014, Tanzania NBS et al. 2015, Tanzania 2015をもとに作成

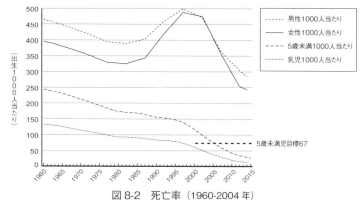

図 8-2　死亡率（1960-2004 年）
出典：Sakamoto 2009 and World Bank 2018 より作成

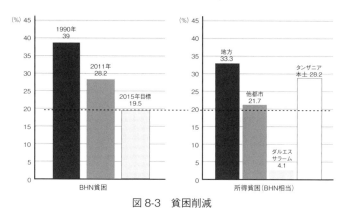

図 8-3　貧困削減
出典：UNDP Tanzania 2015, Tanzania and UN 2011 and p.vii, Utz 2008, p.86 より作成

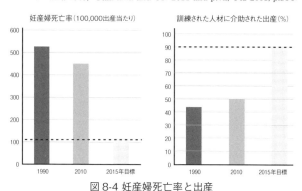

図 8-4　妊産婦死亡率と出産
出典：Tanzania and UN 2011 p.vii and Utz 2008, p.86 より作成

る領域であるといえる。訓練された人材に介助された出産が、妊産婦死亡率を低減することは実証的に認められているというものの、例えばエチオピア西南部マーレにおける事例においては、強制的に、十分なサービスのない医療施設で女性たちが出産されられたため、妊産婦ケアを損なったという報告もあり（有井 2008）、十分な注意が必要である。

貧困については、さまざまな要因がからみあっているため、トップダウンに推し進める難しさが垣間見える。経済状況とも関連しているため、この後、タンザニアの経済の状況をみる。ただし、所得貧困のみをみて、都市よりも農村の方が貧しいと判断することにも問題がある。

3 タンザニアの経済と外部依存型経済成長

21世紀に入り、多くのアフリカ諸国と同様、タンザニアにおける経済成長は目覚ましく、一人当たりGNIが900USドルに達し（2018年現在）、経済成長率も6％代で推移している（図8-5）。タンザニアのGDPでみる産業構造をみると、サービスが50％、農林水産が23％、製造・建築等が22％である（図8-6）。農業従事者の労働人口は、農林水産のGDP比とともに年々低下しているものの67％は存在し、過半数の国民が農業に従事しているが、必ずしもGDPに反映されていない。これは、多くのアフリカ研究者によって指摘されてきたように、サブサハラ・アフリカ諸国において農業が、自給自足と

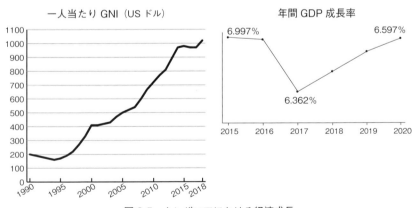

図8-5 タンザニアにおける経済成長
出典：World Bank (https://data.worldbank.org/country/tanzania?view=chart)

まではいえなくても、基盤的な生存維持のための生業として存在しており、必ずしも国民の農業生産が、統計に反映されていない現状を示している（阪本 2007b）。このような背景の中、ローカルな視点で、後述する住民の相互扶助や在来知・在来資源に注目することが重要となる。

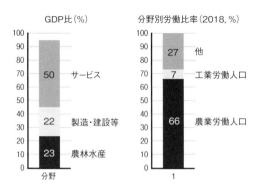

図 8-6　タンザニアにおける産業構造と農業従事者
出典：外務省（http://www.mofa.go.jp/mofaj/area/tanzania/data.html）および World Bank（前掲書）より作成

タンザニアでは経済成長が目覚ましいが、なぜ貧困削減に貢献していないのだろうか。

ここ10年程タンザニアでまず目につくのが、最大都市ダルエスサラームにおける建設ラッシュである。これまで数えられるほどしかなかったスーパーマーケットや高層ビルが軒並み立ち並ぶようになった。ほとんどが外資系の企業によるもので、南アフリカやアラブ諸国が目立つ。道路や空港建設、工場、飲食店などは、中国資本が多い。中心地に残っていた歴史的建造物の多くが取り壊され、高層ビルが建設され、郊外でもスーパーマーケットが乱立している。またここ数年、ダルエスサラームは膨張し、郊外においては住居街も、スラム街も次々と住民が増え、広がっている。都市の建設ラッシュにより、建材の需要が増え、植林を通して儲けている地域の住民は確かに存在する。とはいえ、都市の中心地の近代化が進む中、必ずしも都市に暮らす人びとの生活が全般的に改善されているわけではない。中国と関連した商売に携わるタンザニア人もいるが、中国の投資とともに中国人労働者が顕在化し、仕事を奪われる脅威を感じているタンザニア人もいる。このような都市内格差を背景に、近年、乳幼児死亡率が従来から逆転し、都市の方が地方より高い値を示している（Tanzania 2015）。つまり、目覚ましい都市開発の陰には、子どもの生活や健康が維持できない環境や状況が存在する。

また、タンザニアの中部に位置するドドマ市が実質的な首都として宣言されたこともあり、国会のみならず、他の都市機能もドドマに移転し、ドドマ

写真8-1　タンザニア南東部リンディ州における道路建設のための立ち退き
出典：タンザニア南東部リンディ州2018年8月30日筆者撮影

市周辺の村落も都市に吸収されつつある。

　地方における道路事情の改善という名目で、地方道路の拡張も開始されている。ただし、未舗装道路際に暮らしていた家は、補償なく立ち退き・取り壊しが命じられ、期日内に応じなかった場合、強制的に取り壊しが行われた（写真8-1は、タンザニア南東部リンディ州の事例）。住民の間では、人の住居や生活を犠牲にした車のための開発であるとの批判が強い。しかも、1年経過した2019年8月には、道路工事の様子すらなかった。

　代表的な輸出品目として挙がっている金などの鉱物の輸出（図8-7）も、経済格差を誘引する産業であり、一部地域、一部関係者にとって利益をもたらすものの、必ずしもその利益が広く分配される産業ではない。また、金鉱山に関しては、水銀を利用し廃棄されており、水俣病★などの健康被害が水面下で明らかになっている。

　観光業をはじめとするサービス業も同様に外部依存的であるだけでなく、その影響は、サファリができる国立公園付近や、ザンジバル島などの観光資源のある地域に限られている。また、国立公園のある地域においても、従来の

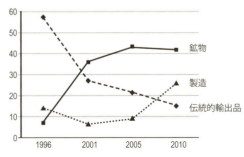

図8-7　タンザニアの輸出品目（1996-2010年）
出典：UNDP Tanzania 2015, p.30

生業である狩猟ができなくなり、違反すれば刑務所にて罰せられるなど、必ずしも住民が望んでいる発展とは言い難い（岩井 2018）。

このように、タンザニアの経済成長は、外部資本の投資、鉱物資源の輸出、観光客など外部依存型の性質がある。そのため、経済成長は一部関連地域において影響もあるが、必ずしも貧困削減に貢献していない。さらに、必ずしもすべての農村の生活改善につながるとは限らないだけでなく、土地や家の収奪、健康被害など、負の影響すらある。このように外部依存型、そしてトップダウンの開発の負の影響を考えると、ローカルな視点から住民の力を活かし、住民の相互扶助や在来知・在来資源を見直す意味がある。

4　村内格差と地域格差

農村の暮らしの中にも変化がある。近年、農村においても電気の普及がすすむが、一部支払い能力のある世帯に限られ、村内における格差が可視化されつつある。

地域間の格差も大きい。教育に関して、MDGsの目標は達成したものの、教育に対する意欲が低い地域も目立つ。乳幼児死亡率については、ここ10年間で大幅に減少したが、格差は存在する。食料不足については、上述の通り必ずしも統計に表れないため可視化しにくいが、豊富に食料がある地域と飢餓と隣り合わせの地域とでは、雲泥の差があり、例えば栄養失調率にも表れている（図8-8）。

筆者が調査してきた南東部リンディ州や中部ドドマ州は、他州と比較すると教育水準が低く、乳幼児死亡率も高かった地域であり（乳幼児死亡率については、その後改善）、食料不足や慢性的栄養失調も顕著である。タンザニアの人びととの認識の中でも、南東部やドドマ州の農村は、比較的「後れた」地域と認識されている（阪本 2014）が、後にこれらの地域の事例を中心に紹介する。

水俣病：日本の高度経済成長期に発生した四大公害事件の一つ。熊本県水俣市のチッソ工場がメチル水銀化合物を含む有害物質を海に流したことにより日常的に魚介類を食べていた住民の間に発生した中毒性の神経疾患。チッソ工場が地域の雇用や国家の高度経済成長に寄与していたがため、その被害が隠蔽され、対応が遅れた。

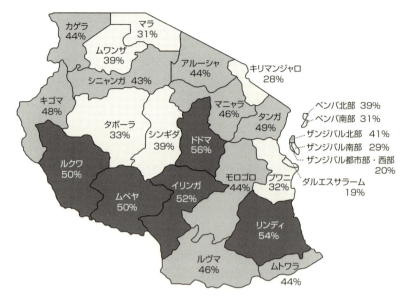

図8-8 州別慢性的栄養失調率（2010年）
出典：Tanzania NBS and ICF Macro 2011

II 住民の自助努力と相互扶助

1 ウジャマー政策における自助努力

　独立直後のウジャマー集村化政策では、自助努力や労働奉仕（kujitolea）が推奨されてきた。その後、1980年代の構造調整・経済自由化、1990年以降の貧困削減とセットとして更に推奨された経済自由化、そして2000年以降のMDGsを経て、自助努力は過去のものとなりつつあった。農村で村役場から呼びかけられる労働奉仕、つまりボランティアは存在するが、経済自由化が推し進められた中、「ただ働き（kazi bure）」とも揶揄される風潮もある。そのような中、現大統領によるウジャマーを回顧する政策は、国民からどのように受け止められるのか気になるところである（阪本 2007a, 2017a）。他方、政府が呼びかける自助努力とは異なる次元で、住民の相互扶助や創意工夫は、脈々と残っている。

2 相互扶助と創意工夫

　住民間の相互扶助は、政府の呼びかけによる自助努力とは若干位置づけが異なる。確かにウジャマー集村化によって従来のむら、つまり「共同体」が解体され、より大きな人工的な村落となり、従来の自然村内という形の相互扶助も減少・消滅した部分もあった。しかし、そのような経緯の中でも、住民の自発的な相互扶助は人と人の間を繋ぐネットワーク的な形に変容しながら存続してきた。例えば、筆者が調査してきたタンザニア南東部は大がかりな集村化を経験しているが、2006年に行った農村における質問票調査によると、過半数の人びとは相互扶助が、特に食料不足や病気の際重要であると認識している（図8-9。Sakamoto 2007, Sakamoto 2009）。

　そのような相互扶助が存在する中でも特に食に関する相互扶助は乳幼児の生存に貢献してきたが、必ずしも包括的とはいえない面がある。筆者が、タンザニア南東部のリンディ州の農村、およびドドマ州の農村で行った質問票インタビュー調査によると、食事が不足している際、子どもが親戚宅や他人の家で食べることができると示した女性の子どもは確かに生存率が高い（図8-10-1, 8-10-2）。しかし、それらの傾向がみられた農村において、実際、食

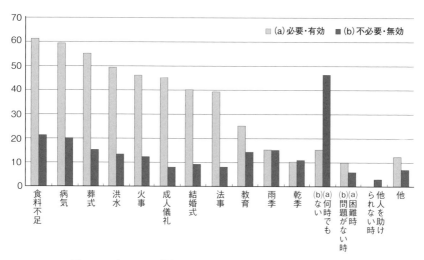

図8-9　どのような状況において相互扶助は有効か・無効か？
出典：タンザニアリンディ州R村におけるインタビュー質問23 A（Sakamoto 2007）から作成

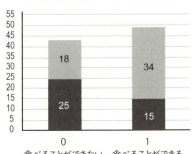

図8-10-1 食事が不足しているとき子どもが親戚宅にて食べることができるかどうかと、子どもの死亡経験（リンディ州 Mchinga II 村）
注：P=0.008
出典：2015〜2016年調査・分析に基づく

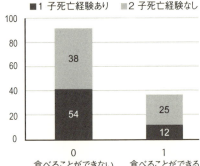

図8-10-2 食事が不足しているとき子どもが他の人の家にて食べることができるかどうかと、子どもの死亡経験（ドマ州 Majeleko 村）
注：P=0.007
出典：2015〜2016年調査・分析に基づく

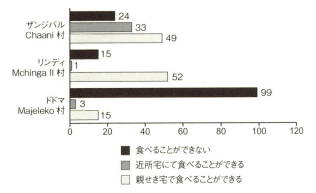

図8-10-3 食料不足のとき子どもは他の人の家で食べることができるか
出典：2015〜2016年調査・分析に基づく

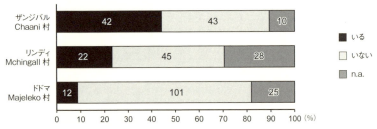

図8-10-4 子どもの食料が不足しているとき、助けてくれる親戚・友人はいるか？
出典：2015〜2016年調査・分析に基づく

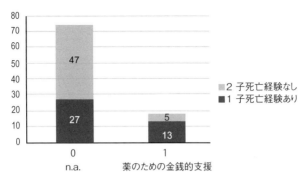

図8-11　薬に対する金銭的支援と子どもの死亡経験（リンディ州Mchinga II村）
注：P=0.006
出典：2015〜2016年調査・分析に基づく

料不足のとき、「子どもが他の人の家で食べることができる」と感じている女性や、「助けてくれる親戚・友人がいる」と感じている女性は極めて限られている（図8-10-3, 8-10-4）。つまり、相互扶助が存在することによって子どもの生存率が高まるが、その相互扶助は、充分に包括的ではないと認識されている。更に、子どもの薬に対する金銭的な支援は、かなりの重症な状況でしか得られないといった問題もみられた（図8-11、阪本2017b）。

III　在来知・在来資源の活用

多くの村において、公的な資金が村に配分されることは限られており、またその使用についても不透明なことが多い。必ずしも届くとは限らない国家による政策や支援、経済自由化の利益であるが、住民は相互扶助に加えてさまざまな創意工夫を凝らしてきた。**国連食糧農業機関**★（例えばFAO 1999）においても、健康や栄養のために野生植物の活用は推奨されているが、FAOの推奨を待つまでもなく、住民は伝統的に活用してきた。ここでは、NGOや研究者が、住民の在来知・在来資源を活用した開発協力のアクターとして活動している内容について紹介する。

国連食糧農業機関：FAO (Food and Agriculture Organization)。各国の農産物の生産、分配、栄養と生活水準の向上を目指す国連専門機関。

1　健康：薬用植物

　タンザニアにおける多くの農村では、薬用植物を薬草に使用しており、その利用法には個人差や地域差はあるものの、広く活用されてきた。その利用は、個人による利用から、薬草医や呪医などの専門家による利用と幅広い。また、地方農村のみならず、ダルエスサラームなどの都市においても利用され続けている。

　ドドマを中心に活動してきたNGOのINADES★では、ワークショップ形式で、村で利用されている薬用植物や、利用者の声を共有し、ブックレット化してきた（写真8-2、Kitange 1999, 2006a, b, c, 2013a, b）。

　INADESとも情報交換しながら、現在、筆者が行っている研究課題「在来知の格差・近代的変容・革新―タンザニアにおける薬草資源と諸アクターの役割―」（科研費 基盤研究B, 2015-2019, 15H05139）の一環としても、リンディ、ドドマ、ザンジバルにおいて在来知をとりまとめ、現地に還元するブックレットを作成中である（ザンジバルについては、Sakamoto *et al.* 2018参照）。

　SDG目標3では、「すべて人に健康と福祉」を目指しているが、住民自身の持つ知識が、住民自身の健康と福祉に貢献し得ることを、NGOや研究が示している。

写真8-2　INADESの薬用植物に関するブックレット
出典：Kitange（1999, 2006a, b, c, 2013a, b）を筆者撮影

INADES：アフリカ諸国の農民の主体的な発展をエンパワーメントによって実現することを目的とする国際NGOネットワーク。1962年、African Institute for Economic and Social Development（INADES）として西アフリカの司教の依頼により農民の地域・能力向上のために設立。1975年に、NGOネットワークとして名称と業務を継承した。タンザニアでは、本国際NGOネットワークの連携NGOとして1989年に活動開始し、1992年に独立したオフィスとなり、1994年にタンザニアのNGOとして登録された。

写真 8-3　バオバブの木と実
出典：タンザニア・ドドマ州にて
筆者撮影

2　栄養：食用植物

　サブサハラ・アフリカにおいて、農業生産量が低い、もしくは不安定な中、住民がどのように生存を維持してきたかは、多くの研究者の関心事となっている。前述の通り、相互扶助も、前述の通り時に不十分な場合もあるが、大きな役割を果たしてきた。相互扶助に加えて、それぞれの地域の野生植物や動物も重要な役割を果たしてきたことも明らかになっている。

　例えば、食料不足のときに活用される野生植物が多く存在し、野草、イモ類など、それぞれの地域独自の植生を生かした栄養の補完が行われている。特にドドマでは、しばしば起こる食料不足や飢饉を生き延びる方法として、野生植物を活用した創意工夫の役割が大きいとみられる。例えば、バオバブの実は、旱魃の際により多く実るというが、住民の飢えをしのぐ上で、重要な役割を担っているといえる（写真 8-3）。

　今後、各地において在来植物に関する知識をとりまとめ、栄養価を確認し、現地に還元することを、研究課題「東アフリカの野生食用植物・在来食の可能性—タンザニアにおける栄養分析を通して—」（科研費基盤研究B, 2018-2022, 18H03438）において計画している。

　SDG目標2では、「飢餓をゼロ」にすることを目指しているが、一見飢餓に直面している地域においても、在来資源を活かした住民の創意工夫が、飢餓から回避する手段となっている。

3　ドドマ州マジェレコ村等における試み

　筆者が他の日本人研究者と共同で研究を行っているドドマ州マジェレコ村では、共同研究者が野生食用植物のリスト化をすでに開始し、村落内で結成を促した「研究チーム (Timu ya Watafiti)」も有用樹木のリスト化を行っている。このような自発的な動きを支援する形で、それらの植物の同定や栄養分析、マッピングを行うことによって、地元資源の価値を再確認し、生活を豊かにする知識として継承を促すことは重要である。前述の通り、住民の食用や薬用植物はSDG目標2、3に貢献しうる可能性が高いが、国際社会や国家によるアプローチが必ずしも網羅できていない状況において、重要性が際立つ。

　また、水場近くにおいて野菜菜園が近年活発化しているが、農薬利用が目立ち、住民の飲用水に混入することが危惧されていた。そこで、研究者と元NGO職員が、**住民参加型アクション・リサーチ**★(Action Research) のワークショップを共同開催し、有機農業（1日目）、保全型農業（Conservation Agriculture、3日目）、植林（3日目）をテーマとして取り上げた。本ワークショップは好評のため、隣村のChinangaliやManzilanzi、同チャムイノ県のItiso村からも要請があり実施した（鶴田 2018）。SDG目標15では、「陸の豊かさを守る」ことが目指されているが、まさに、このような地道な試みが重要となってくる。

　また、マジェレコ村や、近隣のムベルズング村において、多くの伝統芸能グループが存在しており、既に村外でも名が売れているグループもある。ムベルズング村でも、筆者が研究のために訪問した際、ビデオ撮影を依頼され、現地鑑賞用に数枚DVDを作成した。また多くの人に見てほしい、ということでYouTubeにもアップした（阪本 2017c）。現状においては、経費を捻出することも難しい活動であり、必ずしも住民に収入をもたらす状況には達していないが、住民自身が自発的、かつ楽しく「やりたい」ことに対し、私たちがかかわる形で何等かの形で住民に還元できる仕組みを作ることにも意味があるのではないだろうか。

　国際社会の合意に基づき、国際機関やタンザニア政府がSDGsを認識して

住民参加型アクション・リサーチ：住民が生活の中で関心を持つテーマについて自ら調査し行動・実行すること。

いることは確かであり、好影響を受けている地域も存在する。しかし、援助や政府予算が充分ではない背景もあり、SDGs関連の活動も、ローカルなレベルを網羅してたどり着くことは稀であり、現実的でもない。また、実際にSDGsに関連する活動が、外や上からある村にたどり着いた場合においても、その達成の方法や内容が、住民の生活や思いと一致するかどうかも疑問が残る。エチオピアにおいてMDG達成目標のため充分なサービスのない医療施設で女性たちが強制的に出産させられる前述の状況（有井 2018）は、正に住民の生活や思いが、MDGの目標と乖離している端的な事例である。そのような現状の中、ローカルな視点で、在来知や在来資源を見直し、そして人びとの相互扶助や創意工夫を活かしていくことが、人びとの生活を改善するとともに、SDGsを達成することにも重要である。

Ⅳ 私たちの役割とSDGs

　ここまで、多様な面で一般的な「開発が進んで来なかった」地域においていかに人びとが相互扶助や、在来知・在来資源を活用しながら自らの生活で創意工夫をしてきたかをみてきた。では、私たちには、どのような役割があるのだろうか？

　まず「持続可能性」を考えながら私たち自身の生活を振り返ると、「貧しい」アフリカ農村の人びとの生活の方が、私たちの生活より持続可能なのではないかと思われる。むしろ、私たちの方が学び、生活を改める立場ではないかと考えさせられる場面も少なくない。

　また、私たちが「進んできた」方向や生活の反省について、「先進国」は十分に伝える責任がある。いくつか具体的な事例を挙げたい。

　私が暮らす栃木県では、**足尾銅山**★の被害が大きかったが、アフリカにおける銅山に関する健康被害はほとんど認識されていない。近年ようやく隣国

足尾銅山：明治期に国策としての富国強兵と相まって、古河市兵衛によって再開発された栃木県の銅山。流出した鉱毒ガスや鉱毒水によって渡良瀬川流域と利根川流域という広範囲な地域で農業・漁業・人びとへの健康が被害を受けた。その対策として渡良瀬遊水池が建設されたが、その背景には強制執行による谷中村住民の立ち退きと村の水没がある。

のザンビアにおいて、日本人研究者も加わり研究が開始された。

　タンザニアをはじめとする多くの途上国の金鉱山で水銀が使用されて廃棄されているが、被害状況は明らかにされていない。水銀汚染によって発生する水俣病は、日本ではじめて確認された。近年タンザニアから水俣病の経験を学ぶために、水俣市を訪問しているJICA研修者もいるという。

　日本は、2011年に未曾有の原発震災を経験したが、ウラン生産国になりつつあるタンザニアでウランの危険性を伝えることは、タブーでもあり容易ではない。しかし、各地で先進国が自然エネルギーの推進をしていることは、重要な動きでもある。

　日本では、農薬を多用する「慣行農業」が主流となっているが、その健康被害などの弊害に気づき有機農業を推進する運動もある。この点については、前述したドドマの農村におけるワークショップはささやかながらその試みである。またリンディを含むタンザニアの他の地域においても有機農業が見直されはじめている。

　また、食の近代化により、生活習慣病が、先進国だけでなく多くの途上国において既に問題となっている。前述した野生食用植物や在来食の見直しが、SDGsの達成のみならず、より持続的な開発の実現につながるのではないだろうか。

　とはいえ、私たちの学びと反省だけでタンザニアにおける将来はつくることができるはずもなく、基本となるのは、住民がどのような将来を望んでいるかにある。しかし、「進む」だけの国際協力ではなく、「進んできた」ことによる弊害も含めて共有し、ともに新たな道や世界をともに形成してゆくことが、グローバルな国際開発協力による持続可能な開発を実現するためには不可欠である。

《参考文献》
有井晴香（2018）「『妊婦の家』―エチオピア西南部マーレの医療施設における出産に関する現状と課題―」『アフリカ研究』93号、1-11頁
岩井雪乃（2018）「セレンゲティの猟師の涙：失われる罠の技」（アフリカ便り：タンザニア）、Afric Africa. http://afric-africa.vis.ne.jp/essay/hand08.htm（2018年7月7日閲覧）
阪本公美子（2007a）「東アフリカの内発的発展」西川潤・八木尚志・清水和巳編『社会科学を再構築する―地域平和と内発的発展―』明石書店、220-234頁

──（2007b）「アフリカ・モラル・エコノミーに基づく内発的発展の可能性と課題」『アフリカ研究』70号、133-141頁
　　　──（2014）「『周辺』から再考する内発的発展―タンザニア南東部の事例から―」大林稔・西川潤・阪本公美子編『新生アフリカの内発的発展―住民自立と支援―』昭和堂、165-182頁
　　　──（2017a）「タンザニア―社会主義国家の現在―」木田剛・竹内幸雄編『安定を模索するアフリカ（グローバルサウスはいま4）』ミネルヴァ書房、257-276頁
　　　──（2017b）「相互扶助は子どもの生存に寄与するか―タンザニア3地域乳幼児死亡要因の比較分析―」『アフリカ研究』92号、1-17頁
阪本公美子・宇都宮大学国際学部（2017c）"Music Video of Tanzania." http://d.hatena.ne.jp/Sakamoto__Kumiko/20171029/1509270971（2018年9月22日閲覧）．
鶴田格（2018年6月30日）「アフリカ半乾燥地における農牧共生に基づく持続的農村開発に関する実践的研究」科研研究会資料
鶴見和子（1996）『内発的発展論の展開』筑摩書房
FAO (1999) *Use and potential of wild plants in farm households.* http://www.fao.org/3/w8801e00.htm#toc_00（2018年7月7日閲覧）．
Hammarskjöld, Dag, Foundation (1975) "What now?"in *Development Dialogue*, nos.1-2, Uppasala: Dag Hammarskhjöld Foundation.
Kitange, Jane (1999, 2006a, 2006b, 2006c, 2013a, 2013b) *Kutibu Binadamu kwa Njia za Asili*, nos.1-6, INADES.
Sakamoto Kumiko (2007) "Mutual Assistance and Gender under the Influence of Cash Economy in Africa," in *Journal of the Faculty of International Studies, Utsunomiya University*. No. 23. pp.33-54.
　　　── (2009) *Social Development, Culture, and Participation: Towards theorizing endogenous development in Tanzania*, Yokohama: Shumpusha.
Sakamoto Kumiko, Mmadi H. Shamata, and Frank M. Mbago (2018) *104 Plant Spices, Fruits and Traditional Medicine in Zanzibar*, Dar es Salaam University Press.
Tanzania, United Republic of (2015) Mortality and Health. Dar es Salaam: National Bureau of Statistics, Ministry of Finance and Office of Chief Government Statistician, Ministry of State, President Office, State House and Good Governance. www.nbs.go.tz/nbs/takwimu/census2012/Mortality_and_Health_Monograph.pdf（2016年3月27日閲覧）．
Tanzania, United Republic of, MOEV (Ministry of Education and Vocational Training) (2007-2013) *Basic Education Statistics in Tanzania*, Dar es Salaam. http://www.moe.go.tz/index.php?option=com_docman&task=doc_download&gid=110&Itemid=619（2016年5月19日閲覧）．
Tanzania, United Republic of, NBS (National Bureau of Statistics) (2015) *National Accounts of Tanzania Mainland 2007-2014*, Dar es Salaam: Dar es Salaam. http://nbs.go.tz（2016年9月29日閲覧）．
Tanzania, United Republic of, National Bureau of Statistics (Tanzania NBS) and ICF Macro (2011) 2010 Tanzania Demographic and Health Survey: Key Findings. Calverton, Maryland, USA: NBS and ICF Macro. https://dhsprogram.com/pubs/pdf/SR183/SR183.pdf（2018年9月30日閲覧）．
Tanzania, United Republic of, and the UN (2011) Tanzania accelerating progress toward the MDGs addressing poverty and hunger, Dar es Salaam. www.tz.undp.org/content/dam/

tanzania/MAF-%20Tanzania.pdf（2016年9月9日閲覧）.
TFNC (Tanzania Food and Nutrition Center) (2014) *Tanzania national nutrition survey 2014*, Dar es Salaam: The United Republic of Tanania, Ministry of Health and Social Welfare. http://www.lishe.org/tanzania-national-nutrition-survey-2014-final-report/（2016年10月1日閲覧）.
UNDP Tanzania（2015）*Briefing note for countries on the 2016 Human Development Report, Tanzania*. http://hdr.undp.org/sites/all/themes/hdr_theme/country-notes/TZA.pdf（2018年7月7日閲覧）.
United Nations Economic Commission for Africa (UNECA), African Union (AU), African Development Bank (ADB) and United Nations Development Programme (UNDP) (2015) *MDG Report 2015: Assessing Progress in Africa toward the Millennium Development Goals*, Economic Commission for Africa. http://www.undp.org/content/undp/en/home/librarypage/mdg/mdg-reports/africa-collection.html（2018年9月22日閲覧）.
Utz, Robert J. ed. (2008) *Sustaining and sharing economic growth in Tanzania*, Washington D.C.: World Bank. http://hdl.handle.net/10986/6835（2016年9月29日閲覧）.
World Bank (2018) *World Development Indicators 2018*, Washington D.C.: World Bank. http://data.worldbank.org/country/tanzania?view=chart（2018年9月22日閲覧）.

第4部
課題と展望

終 章 グローバル開発協力への展望
―SDGs時代に「協働」や「共感」を
どう醸成するのか？―

真崎克彦

キーワード 地球規模課題、協働・共感、外側で提示される目標、内側から生まれる目標、人間の自然な感情の発露
SDGのゴール 1から17、特に17

I　はじめに──SDGs時代の課題

　本書のテーマは、グローバル開発協力という枠組みのもと、いかに持続可能な開発目標（SDGs）を推進し得るのかを考察することにある。従来用いられてきた「国際」（国家どうしの）開発協力ではなく「グローバル」開発協力と呼ぶ背景には、次のような「国際」政治経済体制の問題がある。

　経済成長（モノ・サービスの生産規模を示す国内総生産［GDP］で測られる）が進めば、人間社会に繁栄と平和がもたらされる。こうした成長信仰が世界中に広まる中、生産拡大を最優先する過度の利潤追求や開発主義が世界各地で横行し、結果として環境破壊、貧困問題、経済危機など、人間の安全保障に対する脅威が高まってきた。諸国家も成長戦略を策定して国際的な富の獲得競争にいそしむことで、このような動向を助長する。

　しかも、以上の「国際」政治経済体制のもとで昨今、自国企業が海外に活路を見出す手助けをするという、国益に絡んだ経済開発志向や商業主義アプローチが開発援助で活発化してきた。そもそも、開発援助は先進諸国の国民が支払う税金を元手とする。そのため、途上諸国の貧困や災害や紛争や人権問題の解決といった利他的な目的だけでは、先進諸国政府が開発援助の必要性を自国民に納得させることは必ずしも容易ではない。特に今、先進諸国の企業は世界各地で新興国企業との競争に一層さらされてきた上に、国内経

済も冷え込みがちとなり、貧困や格差問題をめぐる議論が昨今活発化している。そうした中、途上諸国への支援という目的だけでは自国民はますます納得しにくくなってきた。そこで、開発援助に対する国民の理解をつなぎ止めるべく、企業の海外活動の支援に開発援助を使おうとする気運が、先進諸国の政治家や経済界の間や、諸国政府の拠出金で活動する国際機関の間で高まってきた。

　今後は、先進諸国の経済的・商業的利益に引きつけられがちな開発援助の昨今のあり方を改めるとともに、「国際」政治経済体制のもとで生み出されてきた「地球規模＝グローバル」課題（貧困、環境破壊、紛争、人権侵害など）への対処に一層注力する必要がある。グローバル開発協力という考え方には、このように「地球規模＝グローバル」課題の解決という狙いが含意されている。そのためには、行き過ぎた利潤追求や開発主義を下支えする「国際」政治経済体制自体の改変にも取り組まなくてはならない。

　グローバル開発協力の主唱者のデイビッド・ヒュームはこうした問題意識より、開発援助の是正だけではなく先進諸国を利する貿易体制や金融制度や環境管理体制の是正にも取り組む「一本化された政策群」を提起している（序章参照）。この点でグローバル開発協力という考え方には、「包括的＝グローバル」というもう一つの意味合いも込められている。開発援助の関係者に限定されない（貿易体制や金融制度や環境管理体制などの関係者も含む）多種多様な担い手との「包括的＝グローバル」なパートナーシップを構築するという含意である。「地球規模＝グローバル」課題の解決に向けて「一本化された政策群」に取り組むには、「包括的＝グローバル」なパートナーシップづくりが欠かせない。

　ただし、これらの観点はすでにSDGsにも織り込み済みであり、目新しいものではない。第一に、第2章で指摘されている通り、SDGsは「戦後の国際社会が追求してきた諸課題を集約して明示したもので、世界史的に見て重要な成果」であり、これまで国際的に議論されてきた「環境的適性」と「社会的公正」をめぐる省察が盛り込まれている。つまり、「地球規模＝グローバル」課題への取り組みはSDGsの軸をなす。そして、第二の「包括的＝グローバル」なパートナーシップづくりもSDGsの重要目的となっている。「誰

一人取り残さない」という理念のもと、国際機関や諸国政府、企業や市民団体や個々人などを含めた、多様な担い手の参画が謳われている点においてである。

他方、本書で紹介されてきた諸事例によって浮き彫りにされるのが、第二の点に絡んだSDGsをめぐる課題である。はたして、これまでのSDGs論で想定されてきたように、「包括的＝グローバル」なパートナーシップは予定調和的に構築され得るのだろうか。こうした課題である。

第二の「包括的＝グローバル」なパートナーシップ構築を促すべく、SDGsでは「外側で提示されたものを取り入れる目標」だけでなく、「内側から生まれる現実的な目標」も重んじられることになっている（国際協力機構 2015, 7頁）。前者が温暖化ガスの排出量削減のように、国際社会の共通目標として設けられるのに対して、後者は家庭や地域コミュニティや企業などが各々の現状を踏まえ、それぞれの持ち場で決めるターゲットを指す。

そうすることで国際社会や諸国家によって策定された前者の目標が、各国や国内各所の活動に反映されるよう取り計らう。そうして、すべての担い手がそれぞれの持ち場でSDGsの実践に取り組むという「協働」を進めるとともに、多様な担い手の間で「共感」を生み出す（新田 2018, 28頁）。その結果、「全ての主体がさらなる発展に向けて身近な課題を解決していくことで、私たち皆が豊かさを手に入れる、新しい未来が見えてくるはずだ」（国際協力機構 2015, 7頁）。

しかし、本書の事例章が示す通り、さまざま担い手どうしの「協働」や「共感」は、実際には容易には生み出されにくい。なぜなら、「私たち皆が豊かさを手に入れる、新しい未来が見えてくる」ようになるには、上記の「国際」政治経済体制が改められなくてはならないが、現実的にはその体制をめぐる立場や思いは、政府や企業、市民団体や個々人の間で同一ではないためである。しかも、政策決定に影響を行使しやすいか否かに絡んだ不平等な力関係によって、誰の立場や思いが優先されやすいのかが決まってしまう。つまり、成長戦略を策定して国際的な富の獲得競争にいそしむ諸国家を運営する政府や、それに協力する企業の意向が反映されて、「国際」政治経済体制の抜本的な是正は進み難い。

こうした限界を持つSDGsをより良いものにしていく上で、グローバル開発協力は何らかの新しい視座を提示し得るのだろうか。そうだとしたら、その視座は、SDGsの推進にどのように資することができるのだろうか。終章ではこれらの問いを念頭に置きながら、本書の第3章から第8章の中で紹介された事例を振り返っていきたい。

　事例章では「一本化された政策群」全体ではなく、その「政策群」の一角を占める開発援助のあるべき姿の検証に焦点が置かれてきた。そのため、終章で扱われるグローバル開発協力とは、「地球規模＝グローバル」課題の解決に取り組む開発援助に限定される。「国際」ならぬ「グローバル」開発協力がどのように、SDGsの推進に役立つ新機軸の考え方を提起し得るのかを、事例章を踏まえながら以下に考察していく。

II 「協働」や「共感」の醸成
――事例が浮き彫りにする難しさ

　本書の第3章から第8章で紹介されている事例では、さまざまな担い手の間で「協働」や「共感」を醸成するというSDGsの目的達成の難しさが浮き彫りにされている。同じ開発の担い手とは言っても、立場や思いは同一ではないため、「協働」や「共感」は予定調和的には築かれ得ないためである。しかも、上述したような不平等な力関係のもとでは、開発運営にどれほど声を反映できるのかに差が出てしまう。

　そのため、すべての担い手の「内側から生まれる目標」を重んずるはずが、開発政策づくりを左右する力を持った特定の担い手によって「外側で提示された目標」が先んじられがちとなる。しかも、そうした影響力を持たない他の担い手の「内側から生まれる目標」が浮かばれにくくなってしまう。こうした事態は、本書の事例章を通して報告されている。

1　草の根の「内側から生まれる目標」

　なかんずく問題なのが、開発政策づくりに直に参加することのない草の根の人たちの「内側から生まれる目標」が汲み取られにくい点である。序章の冒頭で述べられているように、開発とは、社会の「後れた」状態を「進んだ」

状態にしようとする営為である。そのため、「後れた」状態にあるとされる草の根の人たちの「内側から生まれる目標」は脇に追いやられやすい。

　例えば、阪本（第8章「トップダウン開発と住民の相互扶助や在来知」）によると、タンザニアの村落部では一般的に不安定な暮らしが送られてきた。農業生産性が低いばかりか食料不足や飢饉もしばしば起こる。それでも住民が生存を維持できてきたのは、在来の動植物を活かした栄養摂取にくわえて、困った時に助け合う相互扶助の習慣が存してきたことによる。こうした在来の資源や慣行に根ざした暮らしは、アフリカ研究者の間で注目を集めるようになってきた。阪本自身も研究だけでなく、在来植物の栄養価の調査や伝統芸能の映像化を通した村落住民の支援を試みている。

　しかし、タンザニア政府は国外からの投資や技術導入による外部依存型の開発方針を採ってきた。そのもとでは、都市部を中心とした産業化（第一次産業から第二次・第三次産業への移行）が軸となる。その結果、近年目覚ましい経済成長が遂げられる一方、村落住民にはその便益が行き渡らず、政府の開発予算も届きにくい。つまり、政府によって「外側で提示された目標」が先んじられて、在来の資源や慣行に依拠した暮らしをより安定的なものにしたいという、村落住民の「内側から生まれる目標」は浮かばれない。

　齋藤（第6章「人身取引課題から開発を再考する」）によると、タイの水産業を舞台としたメコン諸国の移民労働者を取り巻く問題は、経済開発がもたらした影に当たる。近年、タイやその周辺諸国のカンボジア、ミャンマー、ラオス、ベトナムでは経済開発に弾みがついてきたが、その代償として経済格差や村落部の疲弊も生み出されてきた。さらにはそこに、タイと周辺諸国の間の経済格差が重なり合って、周辺諸国からタイに移住労働者が流入しているが、強制的に長時間労働に従事させられ、給与もまともに払われないといった問題が深刻化している。こうした経済開発の影である。

　以上のような苦境に直面する労働者自身の「内側から生まれる目標」とは、人間として尊厳ある対応を受け、心身を充分に休めて周囲の人たちを信頼するようになって、その上で一市民として社会参加することにある。齋藤が報告している通り、そのような目的に向けて地元ではNGOが支援を提供し、労働者たちも自助組織を設けて活動をしてきた。他方、タイ政府は人身取引

の取り締まりや、未払い賃金の支払いや帰国の支援、職業訓練の供与などを行う。しかし、後者の「外側で提示された目標」は労働者たちを遍く益することがなく、人身取引を根絶する道筋も開かない。そもそも、移住労働者をめぐる問題を生み出す経済開発のあり方自体は問われないからである。

　アフガニスタンを事例として、開発援助機関によって「外側で提示された目標」が草の根の人たちの「内側から生まれる目標」を抑え込む様態を論じるのが林(第4章「「開発援助を評価する関係者」を考える」)の論考である。開発援助では、支援を受ける側のニーズに応じた活動が展開されることが建前となっているが、実際には支援を与える側によって活動が計画され、その結果も評価される。他方で、支援を受ける側によって支援を与える側がどのように見られているのかについては、注意が充分払われてこなかった。しかし、それで妥当な評価ができるのだろうか。林はこのように問いかける。企業が自らの商品を評価する際、消費者の声を聞くように、開発援助でも支援を受ける側の声にもっと真剣に耳を傾けるべきではないのか。

　こうした事態が問題となるのは、アフガニスタンで生起している紛争や治安問題についての認識をめぐって、支援する側と支援を受け取る側の間に食い違いが存するからである。前者は、アフガニスタン全土を反政府武装勢力による攻撃や自爆テロの地と見なして、厳重に警護された首都の本部事務所や「安全が確認された」とされる一部地方に活動場所を限定してきた。それ以外の地方ではいくら支援のニーズが高く、かつ住民が日々安全に暮らしていようが、活動は控えられてしまう。国全体が危険視されてしまい、それぞれの土地の状況が顧みられない。そのため地方に住む人たちは、地元のニーズに応じた支援を受けたいという自らの「内側から生まれる目標」が二の次にされたと感じてしまう。援助する側から放って置かれたとの思いが強まってしまうわけである。

　平山(第3章「紛争・難民時代に考える「開発協力」」)も同じく、紛争地において「外側で提示された目標」が優勢となる開発援助のあり方を、自らの中東やアフリカでの経験に引きつけて問題視する。その問題ずくめの「目標」とは、紛争の根本的解決に欠かせない政治的関与を射程に入れず、非政治的な人道支援を提供すれば良いとするものである。経済成長や貧困解決のために

物資供与や技術移転を地道に続けることで、紛争問題はやがて克服されて、平和が到来するという前提に立った、非政治的な「目標」である。しかし、そうした「目標」を追求するだけでは、紛争を生み出す「国際」政治経済体制の問題に目は向かない。その体制のもと、諸国家どうしが経済権益をめぐって競い合い、国際的な富の獲得競争にいそしむ。そうした国際競争のために軍事大国は紛争地への武力介入を繰り返し、民間商人はそれに乗じて政府役人や研究者と協力しながら武器を開発して売り捌く。

この軍産官学複合体（軍隊と私企業と政府と研究機関がつながってできる利益集団）が解消され、ひいては、その複合体が誘発してきた殺戮や破壊が収まっていかない限り、人道支援の成果をいくら積み上げても一瞬で無になりかねない。そのような紛争地に生きる人たちの「内側から生まれる目標」とはただ、日々安心して暮らせるようになることである。だからこそ、開発援助機関には紛争を引き起こす「国際」政治経済体制の是正を働きかけてほしい。しかし、そう考える紛争地の人たちの思いは、開発援助機関の間では二の次にされやすく、そうして「外側で提示された目標」は紛争地に生きる人たちの「内側から生まれる目標」と乖離してしまう。

2　日本政府・民間企業によって「外側で提示された目標」

以上のように「外側で提示された目標」が「内側から生まれる目標」をなし崩しにしてしまう事態は、日本の政府機関や民間企業が絡んだ開発援助でも生起する。この点は、経済的・商業的利益（自国製品の市場や民間企業の投資先の確保）に関わる国益中心主義が開発援助で跋扈するという昨今の趨勢の中、特に気を付けておかなくてはならない。

日本では現在、そうした国益中心主義が政府関係者によって公然と話されるようになっている。例えば2018年の外交白書では、開発援助での日本企業の受注促進や中小企業の海外展開事業の支援に注力するとされている。そうして、日本企業の海外展開と相手国の開発推進の両方に役立てる「ウィン・ウィンの協力」を進めるというわけである。こうした動きに先鞭をつけたのが、2003年と2015年に行われた政府開発援助（ODA）大綱の改定である。2003年の改定では国益という言葉が明記され、続く2015年の改定ではさら

に踏み込んで、開発援助を日本の経済成長に役立てていくこととされた。後者の改定では、以上の動きをオブラートに包むべく、名称が「開発協力」大綱に改められた。

　同時に、このような国益中心主義は途上諸国の政府側でも歓迎されてきた。例えば、カンボジアでは政府が経済グローバル化を積極的に受容し、日本や他国の企業の進出を喜んで迎えてきた。重田（第7章「アジアの格差・貧困問題に関する考察」）によると、日本政府はそうしたカンボジア政府の姿勢に即して、特に日本企業の技術を用いたインフラ拡充の開発援助を提供してきた。経済インフラ整備の開発援助は、そこに直接関与する日本の受注企業のみならず、カンボジアで事業を展開する他の日本企業をも益する。1994年から2017年までの国別の投資額では、中国と韓国が飛び抜けて1位と2位を占めており、日本は6位に止まっている。それでもカンボジア日本人商工会の会員企業数は近年増加している。日本企業による投資は、経済特別区での製造業を中心として展開されてきた。

　このようにして「外側で提示された目標」は、重田によると、「貧困の罠」から抜け出たいと願う、カンボジアの草の根の人たちの「内側から生まれる目標」と対立する。日本を含む他国との経済的関係の深まりで、カンボジアでは2000年以降に高い経済成長が達成された一方、村落部では生活必需品や医療などの支出が増え、しかも、自然環境の悪化によって農業生産にも負の影響が及んできた。そのため、土地を喪失する人や借金を抱える人や出稼ぎに行く人が増えてきた。しかし、こうした「貧困の罠」の解決に日本の政府開発援助の国益中心主義は役立つどころか、むしろその「罠」に加担している面がある。

　日本の経済的・商業的利益に結びついた特定の開発援助事業を取り上げるのが、髙橋（第5章「主権者を置き去りにする援助の再考」）の論考である。モザンビーク北部では、企業経営的な大規模農業の導入を促すためのプロサバンナ事業が、日本の政府開発援助で進められようとしている。この事業が進むと、民間企業や投資家による農地開発が入り込み、これまで主に地域に根ざした家族農業を営んできた農民たちの生業が奪われかねない。そこで、日本のNGO関係者は地元農民とともに反対運動を展開するとともに、日本政府

の関連機関に地元関係者と対話を行うよう求めてきた。

　この事業の背後には、近年の食料のサプライチェーン(調達から加工、輸送、そして販売までの一連の過程)をめぐる多国籍企業間の競争の激化がある。先進諸国政府も自国の食料確保のためもあって、そうした企業競争を支えるべく投資環境の整備のための開発援助を進めてきた。このような事情を背景として「外側で提示された目標」がプロサバンナ事業には投影されており、地域に根ざした生業を守りたいという草の根の農民たちの「内側から生まれる目標」が二の次にされる。

III　グローバル開発協力の役割
──人間の自然な感情の発露

　以上からわかるように、開発援助機関や受入国政府によって「外側で提示された目標」はしばしば、自らの暮らしを守り、良くしていきたいと考える草の根の人たちの「内側から生まれる目標」を脇に追いやってしまう。前節で述べた通り、前者の「目標」は、問題ずくめの「国際」政治経済体制を助長する形で設定されがちだからである。こうした事態の是正は、開発援助の関係者が向き合わなくてはならない緊要課題である。国際機関から草の根の人たちまでを含む、あらゆる開発の担い手どうしの「協働」の推進と「共感」の醸成というSDGsの趣旨に鑑みるまでもない。

　本書のテーマであるグローバル開発協力の枠組みのもと、この課題にどう応じていくことができるのだろうか。この点を考察すべく、本節では「国際」に代わって「グローバル」という言葉を「国際協力」に冠する意味合いを引き続き探究していきたい。先述の通り、「グローバル」には「地球規模＝グローバル」課題(貧困、環境破壊、紛争、人権侵害など)への注力と、「包括的＝グローバル」な(開発の多様な担い手どうしの)パートナーシップ構築という含意がある。ただし、これらの意味での「グローバル」アプローチの大切さは、すでにSDGsで説かれていて目新しくはない。

　それでは、これまでSDGsをめぐって公に語られてこなかった、別の「グローバル」の含意を導き出すことはできないのだろうか。本節では、日本と世界の哲学対話の道を切り開いた先駆者とされる(藤田 2007, 189頁)西田幾

多郎の思想に、その手がかりを探ってみたい[1]。

> 世人は往々善の本質とその外殻を混ずるから、何か世界的人類的事業でもしなければ最大の善でないように思っている。しかし（中略）いかに小さい事業にしても、常に人類一味の愛情より働いている人は、偉大なる人類的人格を実現しつつある[「グローバル」な視野を持つようになる]人といわねばならぬ（西田 2006, 373頁、[ ]内は引用者）。

つまり、「何か世界的人類的事業でもしなければ最大の善でない」といった通念が世間で流布しているため、真に「グローバル」な視野が育ちにくくなっている。「グローバル」とは逆に、「いかに小さい事業にしても、常に人類一味の愛情より働いている人」が体現する心持ちを指す。

しかし、「何か世界的人類的事業でもしなければ」という通念は、開発援助の関係者の間で遍く共有されてきた、暗黙の前提である。その証拠に、関係者の間ではトマス・ポッゲ（2007）の「グローバルな資源配当論」が広く受容されている。同論によると、歴史的に先進諸国は途上諸国の労働力や自然資源を安く利用することで富を蓄積してきた。他方、そのしわ寄せは途上国における貧困の蔓延として表れてきた。したがって、「国際」政治経済体制の受益者たる先進諸国は、その対価に見合った資源配当を途上諸国に施すよう、国際的な制度を率先して設けなくてはならない。「何か世界的人類的事業でもしなければ」、と考えてしまうわけである。

こうした姿勢の問題点は、西田の用語では「他律的倫理学説」と「自律的倫理学説」（西田 2006, 288-308頁）に絡めて分析することができる。それぞれは本章で用いてきた「外側で提示された目標」と「内側から生まれる目標」に当たるので、双方の間に生じる齟齬への対応策を考察する上で役立つ。「他律的倫理学説」は、倫理について語る権威を有する人の打ち出す指針（「外側で提示された目標」）にしたがって行動すべきであるとする主張で、「自律的倫理学説」はそれとは対照的に、他者の考えに頼り切るのではなく、各々が自らの考えや思い（「内側から生まれる目標」）を重んじて行動した方が良いと見なす考え方を指す。

ポッゲの資源配当論は「他律的倫理学説」に該当する。「国際」政治経済体制のしわ寄せを受けてきた途上諸国に対して、その歪みの後始末をするのがそこから恩恵を被ってきた先進諸国の責務である。このように権威者によって「外側で提示された目標」は往々にして、あらゆる状況に適用することのできる、「何か世界的人類的事業でもしなければ」というような一般的で抽象的な指針になりがちである。

　しかも、そうして「外側で提示された目標」は一般的で抽象的である分、西田の言葉では「善の本質とその外殻を混ずる」事態、つまり、表面的には善の体裁を整えることはできても、本質的には善とは見なし難い活動が入り込む余地が生じる。例えば、援助する側の経済的・商業的利益に重きを置いた開発援助も（第5・7章）も、「相手国のためにもなる」と開発援助機関が正当化すればその「外殻」が取り繕われてしまう。そうした開発援助も、ポッゲが唱える途上諸国への「善意」の資源配当と同一視されかねない。しかし、そうするとその「外側で提示された目標」は、それが対象とする人たちの思いや求め、つまり「内側から生まれる目標」とのズレを生んでしまう。

　西田によると、このような事態の是正を図るには、行動の指針を「自律的倫理学説」に求めた方が良い。「何か世界的人類的事業をしなければ」ならないといった動機（意志）を、特定の権威者に言われて他律的に抱くよりは、行動の起点をそれぞれの人の内面から自然と湧き出てくる動機に求めるべきである。その内面から生じる動機とは、「自己の知を尽くし情を尽くした上に」現われてくる「至誠」の意志を指す（西田 2006, 349頁）。知情意が三位一体となった境地のもとで生まれる動機である。

　それがどういうものなのかは、われわれの日常感覚に照らせば分かりやすい。例えば美しい「花」を見て「私」の心が動かされる時（情意）、あるいはそれを写真に収めようとする時（意志）、客体（知識）としての「花」が「私」から独立した対象物として目の前に存在するのではない。その瞬間、「花」について「私」が持っている知識と、「私」が抱く情意や意志とを分別することはできないし、主体たる「私」と客体である「花」がいわば融合し合うとともに、知情意が三位一体となったような状態になる。「事実上の花は決して（中略）純物体的な花ではない、色や形や香をそなえた美にして愛すべき花で

ある」（西田 2006, 155頁）。

　開発援助でも同じく、支援を与える側の「私」と支援を受ける対象たる「人びと」が一体になれば、それぞれの立場の違いが埋められ、双方の間にある壁が取り払われていく。つまり、開発援助機関によって「外側で提示された目標」と、自らの暮らしを守り、良くしていきたいと考える草の根の人たちの「内側から生まれる目標」の間の乖離は解消されていく。

　そのような境地に至るには、両者が「知を尽くし情を尽くした上において」それぞれの置かれた状況について理解し合おうとすることが欠かせない。そうすることで、他者が抱える問題を自分自身のことのように感じるようになって、「至誠」の意志が自ずと生じてくる。ひいては、外から与えられた他律的な指針に頼る必要もなくなり、心の内側から生起した動機に即して行動しようという心持ちに至ることができる。

　こうした開発援助とは、金泰明の他者救済論に依拠するならば、「人間の自然な感情や欲求の発露として他者救済をとらえる」活動になる（金 2008, 23頁）。そうすることで、開発援助の力点は支援する側と支援される側の相互承認（金 2008, 51頁）、つまり、相互の状況について理解し合い、心を通い合わせることに置かれる。また開発援助の関係者も、外からの命令で起動する義務ではなく、内なる感性（金 2008, 182頁）、つまり、他者の問題を自らのことのように思う気持ちで行動できるようにもなる。

　以上を踏まえると、「人間の自然な感情の発露＝グローバル」という含意を、グローバル開発協力に冠された「グローバル」に込めることが大切になるのではないか。西田幾多郎が「人類的人格」（真に「グローバル」な心性）への道を敷くと見なした、知情意の三位一体の境地である。しかし、この点はSDGsをめぐる議論ではこれまで取り上げられていない。例えば「持続可能な開発目標（SDGs）指標」（巻末資料参照）の中のゴール17（「持続可能な開発のための実施手段を強化し、グローバル・パートナーシップを活性化する」）の部分にも、「人間の自然な感情の発露＝グローバル」な姿勢の大切さは記されていない。財源を確保して政策や制度を設け、それぞれの国や地域のリーダーがそれらを適切に運用すれば、パートナーシップは自ずと構築される、という前提に立つ。そうして「外側で提示された目標」（他律的な指針）が引き立て

られている。

　他方、「人間の自然な感情の発露＝グローバル」な姿勢を大事にして、関係者の「内側から生まれる目標」（自律的な指針）を重んじようというのが、本書の事例章を通底するテーマである。考察対象の「人びと」にどういう活動が望まれるのかについての知識と、それを考察する「私」の「助けになりたい」という情意や意志は別物ではない。そうした知情意の三位一体の姿勢を取ることで、開発援助を与える側によって「外側で提示された目標」が支援される側の「内側から生まれる目標」を脇に追いやるという矛盾が実感できる。さらには、自らはそのような矛盾に陥らないよう、「人びと」との交流を通して自身の心中に育まれた「内側から生まれる目標」を重んじる。

　阪本（第8章「トップダウンの開発と住民の相互扶助や在来知」）は、在来資源を活かしたタンザニア農村での支援の試みを通じて、また、齋藤（第6章「人身取引課題から開発を再考する」）はタイにおける移住労働者の自助組織やその人たちを支援するNGOとの関わりを通して、草の根の人たちの「内側から生まれる目標」が二の次になっている現状を問題視する。林（第4章「「開発援助を評価する援助関係者」を考える」）と平山（第3章「紛争・難民時代に考える「開発協力」」）も同様に、自らのNGO活動や調査研究に依拠して、草の根の人たちの「内側から生まれる目標」を自らのことのように見据える。以上の事例章では、そのようにして政府や開発援助機関の主導のもと「外側で提示された目標」の問題点をあぶり出す。

　他方、日本でも他国同様、開発援助を経済的・商業的利益に結びつけようとする動きが活発化する中、開発援助機関の主導のもと「外側で提示された目標」がいかに草の根の人たちの「内側から生まれる目標」と抵触するのかを論じるのが、重田（第7章「アジアの格差・貧困問題に関する考察」）と髙橋（第5章「主権者を置き去りにする援助の再考」）である。重田は経済的・商業的利益の追求に偏重した開発援助の影響で貧困にあえぐカンボジアの住民たち、そして、髙橋は同様の援助事業で生計手段を奪われかねないモザンビークの住民たちを取り巻く苦境を、自らのNGO活動や調査研究を通して自分自身のことのようにとらえている。

　このような「外側で提示された目標」と「内側から生まれる目標」のズレ

は、西田によると動機の問題として済まされやすい(西田 2006, 371頁)。経済的・商業的利益を増進しようとする政府や企業の動機が間違っているから「世界的人類的事業」が実現されないのであり、それとは別の動機を開発援助において大切にすべきである。そうすれば、その別の動機は「世界的人類的事業」を生み出すであろう。こう考えるとたしかに、ズレが生起する背景が見えてくるような気がしてしまう。

　しかし、西田いわく「かくいう人は至誠という語を正当に解しておらぬ」(西田 2006, 372頁)。「より正しい動機に基づいてより良い結果をもたらそう」と考えるだけでは不十分だからである。その「正しい」とされる動機には、他者の考えや命令に従う「他律的倫理」もあれば、自らの内側から生じる「自律的倫理」もある。前者寄りの「外側で提示された目標」は、往々にしてそれが対象とする人たちの思いや求めとズレてしまう。

　「動機」の是非より大事になるのは、支援を与える側の「私」と支援を受ける側の「人びと」の間にある壁が取り除かれ、後者の「内側から生まれる目標」に前者が「共感」を覚えることである。そうなれば「人間の自然な感情の発露＝グローバル」な思考が生まれ、外から与えられるのではなく、自らの考えや思いに根ざした「自律的倫理」を目指そうとなることができる。そして、「何か世界的人類的事業でもしなければ」という「他律的倫理」のくびきやそれがもたらす「世界的人類的事業」志向から解き放たれ、「いかに小さい事業にしても、常に人類一味の愛情より働いている人」となることができる。

　本書の事例章でも、「何か世界的人類的事業でもしなければ」と考えられているわけではないし、どういう活動が望まれるのかという知識の探究だけが目指されているのでもない。考察対象である草の根の人たちと心を通じ合わせたいという情意や意志も大事にされている。そうして知情意が一体となって生まれる「人間の自然な感情の発露＝グローバル」な思考を通して、グローバル開発協力のあり方が示唆されている。

Ⅳ　まとめ──「協働」と「共感」の醸成に向けた道筋

　SDGsでは、人間の生命や生活を脅かす人間の安全保障の諸課題に、国際

社会を挙げて取り組む。その実現には、世界中のあらゆる組織や人たちが日常の生業や暮らしのあり方を見直すという、広範かつ着実な取り組みが欠かせない。先に引用したように「全ての主体がさらなる発展に向けて身近な課題を解決していくことで、私たち皆が豊かさを手に入れる、新しい未来が見えてくるはずだ」。

　グローバル開発協力という考え方は、こうしたSDGsの狙いに即したものである。「地球規模＝グローバル」課題（貧困、環境破壊、紛争、人権侵害など）への注力、そして「包括的＝グローバル」（開発の多様な担い手どうしの）パートナーシップの構築というSDGsの目的に沿う考え方である。

　同時に、グローバル開発協力をより実り豊かなものにするには、SDGsをめぐってこれまで取り上げられてこなかった、「人間の自然な感情の発露＝グローバル」な姿勢という意味合いをそこに込めることが肝要ではないか。支援する側の「私」と支援される側の「人びと」という立場の違いを越えて、双方が「知を尽くし情を尽くした上において」それぞれの状況についての理解を深め、それぞれの抱える問題を自分自身のことのように感じ始めて「至誠」の意志が自ずと生ずる。このようにして知情意が三位一体となることで生起する「人間の自然な感情の発露」である。

　こうした境地は、多様な担い手どうしで「共感」を高め、持続可能な開発の実現に向けて「協働」を進めるというSDGsの目的に即したものである。また、「外側で提示された目標」だけでなく、「内側から生まれる目標」も取り込もうとするSDGsの趣旨とも合う。

　ただし、立場や考え方の異なる担い手の間で「共感」や「協働」をいかに醸成するのかについての具体的な展望は、SDGsではこれまで示されてこなかった。この点は、SDGsが伝統的な社会科学の枠組みに即して構想され、論じられてきた点に絡む。社会科学はそもそも、人類共通の課題への対処法を解明すべく生まれており、地球上のあらゆる人や集団に適応可能な普遍性や客観性を備えたものとして発展してきた（伊豫谷2002, 40頁）。そのため、社会を運営するための普遍的で客観的な法則の探究に力が入れられ、人が抱く主観的な心持ちや情意は二の次にされやすい。

　このような社会科学のあり方は、国際社会を挙げて地球規模課題に取り組

もうと説くSDGsをめぐる議論にも投影されている。この点は、ゴール17（「持続可能な開発のための実施手段を強化し、グローバル・パートナーシップを活性化する」）に表れ出ている。そこでは先述の通り、立場や考え方の異なる人たちの間で「共感」の高まりや「協働」の推進をいかに図っていくのかは示されていない。「皆が豊かさを手に入れる、新しい未来が見えてくるはずだ」といった明るい展望を示せば、さまざまな人たちの間の「共感」や「協働」の気運は予定調和的に高まり、人びとの「内側から生まれる目標」が引き立てられていく。こうした暗黙の前提に立っている。

　冒頭で述べたように、現行の「国際」政治経済体制のもと、生産拡大を最優先する過度の利潤追求や開発主義が横行している。そのため世界各地では環境破壊、貧困、経済危機など、人間の安全保障に対する脅威が目立ってきた。こうした時代趨勢の中、開発政策を決める立場にある諸国政府や国際機関、あるいはそこに影響を及ぼす力のある民間企業の主導によって「外側で提示された目標」は、「国際」政治経済体制寄りになりやすく、そればかりか、その「外側で提示された目標」によって草の根の人たちの「内側から生まれる目標」が無にされがちとなっている。

　そのため、本書の事例章が示す通り、あらゆる開発の担い手の間で「協働」や「共感」を醸成するのは容易ではない。しかし、自らの暮らしを守り、良くしていきたいと考える草の根の人たちの「内側から生まれる目標」が二の次にされるのはおかしい。そのような「人間の自然な感情の発露＝グローバル」な姿勢がより一層重んじられるようになれば、現況を変えていく力となり得るだろう。ひいては、そうしたグローバル開発協力を目指すならば、草の根の人たちも含めた「包括的＝グローバル」なパートナーシップの構築を進める道筋が開かれ、「地球規模＝グローバル」課題（貧困、環境破壊、紛争、人権侵害など）により実効性のある形で取り組めるようになるだろう[2]。

　SDGsについての知識を「他律的倫理」として学ぶことも大事である。同時に、本書の事例章で示されているように、支援する側とされる側という立場の違いを乗り越えて、「知を尽くし情を尽くした上において」地元の問題を自らのことのように感じ、さらにはどういう活動を進めれば良いのかの理解の上に立った「至誠」の意志を抱く。開発協力に従事する関係者の間で、

このようにして知情意の三位一体を大事にし、そうしながら「自律的倫理」を探り当てようとする慣習がより一層広まるならば、「地球規模＝グローバル」課題の解決に向けた「包括的＝グローバル」なパートナーシップ構築の展望が開かれるのではないのか。「人間の自然な感情の発露＝グローバル」な姿勢を重んじたグローバル開発協力が求められている。

《注》
1 西田が世界の哲学者に向き合う際、念頭に置いていたのは、次のような問題意識であった。「私」と「世界」を分けて真理を探ろうとする西洋哲学特有のあり方は、「私」は自らの理想通りに「世界」を意のままに操れるという思い上がりに行き着くし、文明の「進んだ」西洋列強による「後れた」国や地域の植民地支配の正当化にも用いられてきた。日本もそうした帝国主義に取り込まれ、植民地獲得競争に加勢する。同時に、日本はその点で当時のアジアで「先陣を切っていた」からこそ、その特権的な地位を活かして世界の潮流に働きかけることもできる（佐伯 2014, 183-184頁）。

なぜならば、「私」は「世界」とともに存在するという、両者が一体となった世界観が在来思想の中に存するからである。これは、西田が禅修行を重ねる中で獲得した気づきである。「自己の意識状態を直下に経験した時、未だ主もなく客もない、知識とその対象とが全く合一している」境地に至る（西田 2006, 30頁）。こうした心持ちが西洋列強の為政者の間でも広がるようになれば、「後れた」国や地域を「進んだ」文明の方へと導く、といった思い上がりに歯止めがかかり、ひいては列強による植民地運営にも違いが出る。

こうした西田の主張は、特定の人間集団の「後れた」状態を「進んだ」状態にしようとしがちな開発援助をめぐる問題への対処法を考える上でも役立つ。支援する側の「私」が「世界」を変えるのだという思いが先走って「外側で提示された目標」が最優先されることのないようにしないと、「後れた」とされる人たちの「内側から生まれる目標」が二の次にされてしまう。こうしたこれまでの問題の打開に向けては、「私」と「世界」を分け隔てることのない未分化の状態を目指しながら、より望ましい「世界」との関わり方を探ろうとする姿勢を取ることが大切となる。

2 「地球規模＝グローバル」課題（貧困、環境破壊、紛争、人権侵害など）への対応により一層注力していく上では、「国際」政治経済体制のあり方自体を改めていくことが欠かせない。成長信仰が世界的に広まる中、生産拡大を最優先した過度の利潤追求や開発主義が横行し、世界各地で人間の安全保障が脅かされてきた。こうした現行体制の改変の必要性である。

しかし、こうした課題は従来の開発援助では「外部条件」（＝開発援助の成否を左右するにもかかわらず、関係者の意志では容易にコントロールし得ないとされる政治・経済・社会条件）とされてきた（真崎 2010, 14-17頁）。その結果、「国際」政治経済体制の改変への取り組みは射程外に置かれてきた。

この意味で、開発援助の関係者が「地球規模＝グローバル」課題に応じていく際、本文では取り上げられていないもう1つの「包括的＝グローバル」の意味合いも考慮に入れておく必要がある。従来の開発援助が「国際」政治経済体制の是正に対応し切れてこなかったという事実から目をそらさず、その事実に向き合いながらその克服の方途を考え抜こうとするという、より「包括的＝グローバル」な視座の必要性である。

他方、そのような「包括的＝グローバル」な視座は、本書の事例章が示す通り、草の根の人たちとの交流を通した「人間の自然な感情の発露＝グローバル」な姿勢を大事にすることで体得できる。「国際」政治経済体制の矛盾に草の根の人たちは日々向き合っていて、そうした人たちと付き合いを深めるならば、その矛盾を射程に入れない開発援助の問題点が見えてくるからである。

《参考文献》
伊豫谷登士翁（2002）『グローバリゼーションとは何か―液状化する世界を読み解く―』平凡社
金泰明（2008）『欲望としての他者救済』日本放送出版協会
国際協力機構（2015）「特集 持続可能な開発目標（SDGs）―私たちが未来をつくる―」『mundi』No.27、4-7頁
佐伯啓思（2014）『西田幾多郎―無私の思想と日本人―』新潮社
西田幾多郎（2006）『善の研究』講談社
新田英理子（2018）「「誰一人取り残さない」社会をどう実現するか―NPO・NGOの視点から―」『ガバナンス』No.208、26-28頁
藤田正勝（2007）『西田幾多郎―生きることと哲学―』岩波書店
ポッゲ，トマス（児玉聡訳）（2007）「現実的な世界の正義」『思想』No.993、97-138頁
真崎克彦（2010）『支援・発想転換・NGO―国際協力の「裏舞台」から―』新評論

補 章 開発と倫理
―倫理的開発学を目指して―

西川 潤

はじめに――なぜ倫理的開発学が必要か？

「植民者が原住民をつくり出す」と喝破したのは、マルティニーク出身のフランツ・ファノンだが（Fanon 1961）、そのひそみに倣えば、「開発者が開発対象者をつくり出す」（ゲーテ『ファウスト』第二幕第5場のテーマ！）と言えるだろう。

開発学はこれまで、西欧がつくり出してきた「他者」を「対象」として描き出すことによって、西欧及び西欧起源の学問の権力的性格を維持することに貢献してきた。開発学が自らの内なる支配性、権力性を内省しないかぎり、西欧優位システムの崩壊とともに挫折する運命にあるだろう。しかし、開発学の内部で既にその見直しが始まっている。それが、開発及び開発学の倫理性の問題提起である。本報告では、1．開発（学）と倫理性、2．倫理的開発学探求の試み、3．開発学の新しい地平、の順で、このテーマを論じる。

I 開発と倫理性――二重の意味

（1）資本主義的開発における倫理性のinversion

開発とはもともと何もないところに新しく何かを起こすことを意味した。江戸時代の新田開発。明治期北海道の大部分はアイヌの地だったが、東京政府により開発（拓）の地とされた。前出『ファウスト』では沃野の「開拓」（erringen; eröffnen　獲得する、開く）。ヘーゲルではEntwicklung＝「市民社会

の自己展開」。自動詞と他動詞両方の意味を持つ。その両方で、開発は倫理的な（ethical）意味を内包する。倫理的な意味とは、人間社会（人倫）にとって望ましいことだ。だが、そもそも開発は同時に暴力的な性格を持った。第二次大戦後、世界規模の近代化の手段として開発が制度化されるが、独立を果たした非西欧地域から、開発の内包する暴力性が指摘されるようになった。アメリカの思想家ピーター・L・バーガーは、メキシコのチョルラのピラミッドの例を引き、西欧起源の開発が「成長の神話」「開発の神話」をふりかざすが、歴史的な開発が人倫（家族、市民社会、国家等の人間関係の統治形態 Sittlichkeit—ヘーゲル『法の哲学』）を損なう現象であり得るとの認識を示した（Berger 1974）。これは、開発の意味の「逆転」（inversion）と言ってよい。

　植民地独立後、ラテンアメリカやアフリカから、従属論者の西欧告発が相次いだ。彼らによれば、西欧の繁栄は第三世界の「低開発化」の上に成し遂げられたのである。

　この開発の「逆転」現象には二重の意味があり、これらを区別する必要がある。

　（A）西欧による新大陸「発見」以来の西欧経済を補完する植民地型経済の形成。この近代化のための介入＝開発は、「文明化」の事業と呼ばれ、キリスト教＝商業＝軍人のトライアングルにより遂行された。この時期の開発は強権型の色彩が強く、その影響は、今日でも南の多くの国のガバナンスに残っている。

　（B）歴史的事実として南の世界を変形した開発は、開発「理念」に支えられた。この理念は、倫理的色彩を強く持ち、第二次大戦以降の開発学を「近代化論」として主導した。近代化論の輝きはアメリカのベトナム戦争敗北後失墜したが、今日でも開発の正統性を主張する理論として強固に残っている。近代化論は就中、歴史の単線型発展論、また、生産力＝消費重視（物的富万能）の価値観、自己（対自＝近代）と他者（即自＝後進世界）を二分し、自己の「見る者」としての優位を確保しつつ他者に働きかける学問的方法論として影響力を保っている。

　第二次大戦後、（A）の歴史的事実としての西欧補完型経済はその大部分が資源供給経済として残っているものの、南の世界の政治的独立、エリート

支配、工業化、そして新興国の台頭等、南北の力関係の変化とともに変容した。だが、(B) の学問的方法論としては、未だ、西欧起源の世界観の影響を強く残す。倫理性の問題も「価値中立性」という標語の下にタナ上げされてきた。それゆえ、営利と権力優先の資本主義システムでは、開発が倫理逆転現象を起こすことが、「先進」地域の認識論からは欠落した。

しかし近年、経済倫理、開発倫理の問題が提起されてきて、西欧起源の開発学の正統性が問われるようになった (Sumner and Tribe 2008)。このような問題提起から、「開発と倫理」の問いかけが起こってくる。

(2) 開発学における倫理性の提起—持続不可能な開発、人権を蹂躙する開発、社会分裂を導く開発

開発学における倫理性の提起は、次の3点で行われた。i) 開発が持続不可能な環境破壊を生んでいる。ii) 人権の蹂躙をもたらす。iii) 社会を分裂させる。

これらの諸点は、西欧における開発言説に対し、非西欧地域から提起された対抗言説により明るみに出された。これらの対抗言説としては、(1) ガンディー主義による「真理」の模索、(2) エメ・セゼール (2007)『もう一つのテンペスト』等、西欧の世界認識独占の相対化、(3) エドワード・W・サイード『オリエンタリズム』(Said 1978) 等、西欧的視点からする非西欧地域描写の拒否、(4) 南の世界独自の重層的社会を踏まえた人権、民主主義等「普遍的」概念の再解釈 (サバルタン史学) 等がある。

(5) これら南の国からの国際関係における「正義」実現の声と比例して、西欧起源の認識論への批判が高まる。ヴァンダナ・シヴァ (Shiva 1988) は、自分たちの生の歓びを回復するには「近代科学批判」から始めなければならないと主張した。Ki-Zervo (1992)、Escobar (1995)、De Souza Santos (2016) らは次のような議論を行った。すなわち、近代化論、人間の自然支配、物質的富の崇拝、競争や効率の重視等、特殊な視点の独占＝普遍化が、南北対立、不正義を生み出す。キゼルボは、これらに対して、内発的発展を唱えた。エスコバルは、コロンビアの事例から開発政策が貧困、飢餓を増幅させたとして、「普遍的」開発に対し、市民運動に根差した「複動的」(pluriversal)

発展を唱えた。デソウザは、これらの「ポスト開発論」の流れを踏まえ、南の世界独自の認識論の復権を主張した（中野 2016）。

これらの対抗言説からは、①人間と自然の対立、②物質的富と人権／人間の尊厳の矛盾、③社会分裂（階級対立）、④他者支配、を西欧文明の特徴と見ていることが読みとれる。これら西欧文明の相対化から、開発を正義の回復、「修復」（restorative justice）としてとらえる視点が出てくる（Cf. 2001年南ア共和国ダーバンで開かれた世界反人種主義・差別撤廃世界会議で採択されたダーバン宣言）。

Ⅱ　倫理的開発学の探究

南の側から自分たちの生の実現を阻む開発言説の偽善性が指摘されるとともに、北の側でも近代化言説の持つ二重性が意識され始めた。こうして、世界規模での開発プロジェクトの壮大な挫折（ベトナム戦争等）を説明する研究も現れた（Scott 1998）。

（1）効用主義、合理主義、価値中立型学問への反省

経済学の分野で、倫理性の導入の必要を説いたのはアマルティア・セン（1982, 1987）である。センは、経済学が合理主義、計算主義、効用主義等の「工学」に溺れてきたことを批判し、経済学が本来持つ倫理的起源の再興を唱えた。そこから、人間開発の理論が生まれ、今日の開発倫理学の伝統が出てくる。開発倫理学会（International Development Ethics Association：IDEA）も1984年に発足した。

倫理的開発学の流れとしては、センらのケーパビリティ／権原論（Crocker 2009）の他に、基本的ニーズ論、人権型開発論、フェアトレード論等がある。これらから開発指標や評価を倫理的見地から作り直す流れも出てきた（Gasper and Lera St.Clair 2010）。

（2）ケーパビリティ論、基本的ニーズ論、人権型開発論、フェアトレード論

基本的ニーズ論（Basic Needs theory）：基本的ニーズアプローチはすべての人

の基本的必要を充足させることを発展の目標とする。オランダのヤン・ティンバーゲンやイギリスのポール・ストリーテンにより提唱された (Doyal and Gough 1991)。

人権型開発論（Rights-based theory）：国連の場で、発展権が基本的人権であることが確認された (1986年「発展の権利に関する宣言」) のに続き、開発政策で、人権を主流化して行こうとする動きである（斎藤文彦 2005; Pogge 2008; 勝間靖 2011）。基本的ニーズにとどまらず、公共政策における人間の安全保障、能力開発、参加型開発の重視と結び付く。

フェアトレード論：国際貿易が多国籍企業・商社の独占により「不等価交換」を生んでいることを批判し、人権、環境、健康等に配慮して、生産者と消費者双方にとって妥当な価格と安心な交換を実現する。また、お互いの「顔が見える」場を通じて、南北の相互理解に努める（ヴァンデルホフ 2016; 渡辺 2010）。

　開発倫理の問題提起は、資本主義のシステム危機に対する対応ともなっており、国連の場での社会開発、文化と開発、SDGs等開発パラダイムの多様化を導いた。この視点に立ち、多文化型開発論とそれを可能にする市民社会による開発見直しについて検討しよう。

Ⅲ　開発学の新しい地平

(1) 多文化型開発論: Involution, Devolutionの時代

　主流派の近代化開発論では、成長＝発展＝進歩と単線型で理解される傾向があった。しかし、主流派言説に対して、対抗言説が豊富に登場するにつれて、開発もまた多面的に叙述されるようになった。早い時期の内省的業績としては、クリフォード・ギアツ (Geertz 1963)、エスター・ボズラップ (Boserup 1965) がある。ギアツは、ジャワ島で、農村人口の増加により一人当たりの生産性がさがり、「貧困の分ち合い」に結果する例を示した。ボズラップは、農業の技術革新が自然に発生するのではなく、人口圧力により生じること、従って農業成長に地域的差が起こることを指摘した。共に、近代化論全盛の時代に、発展の独自性についての議論を提起した。

こうして、development（開発、発展）のみならず、involution（内向きの発展）、devolution（権利の復活）等、事態の展開の多様性が意識され、多文化型開発論への道が開ける（UNESCO 1981）。
　単線型開発論（A）と多文化型開発論（B）の相違は次のとおり。
① Aは、開発の進展方向を単一のベクトルで見る。Bは多元的に見る。
② Aは、開発主体を中央権力（国家）で見るが、Bは多様な主体を考える。
③ Aは、開発において主体と客体を区分して考えるが、Bは開発のさまざまなエージェント間の関連付けの形成として理解する。
④ Aは、開発目的をその都度設定する。Bでは生命力の発露を最終目的として想定する。

（2）人間生命と社会を脅かす開発と市民社会による開発の民主化

　Aでは、開発が特定主体により特定方向に誘導され、主流派の開発言説がこの戦略に沿って形成されていることが判る。だから、このような開発基盤が危機にさらされるとき、開発言説もまた、危機におちいる。
　これに対して、Bでは、現代社会自体が危機に陥っていることを認識し、その原因を人間のつくり出した道具や制度が人間を支配するに至ったと考える（イリイチ 1973）[1]。そのような制度による人間支配から人間が生命力を回復していく過程を、人間と社会の発展と考える。これはアイデンティティの再確立、内発的発展と自立共生の道である。
　ジョージ・オーウェルは70年前に『1984年』のビッグブラザーが支配する社会を描いたが、もし現代世界がその方向に向かっているとしたら、それは開発／発展のinversion現象にほかならない。今日、SDGsに示されるように、開発は社会、環境リスクの拡大等、「想定外」の困難を生んでいるように見える。この困難の根本原因は、企業の巨大化、公権力との結合拡大、そこから生まれる社会分裂と環境悪化にある。これを修復する道は、市民社会の発言や行動による企業・国家組織の再構成（Hirschman 1972）、公共空間の民主的な再建、開発における当事者参画、民主的コントロール等でしかない。市民社会は、開発過程において、多文化主義、透明性と民主的公開の原則等の擁護者として現れている。市民社会自体、いつ自ら内臓する「逆転」

現象(慈善主義、「多数派」支配、ポピュリズム等)に囚われないとの保障はないが、その発展(Entwicklung)による人倫の現代的再構築の道は確かに存在するだろう。これを本報告では、倫理的開発学の模索と呼んでいる。

　開発倫理の課題から地球倫理の道が開かれ、市場優先のグローバリゼーション刷新の方向が見えてくる。開発倫理は、確かに、南北共通のグローバルな課題なのである。

《注》
1「大量生産の限度なき成長が環境を敵対的なものにし、社会の成員が固有の能力を自由に行使することをできなくさせ、人びとを互いに切り離して人工的なカラに閉じ込め、…(中略)…共同体の組織を掘りくずすとき、…(中略)…社会は破壊される。」(イリイチ 1973)

《参考文献》
アパドゥライ、アルジュン(藤倉達郎訳)(2010)『グローバリゼーションと暴力―マイノリティーの恐怖―』世界思想社
イリイチ、イヴァン(渡辺京二他訳)(2015)『コンヴィヴィアリティのための道具』ちくま学芸文庫
勝間清編著(2011)『アジアの人権ガバナンス』勁草書房
斎藤文彦(2005)『国際開発論―ミレニアム開発目標による貧困―』日本評論社
セゼール、エメ(砂野幸稔訳)(2007)「もうひとつのテンペスト」エメ・セゼール、W. シェイクスピア、ロブ・ニクソン他(本橋哲也編訳)『テンペスト』インスクリプト
チャタジー、パルタ(田辺明生・新部亨子訳)(2015)『統治される人びとのデモクラシー―サバルタンによる民衆政治についての省察―』世界思想社
中野佳裕編・訳、ジャン＝ルイ・ラヴィル／ホセ・ルイス・コラッジオ編(2016)『21世紀の豊かさ―経済を変え、真の民主主義を創るために―』コモンズ
マトゥラーナ、H・R／ヴァレラ、F・J(河本英夫訳)(1991)『オートポイエーシス―生命システムとはなにか―』国文社
ラトゥール、ブルーノ(川崎勝・高田紀代志訳)(1999)『科学が作られているとき―人類学的考察―』、産業図書
米山リサ(2003)『暴力・戦争・リドレス―多文化主義のポリティクス―』岩波書店
ヴァンデルホフ、フランツ(北野収訳)(2016)『貧しい人々のマニフェスト―フェアトレードの思想―』創成社
渡辺龍也(2010)『フェアトレード学―私たちが創る新経済秩序―』新評論
Berger, P. (1974) *Pyramids of Sacrifice. Political Ethics and Social Change*, New York: Anchor Press/Doubleday.〔バーガー、ピーター・L(加茂雄三・山田睦男・乗浩子訳)(1976)『犠牲のピラミッド―第三世界の現状が問いかけるもの―』紀伊国屋書店〕
Boserup, E. (1965) *The Conditions of Agricultural Growth, the economics of agrarian change under population pressure*. London: Allen & Unwin.〔ボズラップ、エスター(安沢秀一他訳)(1975)『農業成長の諸条件―人口圧による農業変化の経済学―』ミネルヴァ書房〕

Crocker, D.A. (2009) *Ethics of Global Development: Agency, Capability and Deliberative Democracy*, Cambridge UP.
De Souza Santos, B. (2016) *Epistémologies du Sud Mouvements citoyens et polémique sur la science*, Paris: Desclée de Brouwer.
Doyal, L.and Gough, I. (1991) *A Theory of Human Need*, London: Macmillan
Escobar, A. (1995) *Encountering Development. The Making and Unmaking of the Third Word*, new ed. Princeton UP.
Fanon, F. (1961) Les damnés de la terre, réed. Paris: La Découverte.〔フランツ・ファノン（鈴木道彦・浦野衣子訳）（1969）『地に呪われたる者』みすず書房〕
Gasper, D. (2004) *The Ethics of Development*, Edingburgh UP.
Gasper, D. and Lera St.Clair, A. ed.（2010）*Development Ethics*, Ashgate, 2010
Geertz, Cl.（1963）*Agricultural Involution the Process of Ecological Change in Indonesia*, Univ. of California Press〔クリフォード・ギアーツ（池本幸生訳）（2001）『インボリューション―内に向かう発展』NTT出版〕
Hirschman, A.O. (1972) *Exit, Voice and Loyalty*, Harvard UP.〔A・O・ハーシュマン（矢野修一訳）（2005）『離脱・発言・忠誠―企業・組織・国家における衰退への反応―』ミネルヴァ書房〕
Ki-Zerbo, J. (1992) *La natte des autres Pour un développement endogène en Afrique*, Dakar: Codesria.
Pogge, Th. (2008) *World Poverty and Human Rights*, London: Polity.〔トマス・ポッゲ（立岩真也訳）（2010）『なぜ遠くの貧しい人への義務があるのか―世界的貧困と人権―』生活書院〕
Said, E. (1978) *Orientalism*, Pantheon.〔エドワード・W・サイード（板垣恒三・杉田英明監修、今沢紀子訳）（1986）『オリエンタリズム』平凡社〕
Scott, J.C. (1998) *Seeing Like a State: How Certain Schemes to Improve the Human Condition Have Failed*, Yale Univ. Press.
Sen, A. (1982) *Choice, Welfare, and Measurement*. Oxford: Basil Blackwell.〔アマルティア・セン（大庭健・川本隆史訳）（1989）『合理的な愚か者―経済学＝倫理学的探究―』勁草書房〕
―――(1987) *On Ethics and Economics*, Oxford, B.Blackwell.〔アマルティア・セン（徳永澄憲・松本保美・青山治城訳）（2002）『経済学の再生―道徳哲学への回帰―』麗澤大学出版会〕
Shiva, V. (1988) *Staying alive-Women, Ecology and Survival in India*. Zed Books.〔ヴァンダナ・シヴァ（熊崎実訳）（1994）『生きる歓び―イデオロギーとしての近代科学批判―』築地書館〕
Sumner, A. and Tribe, M. (2008) *International Development Studies: Theories and Methods in Research and Practice*, London: Sage.
UNESCO（1981）Many Voices, One Word , Report of the International Commission for the Study of Communication Problems, chaired by Seán MacBride.

資料

持続可能な開発目標(SDGs)指標
総務省仮訳(最終更新日:2019年4月)

国際開発学会(JASID)「開発経験の実証的考察を通じた
発展・開発のあり方の再考」研究部会の開催記録
(2011年度 – 2019年度)

持続可能な開発目標(SDGs)指標
総務省仮訳(最終更新日:2019年4月)

ゴール1
あらゆる場所のあらゆる形態の貧困を終わらせる

ターゲット	指標(仮訳)
1.1 2030年までに、現在1日1.25ドル未満で生活する人々と定義されている極度の貧困をあらゆる場所で終わらせる。	**1.1.1** 国際的な貧困ラインを下回って生活している人口の割合(性別、年齢、雇用形態、地理的ロケーション(都市/地方)別)
1.2 2030年までに、各国定義によるあらゆる次元の貧困状態にある、全ての年齢の男性、女性、子供の割合を半減させる。	**1.2.1** 各国の貧困ラインを下回って生活している人口の割合(性別、年齢別) **1.2.2** 各国の定義に基づき、あらゆる次元で貧困ラインを下回って生活している男性、女性及び子供の割合(全年齢)
1.3 各国において最低限の基準を含む適切な社会保護制度及び対策を実施し、2030年までに貧困層及び脆弱層に対し十分な保護を達成する。	**1.3.1** 社会保障制度によって保護されている人口の割合(性別、子供、失業者、高齢者、障害者、妊婦、新生児、労務災害被害者、貧困層、脆弱層別)
1.4 2030年までに、貧困層及び脆弱層をはじめ、全ての男性及び女性が、基礎的サービスへのアクセス、土地及びその他の形態の財産に対する所有権と管理権限、相続財産、天然資源、適切な新技術、マイクロファイナンスを含む金融サービスに加え、経済的資源についても平等な権利を持つことができるように確保する。	**1.4.1** 基礎的サービスにアクセスできる世帯に住んでいる人口の割合 **1.4.2** (a)土地に対し、法律上認められた書類により、安全な所有権を有している全成人の割合(性別、保有の種類別)(b)土地の権利が安全であると認識している全成人の割合(性別、保有の種類別)
1.5 2030年までに、貧困層や脆弱な状況にある人々の強靱性(レジリエンス)を構築し、気候変動に関連する極端な気象現象やその他の経済、社会、環境的ショックや災害に暴露や脆弱性を軽減する。	**1.5.1** 10万人当たりの災害による死者数、行方不明者数、直接的な負傷者数 **1.5.2** グローバルGDPに関する災害による直接的経済損失 **1.5.3** 仙台防災枠組み2015-2030に沿った国家レベルの防災戦略を採択し実行している国の数 **1.5.4** 国家防災戦略に沿った地方レベルの防災戦略を採択し実行している地方政府の割合
1.a あらゆる次元での貧困を終わらせるための計画や政策を実施するべく、後発開発途上国をはじめとする開発途上国に対して適切か	**1.a.1** 総政府支出額に占める、必要不可欠なサービス(教育、健康、及び社会的な保護)への政府支出総額の割合

つ予測可能な手段を講じるため、開発協力の強化などを通じて、さまざまな供給源からの相当量の資源の動員を確保する。	**1.a.2** 全体の国家財政支出に占める必要不可欠なサービスの割合（教育、健康、及び社会的な保護） **1.a.3** 貧困削減計画に直接割り当てられた助成金及び非譲渡債権の割合（GDP比）
1.b 貧困撲滅のための行動への投資拡大を支援するため、国、地域及び国際レベルで、貧困層やジェンダーに配慮した開発戦略に基づいた適正な政策的枠組みを構築する。	**1.b.1** 女性、貧困層及び脆弱層グループに重点的に支援を行うセクターへの政府からの周期的な資本投資

ゴール2
飢餓を終わらせ、食料安全保障及び栄養改善を実現し、持続可能な農業を促進する

ターゲット	指標（仮訳）
2.1 2030年までに、飢餓を撲滅し、全ての人々、特に貧困層及び幼児を含む脆弱な立場にある人々が一年中安全かつ栄養のある食料を十分得られるようにする。	**2.1.1** 栄養不足蔓延率（PoU） **2.1.2** 食料不安の経験尺度（FIES）に基づく、中程度又は重度な食料不安の蔓延度
2.2 5歳未満の子供の発育阻害や消耗性疾患について国際的に合意されたターゲットを2025年までに達成するなど、2030年までにあらゆる形態の栄養不良を解消し、若年女子、妊婦・授乳婦及び高齢者の栄養ニーズへの対処を行う。	**2.2.1** 5歳未満の子供の発育阻害の蔓延度（WHO子ども成長基準で、年齢に対する身長が中央値から標準偏差-2未満） **2.2.2** 5歳未満の子供の栄養不良の蔓延度（WHOの子ども成長基準で、身長に対する体重が、中央値から標準偏差+2超又は-2未満）（タイプ別（やせ及び肥満））
2.3 2030年までに、土地、その他の生産資源や、投入財、知識、金融サービス、市場及び高付加価値化や非農業雇用の機会への確実かつ平等なアクセスの確保などを通じて、女性、先住民、家族農家、牧畜民及び漁業者をはじめとする小規模食料生産者の農業生産性及び所得を倍増させる。	**2.3.1** 農業／牧畜／林業企業規模の分類ごとの労働単位あたり生産額 **2.3.2** 小規模食料生産者の平均的な収入（性別、先住民・非先住民の別）
2.4 2030年までに、生産性を向上させ、生産量を増やし、生態系を維持し、気候変動や極端な気象現象、干ばつ、洪水及びその他の災害に対する適応能力を向上させ、漸進的に土地と土壌の質を改善させるような、持続可能な食料生産システムを確保し、強靭（レジリエント）な農業を実践する。	**2.4.1** 生産的で持続可能な農業の下に行われる農業地域の割合

2.5 2020年までに、国、地域及び国際レベルで適正に管理及び多様化された種子・植物バンクなども通じて、種子、栽培植物、飼育・家畜化された動物及びこれらの近縁野生種の遺伝的多様性を維持し、国際的合意に基づき、遺伝資源及びこれに関連する伝統的な知識へのアクセス及びその利用から生じる利益の公正かつ衡平な配分を促進する。	2.5.1 中期又は長期保存施設に確保されている食物及び農業のための動植物の遺伝資源の数

ゴール3
あらゆる年齢の全ての人々の健康的な生活を確保し、福祉を促進する

ターゲット	指標（仮訳）
3.1 2030年までに、世界の妊産婦の死亡率を出生10万人当たり70人未満に削減する。	3.1.1 妊産婦死亡率 3.1.2 専門技能者の立会いの下での出産の割合
3.2 全ての国が新生児死亡率を少なくとも出生1,000件中12件以下まで減らし、5歳以下死亡率を少なくとも出生1,000件中25件以下まで減らすことを目指し、2030年までに、新生児及び5歳未満児の予防可能な死亡を根絶する。	3.2.1 5歳未満児死亡率 3.2.2 新生児死亡率
3.3 2030年までに、エイズ、結核、マラリア及び顧みられない熱帯病といった伝染病を根絶するとともに肝炎、水系感染症及びその他の感染症に対処する。	3.3.1 非感染者1,000人当たりの新規HIV感染者数（性別、年齢及び主要層別） 3.3.2 100,000人当たりの結核感染者数 3.3.3 1,000人当たりのマラリア感染者数 3.3.4 10万人当たりのB型肝炎感染者数 3.3.5 「顧みられない熱帯病」（NTDs）に対して介入を必要としている人々の数
3.4 2030年までに、非感染性疾患による若年死亡率を、予防や治療を通じて3分の1減少させ、精神保健及び福祉を促進する。	3.4.1 心血管疾患、癌、糖尿病、又は慢性の呼吸器系疾患の死亡率 3.4.2 自殺率
3.5 薬物乱用やアルコールの有害な摂取を含む、物質乱用の防止・治療を強化する。	3.5.1 物質使用障害に対する治療介入（薬理学的、心理社会的、リハビリ及びアフターケア・サービス）の適用範囲 3.5.2 1年間（暦年）の純アルコール量における、（15歳以上の）1人当たりのアルコール消費量に対しての各国の状況に応じ定義されたアルコールの有害な使用（ℓ）

3.6 2020年までに、世界の道路交通事故による死傷者を半減させる。	3.6.1 道路交通事故による死亡率
3.7 2030年までに、家族計画、情報・教育及び性と生殖に関する健康の国家戦略・計画への組み入れを含む、性と生殖に関する保健サービスを全ての人々が利用できるようにする。	3.7.1 近代的手法によって、家族計画についての自らの要望が満たされている出産可能年齢(15 〜 49歳)にある女性の割合 3.7.2 女性1000人当たりの青年期(10 〜 14歳；15 〜 19歳)の出生率
3.8 全ての人々に対する財政リスクからの保護、質の高い基礎的な保健サービスへのアクセス及び安全で効果的かつ質が高く安価な必須医薬品とワクチンへのアクセスを含む、ユニバーサル・ヘルス・カバレッジ(UHC)を達成する。Achieve universal health coverage.	3.8.1 必要不可欠の公共医療サービスの適応範囲(一般及び最も不利な立場の人々についての、生殖、妊婦、新生児及び子供の健康、伝染病、非伝染病、サービス能力とアクセスを含むトレーサー介入を基とする必要不可欠なサービスの平均的適応範囲と定義されたもの) 3.8.2 家計の支出又は所得に占める健康関連支出が大きい人口の割合
3.9 2030年までに、有害化学物質、並びに大気、水質及び土壌の汚染による死亡及び疾病の件数を大幅に減少させる。	3.9.1 家庭内及び外部の大気汚染による死亡率 3.9.2 安全ではない水、安全ではない公衆衛生及び衛生知識不足(安全ではないWASH(基本的な水と衛生)にさらされていること)による死亡率 3.9.3 意図的ではない汚染による死亡率
3.a 全ての国々において、たばこの規制に関する世界保健機関枠組条約の実施を適宜強化する。	3.a.1 15歳以上の現在の喫煙率(年齢調整されたもの)
3.b 主に開発途上国に影響を及ぼす感染性及び非感染性疾患のワクチン及び医薬品の研究開発を支援する。また、知的所有権の貿易関連の側面に関する協定(TRIPS協定)及び公衆の健康に関するドーハ宣言に従い、安価な必須医薬品及びワクチンへのアクセスを提供する。同宣言は公衆衛生保護及び、特に全ての人々への医薬品のアクセス提供にかかわる「知的所有権の貿易関連の側面に関する協定(TRIPS協定)」の柔軟性に関する規定を最大限に行使する開発途上国の権利を確約したものである。	3.b.1 各国のプログラムに含まれる全てのワクチンによってカバーされている対象人口の割合 3.b.2 薬学研究や基礎的保健部門への純ODAの合計値 3.b.3 必須である薬が、持続可能な水準で利用可能かつ購入可能な価格である保健施設の割合
3.c 開発途上国、特に後発開発途上国及び小島嶼開発途上国において保健財政及び保健人材の採用、能力開発・訓練及び定着を大幅に拡大させる。	3.c.1 医療従事者の密度と分布

ゴール4
全ての人に包摂的かつ公正な質の高い教育を確保し、生涯学習の機会を促進する

ターゲット	指標(仮訳)
4.1 2030年までに、全ての子供が男女の区別なく、適切かつ効果的な学習成果をもたらす、無償かつ公正で質の高い初等教育及び中等教育を修了できるようにする。	4.1.1 (i)読解力、(ii)算数について、最低限の習熟度に達している次の子供や若者の割合(性別ごと)(a) 2～3学年時、(b)小学校修了時、(c)中学校修了時
4.2 2030年までに、全ての子供が男女の区別なく、質の高い乳幼児の発達・ケア及び就学前教育にアクセスすることにより、初等教育を受ける準備が整うようにする。	4.2.1 健康、学習及び心理社会的な幸福について、順調に発育している5歳未満の子供の割合(性別ごと) 4.2.2 (小学校に入学する年齢より1年前の時点で)体系的な学習に参加している者の割合(性別ごと)
4.3 2030年までに、全ての人々が男女の区別なく、手の届く質の高い技術教育・職業教育及び大学を含む高等教育への平等なアクセスを得られるようにする。	4.3.1 過去12カ月にフォーマル及びノンフォーマルな教育や訓練に参加している若者又は成人の割合(性別ごと)
4.4 2030年までに、技術的・職業的スキルなど、雇用、働きがいのある人間らしい仕事及び起業に必要な技能を備えた若者と成人の割合を大幅に増加させる。	4.4.1 ICTスキルを有する若者や成人の割合(スキルのタイプ別)
4.5 2030年までに、教育におけるジェンダー格差を無くし、障害者、先住民及び脆弱な立場にある子供など、脆弱層があらゆるレベルの教育や職業訓練に平等にアクセスできるようにする。	4.5.1 詳細集計可能な、本リストに記載された全ての教育指数のための、パリティ指数(女性/男性、地方/都市、富の五分位数の底/トップ、またその他に、障害状況、先住民、紛争の影響を受けた者等の利用可能なデータ)
4.6 2030年までに、全ての若者及び大多数(男女ともに)の成人が、読み書き能力及び基本的計算能力を身に付けられるようにする。	4.6.1 実用的な(a)読み書き能力、(b)基本的計算能力において、少なくとも決まったレベルを達成した所定の年齢層の人口の割合(性別ごと)
4.7 2030年までに、持続可能な開発のための教育及び持続可能なライフスタイル、人権、男女の平等、平和及び非暴力的文化の推進、グローバル・シチズンシップ、文化多様性と文化の持続可能な開発への貢献の理解の教育を通して、全ての学習者が、持続可能な開発を促進するために必要な知識及び技能を習得できるようにする。	4.7.1 ジェンダー平等および人権を含む、(i)地球市民教育、及び(ii)持続可能な開発のための教育が、(a)各国の教育政策、(b)カリキュラム、(c)教師の教育、及び(d)児童・生徒・学生の達成度評価に関して、全ての教育段階において主流化されているレベル

4.a 子供、障害及びジェンダーに配慮した教育施設を構築・改良し、全ての人々に安全で非暴力的、包摂的、効果的な学習環境を提供できるようにする。	4.a.1 以下の設備等が利用可能な学校の割合(a)電気、(b)教育を目的としたインターネット、(c)教育を目的としたコンピュータ、(d)障害を持っている学生のための適切な施設や道具、(e)基本的な飲料水、(f)男女別の基本的なトイレ、(g)基本的な手洗い場(WASH指標の定義別)
4.b 2020年までに、開発途上国、特に後発開発途上国及び小島嶼開発途上国、並びにアフリカ諸国を対象とした、職業訓練、情報通信技術(ICT)、技術・工学・科学プログラムなど、先進国及びその他の開発途上国における高等教育の奨学金の件数を全世界で大幅に増加させる。	4.b.1 奨学金のためのODAフローの量(部門と研究タイプ別)
4.c 2030年までに、開発途上国、特に後発開発途上国及び小島嶼開発途上国における教員研修のための国際協力などを通じて、質の高い教員の数を大幅に増加させる。	4.c.1 各国における適切なレベルでの教育を行うために、最低限制度化された養成研修あるいは現職研修(例:教授法研修)を受けた(a)就学前教育、(b)初等教育、(c)前期中等教育、(d)後期中等教育に従事する教員の割合

ゴール5
ジェンダー平等を達成し、全ての女性及び女児の能力強化を行う

ターゲット	指標(仮訳)
5.1 あらゆる場所における全ての女性及び女児に対するあらゆる形態の差別を撤廃する。	5.1.1 性別に基づく平等と差別撤廃を促進、実施及びモニターするための法律の枠組みが制定されているかどうか
5.2 人身売買や性的、その他の種類の搾取など、全ての女性及び女児に対する、公共・私的空間におけるあらゆる形態の暴力を排除する。	5.2.1 これまでにパートナーを得た15歳以上の女性や少女のうち、過去12カ月以内に、現在、または以前の親密なパートナーから身体的、性的、精神的暴力を受けた者の割合(暴力の形態、年齢別) 5.2.2 過去12カ月以内に、親密なパートナー以外の人から性的暴力を受けた15歳以上の女性や少女の割合(年齢、発生場所別)
5.3 未成年者の結婚、早期結婚、強制結婚及び女性器切除など、あらゆる有害な慣行を撤廃する。	5.3.1 15歳未満、18歳未満で結婚又はパートナーを得た20〜24歳の女性の割合 5.3.2 女性器切除を受けた15-49歳の少女や女性の割合(年齢別)

5.4 公共のサービス、インフラ及び社会保障政策の提供、並びに各国の状況に応じた世帯・家族内における責任分担を通じて、無報酬の育児・介護や家事労働を認識・評価する。	5.4.1 無償の家事・ケア労働に費やす時間の割合（性別、年齢、場所別）
5.5 政治、経済、公共分野でのあらゆるレベルの意思決定において、完全かつ効果的な女性の参画及び平等なリーダーシップの機会を確保する。	5.5.1 国会及び地方議会において女性が占める議席の割合 5.5.2 管理職に占める女性の割合
5.6 国際人口・開発会議（ICPD）の行動計画及び北京行動綱領、並びにこれらの検証会議の成果文書に従い、性と生殖に関する健康及び権利への普遍的アクセスを確保する。	5.6.1 性的関係、避妊、リプロダクティブ・ヘルスケアについて、自分で意思決定を行うことのできる15歳～49歳の女性の割合 5.6.2 15歳以上の女性及び男性に対し、セクシュアル/リプロダクティブ・ヘルスケア、情報、教育を保障する法律や規定を有する国の数
5.a 女性に対し、経済的資源に対する同等の権利、並びに各国法に従い、オーナーシップ及び土地その他の財産、金融サービス、相続財産、天然資源に対するアクセスを与えるための改革に着手する。	5.a.1 (a)農地への所有権又は保障された権利を有する総農業人口の割合（性別ごと）(b) 農地所有者又は権利者における女性の割合（所有条件別） 5.a.2 土地所有及び/又は管理に関する女性の平等な権利を保障している法的枠組（慣習法を含む）を有する国の割合
5.b 女性の能力強化促進のため、ICTをはじめとする実現技術の活用を強化する。	5.b.1 携帯電話を所有する個人の割合（性別ごと）
5.c ジェンダー平等の促進、並びに全ての女性及び女子のあらゆるレベルでの能力強化のための適正な政策及び拘束力のある法規を導入・強化する。	5.c.1 ジェンダー平等及び女性のエンパワーメントのための公的資金を監視、配分するシステムを有する国の割合

ゴール6
全ての人々の水と衛生の利用可能性と持続可能な管理を確保する

ターゲット	指標（仮訳）
6.1 2030年までに、全ての人々の、安全で安価な飲料水の普遍的かつ衡平なアクセスを達成する。	6.1.1 安全に管理された飲料水サービスを利用する人口の割合
6.2 2030年までに、全ての人々の、適切かつ平等な下水施設・衛生施設へのアクセスを達成し、野外での排泄をなくす。女性及び女児、	6.2.1 (a)安全に管理された公衆衛生サービスを利用する人口の割合、(b)石けんや水のある手洗い場を利用する人口の割合

並びに脆弱な立場にある人々のニーズに特に注意を払う。	
6.3 2030年までに、汚染の減少、投棄の廃絶と有害な化学物・物質の放出の最小化、未処理の排水の割合半減及び再生利用と安全な再利用の世界的規模で大幅に増加させることにより、水質を改善する。	6.3.1 安全に処理された排水の割合 6.3.2 良好な水質を持つ水域の割合
6.4 2030年までに、全セクターにおいて水利用の効率を大幅に改善し、淡水の持続可能な採取及び供給を確保し水不足に対処するとともに、水不足に悩む人々の数を大幅に減少させる。	6.4.1 水の利用効率の経時変化 6.4.2 水ストレスレベル:淡水資源量に占める淡水採取量の割合
6.5 2030年までに、国境を越えた適切な協力を含む、あらゆるレベルでの統合水資源管理を実施する。	6.5.1 統合水資源管理(IWRM)実施の度合い(0-100) 6.5.2 水資源協力のための運営協定がある越境流域の割合
6.6 2020年までに、山地、森林、湿地、河川、帯水層、湖沼を含む水に関連する生態系の保護・回復を行う。	6.6.1 水関連生態系範囲の経時変化
6.a 2030年までに、集水、海水淡水化、水の効率的利用、排水処理、リサイクル・再利用技術を含む開発途上国における水と衛生分野での活動と計画を対象とした国際協力と能力構築支援を拡大する。	6.a.1 政府調整支出計画の一部である上下水道関連のODAの総量
6.b 水と衛生に関わる分野の管理向上における地域コミュニティの参加を支援・強化する。	6.b.1 上下水道管理への地方コミュニティの参加のために制定し、運営されている政策及び手続のある地方公共団体の割合

ゴール7
全ての人々の、安価かつ信頼できる持続可能な近代的エネルギーへのアクセスを確保する

ターゲット	指標(仮訳)
7.1 2030年までに、安価かつ信頼できる現代的エネルギーサービスへの普遍的アクセスを確保する。	7.1.1 電気を受電可能な人口比率 7.1.2 家屋の空気を汚さない燃料や技術に依存している人口比率
7.2 2030年までに、世界のエネルギーミックスにおける再生可能エネルギーの割合を大幅に拡大させる。	7.2.1 最終エネルギー消費量に占める再生可能エネルギー比率

7.3 2030年までに、世界全体のエネルギー効率の改善率を倍増させる。	7.3.1 一次エネルギー及びGDP単位当たりのエネルギー強度
7.a 2030年までに、再生可能エネルギー、エネルギー効率及び先進的かつ環境負荷の低い化石燃料技術などのクリーンエネルギーの研究及び技術へのアクセスを促進するための国際協力を強化し、エネルギー関連インフラとクリーンエネルギー技術への投資を促進する。	7.a.1 クリーンなエネルギー研究及び開発と、ハイブリッドシステムに含まれる再生可能エネルギー生成への支援に関する発展途上国に対する国際金融フロー
7.b 2030年までに、各々の支援プログラムに沿って開発途上国、特に後発開発途上国及び小島嶼開発途上国、内陸開発途上国の全ての人々に現代的で持続可能なエネルギーサービスを供給できるよう、インフラ拡大と技術向上を行う。	7.b.1 持続可能なサービスへのインフラや技術のための財源移行におけるGDPに占めるエネルギー効率への投資(%)及び海外直接投資の総量

ゴール8
包摂的かつ持続可能な経済成長及び全ての人々の完全かつ生産的な雇用と働きがいのある人間らしい雇用(ディーセント・ワーク)を促進する

ターゲット	指標(仮訳)
8.1 各国の状況に応じて、一人当たり経済成長率を持続させる。特に後発開発途上国は少なくとも年率7%の成長率を保つ。	8.1.1 一人当たりの実質GDPの年間成長率
8.2 高付加価値セクターや労働集約型セクターに重点を置くことなどにより、多様化、技術向上及びイノベーションを通じた高いレベルの経済生産性を達成する。	8.2.1 労働者一人当たりの実質GDPの年間成長率
8.3 生産活動や適切な雇用創出、起業、創造性及びイノベーションを支援する開発重視型の政策を促進するとともに、金融サービスへのアクセス改善などを通じて中小零細企業の設立や成長を奨励する。	8.3.1 農業以外におけるインフォーマル雇用の割合(性別ごと)
8.4 2030年までに、世界の消費と生産における資源効率を漸進的に改善させ、先進国主導の下、持続可能な消費と生産に関する10年計画枠組みに従い、経済成長と環境悪化の分断を図る。	8.4.1 マテリアルフットプリント(MF)、一人当たりMF及びGDP当たりのMF 8.4.2 国内材料消費(DMC)、一人当たりのDMC及びGDP当たりのDMC

8.5 2030年までに、若者や障害者を含む全ての男性及び女性の、完全かつ生産的な雇用及び働きがいのある人間らしい仕事、並びに同一労働同一賃金を達成する。	8.5.1 女性及び男性労働者の平均時給（職業、年齢、障害者別） 8.5.2 失業率（性別、年齢、障害者別）
8.6 2020年までに、就労、就学及び職業訓練のいずれも行っていない若者の割合を大幅に減らす。	8.6.1 就労、就学及び職業訓練のいずれも行っていない15〜24歳の若者の割合
8.7 強制労働を根絶し、現代の奴隷制、人身売買を終らせるための緊急かつ効果的な措置の実施、最悪な形態の児童労働の禁止及び撲滅を確保する。2025年までに児童兵士の募集と使用を含むあらゆる形態の児童労働を撲滅する。	8.7.1 児童労働者（5〜17歳）の割合と数（性別、年齢別）
8.8 移住労働者、特に女性の移住労働者や不安定な雇用状態にある労働者など、全ての労働者の権利を保護し、安全・安心な労働環境を促進する。	8.8.1 致命的及び非致命的な労働災害の発生率（性別、移住状況別） 8.8.2 国際労働機関（ILO）原文ソース及び国内の法律に基づく、労働権利（結社及び団体交渉の自由）における国内コンプライアンスのレベル（性別、移住状況別）
8.9 2030年までに、雇用創出、地方の文化振興・産品販促につながる持続可能な観光業を促進するための政策を立案し実施する。	8.9.1 全GDP及びGDP成長率に占める割合としての観光業の直接GDP 8.9.2 全観光業における従業員数に占める持続可能な観光業の従業員数の割合
8.10 国内の金融機関の能力を強化し、全ての人々の銀行取引、保険及び金融サービスへのアクセスを促進・拡大する。	8.10.1 成人10万人当たりの市中銀行の支店及びATM数 8.10.2 銀行や他の金融機関に口座を持つ、又はモバイルマネーサービスを利用する成人（15歳以上）の割合
8.a 後発開発途上国への貿易関連技術支援のための拡大統合フレームワーク（EIF）などを通じた支援を含む、開発途上国、特に後発開発途上国に対する貿易のための援助を拡大する。	8.a.1 貿易のための援助に対するコミットメントや支出
8.b 2020年までに、若年雇用のための世界的戦略及び国際労働機関（ILO）の仕事に関する世界協定の実施を展開・運用化する。	8.b.1 国家雇用戦略とは別途あるいはその一部として開発され運用されている若年雇用のための国家戦略の有無

ゴール9

強靱（レジリエント）なインフラ構築、包摂的かつ持続可能な産業化の促進及びイノベーションの推進を図る

ターゲット	指標(仮訳)
9.1 全ての人々に安価で公平なアクセスに重点を置いた経済発展と人間の福祉を支援するために、地域・越境インフラを含む質の高い、信頼でき、持続可能かつ強靱（レジリエント）なインフラを開発する。	9.1.1 全季節利用可能な道路の2km圏内に住んでいる地方の人口の割合 9.1.2 旅客と貨物量(交通手段別)
9.2 包摂的かつ持続可能な産業化を促進し、2030年までに各国の状況に応じて雇用及びGDPに占める産業セクターの割合を大幅に増加させる。後発開発途上国については同割合を倍増させる。	9.2.1 GDPに占める製造業付加価値の割合及び一人当たり製造業付加価値 9.2.2 全労働者数に占める製造業労働者数の割合
9.3 特に開発途上国における小規模の製造業その他の企業の、安価な資金貸付などの金融サービスやバリューチェーン及び市場への統合へのアクセスを拡大する。	9.3.1 産業の合計付加価値のうち小規模産業の占める割合 9.3.2 ローン又は与信枠が設定された小規模製造業の割合
9.4 2030年までに、資源利用効率の向上とクリーン技術及び環境に配慮した技術・産業プロセスの導入拡大を通じたインフラ改良や産業改善により、持続可能性を向上させる。全ての国々は各国の能力に応じた取組を行う。	9.4.1 付加価値の単位当たりのCO_2排出量
9.5 2030年までにイノベーションを促進させることや100万人当たりの研究開発従事者数を大幅に増加させ、また官民研究開発の支出を拡大させるなど、開発途上国をはじめとする全ての国々の産業セクターにおける科学研究を促進し、技術能力を向上させる。	9.5.1 GDPに占める研究開発への支出 9.5.2 100万人当たりの研究者(フルタイム相当)
9.a アフリカ諸国、後発開発途上国、内陸開発途上国及び小島嶼開発途上国への金融・テクノロジー・技術の支援強化を通じて、開発途上国における持続可能かつ強靱（レジリエント）なインフラ開発を促進する。	9.a.1 インフラへの公的国際支援の総額(ODAその他公的フロー)
9.b 産業の多様化や商品への付加価値創造などに資する政策環境の確保などを通じて、開発途上国の国内における技術開発、研究及びイノベーションを支援する。	9.b.1 全付加価値における中位並びに先端テクノロジー産業の付加価値の割合

ターゲット	指標(仮訳)
9.c 後発開発途上国において情報通信技術へのアクセスを大幅に向上させ、2020年までに普遍的かつ安価なインターネットアクセスを提供できるよう図る。	9.c.1 モバイルネットワークにアクセス可能な人口の割合(技術別)

ゴール10
各国内及び各国間の不平等を是正する

ターゲット	指標(仮訳)
10.1 2030年までに、各国の所得下位40％の所得成長率について、国内平均を上回る数値を漸進的に達成し、持続させる。	10.1.1 一人当たりの家計支出又は所得の成長率(人口の下位40％のもの、総人口のもの)
10.2 2030年までに、年齢、性別、障害、人種、民族、出自、宗教、あるいは経済的地位その他の状況に関わりなく、全ての人々の能力強化及び社会的、経済的及び政治的な包含を促進する。	10.2.1 中位所得の半分未満で生活する人口の割合(年齢、性別、障害者別)
10.3 差別的な法律、政策及び慣行の撤廃、並びに適切な関連法規、政策、行動の促進などを通じて、機会均等を確保し、成果の不平等を是正する。	10.3.1 過去12カ月に個人的に国際人権法の下に禁止されている差別又は嫌がらせを感じたと報告した人口の割合
10.4 税制、賃金、社会保障政策をはじめとする政策を導入し、平等の拡大を漸進的に達成する。	10.4.1 賃金及び社会保障給付から成るGDP労働分配率
10.5 世界金融市場と金融機関に対する規制とモニタリングを改善し、こうした規制の実施を強化する。	10.5.1 金融健全性指標
10.6 地球規模の国際経済・金融制度の意思決定における開発途上国の参加や発言力を拡大させることにより、より効果的で信用力があり、説明責任のある正当な制度を実現する。	10.6.1 国際機関における開発途上国のメンバー数及び投票権の割合
10.7 計画に基づき良く管理された移民政策の実施などを通じて、秩序のとれた、安全で規則的かつ責任ある移住や流動性を促進する。	10.7.1 従業者が移住先の国で稼いだ月収に占める、その従業者が移住先の国で仕事を探すに当たって(自ら)負担した費用の割合 10.7.2 秩序ある安全な正規かつ信頼性のある人々の移住・移動を促進する移住政策を持つ国の数

10.a 世界貿易機関（WTO）協定に従い、開発途上国、特に後発開発途上国に対する特別かつ異なる待遇の原則を実施する。	10.a.1 後発開発途上国や開発途上国からの輸入品に適用されるゼロ関税の関税分類品目（タリフライン）の割合
10.b 各国の国家計画やプログラムに従って、後発開発途上国、アフリカ諸国、小島嶼開発途上国及び内陸開発途上国を始めとする、ニーズが最も大きい国々への、政府開発援助（ODA）及び海外直接投資を含む資金の流入を促進する。	10.b.1 開発のためのリソースフローの総額（受援国及び援助国、フローの流れ（例：ODA、外国直接投資、その他）別）
10.c 2030年までに、移住労働者による送金コストを3%未満に引き下げ、コストが5%を越える送金経路を撤廃する。	10.c.1 総送金額の割合に占める送金コスト

ゴール11
包摂的で安全かつ強靱（レジリエント）で持続可能な都市及び人間居住を実現する

ターゲット	指標（仮訳）
11.1 2030年までに、全ての人々の、適切、安全かつ安価な住宅及び基本的サービスへのアクセスを確保し、スラムを改善する。	11.1.1 スラム、インフォーマルな居住地及び不適切な住宅に居住する都市人口の割合
11.2 2030年までに、脆弱な立場にある人々、女性、子供、障害者及び高齢者のニーズに特に配慮し、公共交通機関の拡大などを通じた交通の安全性改善により、全ての人々に、安全かつ安価で容易に利用できる、持続可能な輸送システムへのアクセスを提供する。	11.2.1 公共交通機関へ容易にアクセスできる人口の割合（性別、年齢、障害者別）
11.3 2030年までに、包摂的かつ持続可能な都市化を促進し、全ての国々の参加型、包摂的かつ持続可能な人間居住計画・管理の能力を強化する。	11.3.1 人口増加率と土地利用率の比率 11.3.2 定期的かつ民主的に運営されている都市計画及び管理に、市民社会が直接参加する仕組みがある都市の割合
11.4 世界の文化遺産及び自然遺産の保護・保全の努力を強化する。	11.4.1 全ての文化及び自然遺産の保全、保護及び保存における総支出額（公的部門、民間部門）（遺産のタイプ別（文化、自然、混合、世界遺産に登録されているもの）、政府レベル別（国、地域、地方、市）、支出タイプ別（営業費、投資）、民間資金のタイプ別（寄付、非営利部門、後援））
11.5 2030年までに、貧困層及び脆弱な立場にある人々の保護に焦点をあてながら、水関	11.5.1 10万人当たりの災害による死者数、行方不明者数、直接的負傷者数

連災害などの災害による死者や被災者数を大幅に減らす。	**11.5.2** 災害によって起こった、グローバルなGDPに関連した直接経済損失、重要インフラへの被害及び基本サービスの途絶件数
11.6 2030年までに、大気の質及び一般並びにその他の廃棄物の管理に特別な注意を払うことによるものを含め、都市の一人当たりの環境上の悪影響を軽減する。	**11.6.1** 都市で生み出された固形廃棄物の総量のうち、定期的に収集され適切に最終処理されたものの割合（都市別） **11.6.2** 都市部における微粒子物質（例：PM2.5やPM10）の年平均レベル（人口で加重平均したもの）
11.7 2030年までに、女性、子供、高齢者及び障害者を含め、人々に安全で包摂的かつ利用が容易な緑地や公共スペースへの普遍的アクセスを提供する。	**11.7.1** 各都市部の建物密集区域における公共スペースの割合の平均（性別、年齢、障害者別） **11.7.2** 過去12カ月における身体的又は性的ハラスメントの犠牲者の割合（性別、年齢、障害状況、発生場所別）
11.a 各国・地域規模の開発計画の強化を通じて、経済、社会、環境面における都市部、都市周辺部及び農村部間の良好なつながりを支援する。	**11.a.1** 人口予測とリソース需要について取りまとめながら都市及び地域開発計画を実行している都市に住んでいる人口の割合（都市の規模別）
11.b 2020年までに、包含、資源効率、気候変動の緩和と適応、災害に対する強靱さ（レジリエンス）を目指す総合的政策及び計画を導入・実施した都市及び人間居住地の件数を大幅に増加させ、仙台防災枠組2015-2030に沿って、あらゆるレベルでの総合的な災害リスク管理の策定と実施を行う。	**11.b.1** 仙台防災枠組2015-2030に沿った国家レベルの防災戦略を採択し実行している国の数 **11.b.2** 国家防災戦略に沿った地方レベルの防災戦略を採択し実行している地方政府の割合
11.c 財政的及び技術的な支援などを通じて、後発開発途上国における現地の資材を用いた、持続可能かつ強靱（レジリエント）な建造物の整備を支援する。	**11.c.1** 現地の資材を用いた、持続可能で強靱（レジリエント）で資源効率的である建造物の建設及び改築に割り当てられた後発開発上国への財政援助の割合

ゴール12
持続可能な生産消費形態を確保する

ターゲット	指標（仮訳）
12.1 開発途上国の開発状況や能力を勘案しつつ、持続可能な消費と生産に関する10年計画枠組み（10YFP）を実施し、先進国主導の下、全ての国々が対策を講じる。	**12.1.1** 持続可能な消費と生産（SCP）に関する国家行動計画を持っている、又は国家政策に優先事項もしくはターゲットとしてSCPが組み込まれている国の数

12.2 2030年までに天然資源の持続可能な管理及び効率的な利用を達成する。	**12.2.1** マテリアルフットプリント（MF）、一人当たりMF及びGDP当たりのMF **12.2.2** 国内材料消費（DMC）、一人当たりのDMC及びGDP当たりのDMC
12.3 2030年までに小売・消費レベルにおける世界全体の一人当たりの食料の廃棄を半減させ、収穫後損失などの生産・サプライチェーンにおける食品ロスを減少させる。	**12.3.1** a) 食料損失指数、及び b) 食料廃棄指数
12.4 2020年までに、合意された国際的な枠組みに従い、製品ライフサイクルを通じ、環境上適正な化学物質や全ての廃棄物の管理を実現し、人の健康や環境への悪影響を最小化するため、化学物質や廃棄物の大気、水、土壌への放出を大幅に削減する。	**12.4.1** 有害廃棄物や他の化学物質に関する国際多国間環境協定で求められる情報の提供（報告）の義務を果たしている締約国の数 **12.4.2** 有害廃棄物の一人当たり発生量、処理された有害廃棄物の割合（処理手法ごと）
12.5 2030年までに、廃棄物の発生防止、削減、再生利用及び再利用により、廃棄物の発生を大幅に削減する。	**12.5.1** 各国の再生利用率、リサイクルされた物質のトン数
12.6 特に大企業や多国籍企業などの企業に対し、持続可能な取り組みを導入し、持続可能性に関する情報を定期報告に盛り込むよう奨励する。	**12.6.1** 持続可能性に関する報告書を発行する企業の数
12.7 国内の政策や優先事項に従って持続可能な公共調達の慣行を促進する。	**12.7.1** 持続可能な公的調達政策及び行動計画を実施している国の数
12.8 2030年までに、人々があらゆる場所において、持続可能な開発及び自然と調和したライフスタイルに関する情報と意識を持つようにする。	**12.8.1** 気候変動教育を含む、(i)地球市民教育、及び(ii)持続可能な開発のための教育が、(a)各国の教育政策、(b)カリキュラム、(c)教師の教育、及び(d)児童・生徒・学生の達成度評価に関して、全ての教育段階において主流化されているレベル
12.a 開発途上国に対し、より持続可能な消費・生産形態の促進のための科学的・技術的能力の強化を支援する。	**12.a.1** 持続可能な消費、生産形態及び環境に配慮した技術のための研究開発に係る開発途上国への支援総計
12.b 雇用創出、地方の文化振興・産品販促につながる持続可能な観光業に対して持続可能な開発がもたらす影響を測定する手法を開発・導入する。	**12.b.1** 承認された評価監視ツールのある持続可能な観光戦略や政策、実施された行動計画の数
12.c 開発途上国の特別なニーズや状況を十分考慮し、貧困層やコミュニティを保護する形で開発に関する悪影響を最小限に留めつつ、税制改正や、有害な補助金が存在する場	**12.c.1** GDP（生産及び消費）の単位当たり及び化石燃料の国家支出総額に占める化石燃料補助金

合はその環境への影響を考慮してその段階的廃止などを通じ、各国の状況に応じて、市場のひずみを除去することで、浪費的な消費を奨励する、化石燃料に対する非効率な補助金を合理化する。	

ゴール13
気候変動及びその影響を軽減するための緊急対策を講じる

ターゲット	指標（仮訳）
13.1 全ての国々において、気候関連災害や自然災害に対する強靱性（レジリエンス）及び適応の能力を強化する。	13.1.1 10万人当たりの災害による死者数、行方不明者数、直接的負傷者数 13.1.2 仙台防災枠組み2015-2030に沿った国家レベルの防災戦略を採択し実行している国の数 13.1.3 国家防災戦略に沿った地方レベルの防災戦略を採択し実行している地方政府の割合
13.2 気候変動対策を国別の政策、戦略及び計画に盛り込む。	13.2.1 気候変動の悪影響に適応し、食料生産を脅かさない方法で、気候強靱性や温室効果ガスの低排出型の発展を促進するための能力を増加させる統合的な政策／戦略／計画（国の適応計画、国が決定する貢献、国別報告書、隔年更新報告書その他を含む）の確立又は運用を報告している国の数
13.3 気候変動の緩和、適応、影響軽減及び早期警戒に関する教育、啓発、人的能力及び制度機能を改善する。	13.3.1 緩和、適応、影響軽減及び早期警戒を、初等、中等及び高等教育のカリキュラムに組み込んでいる国の数 13.3.2 適応、緩和及び技術移転を実施するための制度上、システム上、及び個々人における能力構築の強化や開発行動を報告している国の数
13.a 重要な緩和行動の実施とその実施における透明性確保に関する開発途上国のニーズに対応するため、2020年までにあらゆる供給源から年間1,000億ドルを共同で動員するという、UNFCCCの先進締約国によるコミットメントを実施するとともに、可能な限り速やかに資本を投入して緑の気候基金を本格始動させる。	13.a.1 2020-2025年の間に1000億USドルコミットメントを実現するために必要となる1年当たりに投資される総USドル

13.b 後発開発途上国及び小島嶼開発途上国において、女性や青年、地方及び社会的に疎外されたコミュニティに焦点を当てることを含め、気候変動関連の効果的な計画策定と管理のための能力を向上するメカニズムを推進する。	**13.b.1** 女性や青年、地方及び社会的に疎外されたコミュニティに焦点を当てることを含め、気候変動関連の効果的な計画策定と管理のための能力を向上させるメカニズムのために、専門的なサポートを受けている後発開発途上国や小島嶼開発途上国の数及び財政、技術、能力構築を含む支援総額

ゴール14
持続可能な開発のために海洋・海洋資源を保全し、持続可能な形で利用する

ターゲット	指標(仮訳)
14.1 2025年までに、海洋ごみや富栄養化を含む、特に陸上活動による汚染など、あらゆる種類の海洋汚染を防止し、大幅に削減する。	**14.1.1** 沿岸富栄養化指数(ICEP)及び浮遊プラスチックごみの密度
14.2 2020年までに、海洋及び沿岸の生態系に関する重大な悪影響を回避するため、強靱性(レジリエンス)の強化などによる持続的な管理と保護を行い、健全で生産的な海洋を実現するため、海洋及び沿岸の生態系の回復のための取組を行う。	**14.2.1** 生態系を基盤として活用するアプローチにより管理された各国の排他的経済水域の割合
14.3 あらゆるレベルでの科学的協力の促進などを通じて、海洋酸性化の影響を最小限化し、対処する。	**14.3.1** 承認された代表標本抽出地点で測定された海洋酸性度(pH)の平均値
14.4 水産資源を、実現可能な最短期間で少なくとも各資源の生物学的特性によって定められる最大持続生産量のレベルまで回復させるため、2020年までに、漁獲を効果的に規制し、過剰漁業や違法・無報告・無規制(IUU)漁業及び破壊的な漁業慣行を終了し、科学的な管理計画を実施する。	**14.4.1** 生物学的に持続可能なレベルの水産資源の割合
14.5 2020年までに、国内法及び国際法に則り、最大限入手可能な科学情報に基づいて、少なくとも沿岸域及び海域の10パーセントを保全する。	**14.5.1** 海域に関する保護領域の範囲
14.6 開発途上国及び後発開発途上国に対する適切かつ効果的な、特別かつ異なる待遇が、世界貿易機関(WTO)漁業補助金交渉の不	**14.6.1** IUU漁業(Illegal(違法)・Unreported(無報告)・Unregulated(無規制))と対峙することを目的としている国際的な手段の実施状況

ターゲット	指標（仮訳）
可分の要素であるべきことを認識した上で、2020年までに、過剰漁獲能力や過剰漁獲につながる漁業補助金を禁止し、違法・無報告・無規制（IUU）漁業につながる補助金を撤廃し、同様の新たな補助金の導入を抑制する。	
14.7 2030年までに、漁業、水産養殖及び観光の持続可能な管理などを通じ、小島嶼開発途上国及び後発開発途上国の海洋資源の持続的な利用による経済的便益を増大させる。	**14.7.1** 小島嶼開発途上国、後発開発途上国及び全ての国々のGDPに占める持続可能な漁業の割合
14.a 海洋の健全性の改善と、開発途上国、特に小島嶼開発途上国および後発開発途上国の開発における海洋生物多様性の寄与向上のために、海洋技術の移転に関するユネスコ政府間海洋学委員会の基準・ガイドラインを勘案しつつ、科学的知識の増進、研究能力の向上、及び海洋技術の移転を行う。	**14.a.1** 総研究予算額に占める、海洋技術分野に割り当てられた研究予算額の割合
14.b 小規模・沿岸零細漁業者に対し、海洋資源及び市場へのアクセスを提供する。	**14.b.1** 小規模・零細漁業のためのアクセス権を認識し保護する法的／規制／政策／機関の枠組みの適応状況
14.c 「我々の求める未来」のパラ158において想起されるとおり、海洋及び海洋資源の保全及び持続可能な利用のための法的枠組みを規定する海洋法に関する国際連合条約（UNCLOS）に反映されている国際法を実施することにより、海洋及び海洋資源の保全及び持続可能な利用を強化する。	**14.c.1** 海洋及び海洋資源の保全と持続可能な利用のために「海洋法に関する国際連合条約（UNCLOS）」に反映されているとおり、国際法を実施する海洋関係の手段を、法、政策、機関的枠組みを通して、批准、導入、実施を推進している国の数

ゴール15

陸域生態系の保護、回復、持続可能な利用の推進、持続可能な森林の経営、砂漠化への対処、並びに土地の劣化の阻止・回復及び生物多様性の損失を阻止する

ターゲット	指標（仮訳）
15.1 2020年までに、国際協定の下での義務に則って、森林、湿地、山地及び乾燥地をはじめとする陸域生態系と内陸淡水生態系及びそれらのサービスの保全、回復及び持続可能な利用を確保する。	**15.1.1** 土地全体に対する森林の割合 **15.1.2** 陸生及び淡水性の生物多様性に重要な場所のうち保護区で網羅されている割合（生態系のタイプ別）
15.2 2020年までに、あらゆる種類の森林の持続可能な経営の実施を促進し、森林減少を	**15.2.1** 持続可能な森林管理における進捗

阻止し、劣化した森林を回復し、世界全体で新規植林及び再植林を大幅に増加させる。	
15.3 2030年までに、砂漠化に対処し、砂漠化、干ばつ及び洪水の影響を受けた土地などの劣化した土地と土壌を回復し、土地劣化に荷担しない世界の達成に尽力する。	**15.3.1** 土地全体のうち劣化した土地の割合
15.4 2030年までに持続可能な開発に不可欠な便益をもたらす山地生態系の能力を強化するため、生物多様性を含む山地生態系の保全を確実に行う。	**15.4.1** 山地生物多様性のための重要な場所に占める保全された地域の範囲 **15.4.2** 山地グリーンカバー指数
15.5 自然生息地の劣化を抑制し、生物多様性の損失を阻止し、2020年までに絶滅危惧種を保護し、また絶滅防止するための緊急かつ意味のある対策を講じる。	
15.6 国際合意に基づき、遺伝資源の利用から生ずる利益の公正かつ衡平な配分を推進するとともに、遺伝資源への適切なアクセスを推進する。	**15.6.1** 利益の公正かつ衡平な配分を確保するための立法上、行政上及び政策上の枠組みを持つ国の数
15.7 保護の対象となっている動植物種の密猟及び違法取引を撲滅するための緊急対策を講じるとともに、違法な野生生物製品の需要と供給の両面に対処する。	**15.7.1** 密猟された野生生物又は違法に取引された野生生物の取引の割合
15.8 2020年までに、外来種の侵入を防止するとともに、これらの種による陸域・海洋生態系への影響を大幅に減少させるための対策を導入し、さらに優先種の駆除または根絶を行う。	**15.8.1** 外来種に関する国内法を採択しており、侵略的外来種の防除や制御に必要な資金等を確保している国の割合
15.9 2020年までに、生態系と生物多様性の価値を、国や地方の計画策定、開発プロセス及び貧困削減のための戦略及び会計に組み込む。	**15.9.1** 生物多様性戦略計画2011-2020の愛知目標の目標2に従って設定された国内目標に対する進捗
15.a 生物多様性と生態系の保全と持続的な利用のために、あらゆる資金源からの資金の動員及び大幅な増額を行う。	**15.a.1** 生物多様性及び生態系の保全と持続的な利用に係るODA並びに公的支出
15.b 保全や再植林を含む持続可能な森林経営を推進するため、あらゆるレベルのあらゆる供給源から、持続可能な森林経営のための資金の調達と開発途上国への十分なインセンティブ付与のための相当量の資源を動員する。	**15.b.1** 生物多様性及び生態系の保全と持続的な利用に係るODA並びに公的支出

15.c 持続的な生計機会を追求するために地域コミュニティの能力向上を図る等、保護種の密猟及び違法な取引に対処するための努力に対する世界的な支援を強化する。	15.c.1 密猟された野生生物又は違法に取引された野生生物の取引の割合

ゴール16
持続可能な開発のための平和で包摂的な社会を促進し、全ての人々に司法へのアクセスを提供し、あらゆるレベルにおいて効果的で説明責任のある包摂的な制度を構築する

ターゲット	指標(仮訳)
16.1 あらゆる場所において、全ての形態の暴力及び暴力に関連する死亡率を大幅に減少させる。	16.1.1 10万人当たりの意図的な殺人行為による犠牲者の数(性別、年齢別) 16.1.2 10万人当たりの紛争関連の死者の数(性別、年齢、原因別) 16.1.3 過去12カ月において(a)身体的暴力、(b)精神的暴力、(c)性的暴力を受けた人口の割合 16.1.4 自身の居住区地域を一人で歩いても安全と感じる人口の割合
16.2 子供に対する虐待、搾取、取引及びあらゆる形態の暴力及び拷問を撲滅する。	16.2.1 過去1カ月における保護者等からの身体的な暴力及び／又は心理的な攻撃を受けた1歳～17歳の子供の割合 16.2.2 10万人当たりの人身取引の犠牲者の数(性別、年齢、搾取形態別) 16.2.3 18歳までに性的暴力を受けた18～29歳の若年女性及び男性の割合
16.3 国家及び国際的なレベルでの法の支配を促進し、全ての人々に司法への平等なアクセスを提供する。	16.3.1 過去12カ月間に暴力を受け、所管官庁又はその他の公的に承認された紛争解決機構に対して、被害を届け出た者の割合 16.3.2 刑務所の総収容者数に占める判決を受けていない勾留者の割合
16.4 2030年までに、違法な資金及び武器の取引を大幅に減少させ、奪われた財産の回復及び返還を強化し、あらゆる形態の組織犯罪を根絶する。	16.4.1 内外の違法な資金フローの合計額(USドル) 16.4.2 国際的な要件に従い、所管当局によって、発見／押収された武器で、その違法な起源又は流れが追跡／立証されているものの割合
16.5 あらゆる形態の汚職や贈賄を大幅に減少させる。	16.5.1 過去12カ月間に公務員に賄賂を支払った又は公務員より賄賂を要求されたことが少なくとも1回はあった人の割合

	16.5.2 過去12カ月間に公務員に賄賂を支払った又は公務員より賄賂を要求されたことが少なくとも1回はあった企業の割合
16.6 あらゆるレベルにおいて、有効で説明責任のある透明性の高い公共機関を発展させる。	16.6.1 当初承認された予算に占める第一次政府支出(部門別、(予算別又は類似の分類別)) 16.6.2 最近公的サービスを使用し満足した人の割合
16.7 あらゆるレベルにおいて、対応的、包摂的、参加型及び代表的な意思決定を確保する。	16.7.1 国全体における分布と比較した、国・地方の公的機関((a)議会、(b)行政事務及び(c)司法を含む)における性別、年齢別、障害者別、人口グループ別の役職の割合 16.7.2 意思決定が包括的かつ反映されるものであると考えている人の割合(性別、年齢、障害者、人口グループ別)
16.8 グローバル・ガバナンス機関への開発途上国の参加を拡大・強化する。	16.8.1 国際機関における開発途上国のメンバー数及び投票権の割合
16.9 2030年までに、全ての人々に出生登録を含む法的な身分証明を提供する。	16.9.1 行政機関に出生登録された5歳以下の子供の数(年齢別)
16.10 国内法規及び国際協定に従い、情報への公共アクセスを確保し、基本的自由を保障する。	16.10.1 過去12カ月間にジャーナリスト、メディア関係者、労働組合員及び人権活動家の殺害、誘拐、強制失踪、恣意的拘留及び拷問について立証された事例の数 16.10.2 情報へのパブリックアクセスを保障した憲法、法令、政策の実施を採択している国の数
16.a 特に開発途上国において、暴力の防止とテロリズム・犯罪の撲滅に関するあらゆるレベルでの能力構築のため、国際協力などを通じて関連国家機関を強化する。	16.a.1 パリ原則に準拠した独立した国立人権機関の存在の有無
16.b 持続可能な開発のための非差別的な法規及び政策を推進し、実施する。	16.b.1 過去12カ月に個人的に国際人権法の下に禁止されている差別又は嫌がらせを感じたと報告した人口の割合

ゴール17
持続可能な開発のための実施手段を強化し、グローバル・パートナーシップを活性化する

ターゲット	指標(仮訳)
資金/Finance 17.1 課税及び徴税能力の向上のため、開発途上国への国際的な支援なども通じて、国内資源の動員を強化する。	17.1.1 GDPに占める政府歳入合計の割合(収入源別) 17.1.2 国内予算における、自国内の税収が資金源となっている割合
17.2 先進国は、開発途上国に対するODAをGNI比0.7%に、後発開発途上国に対するODAをGNI比0.15～0.20%にするという目標を達成するとの多くの国によるコミットメントを含むODAに係るコミットメントを完全に実施する。ODA供与国が、少なくともGNI比0.20%のODAを後発開発途上国に供与するという目標の設定を検討することを奨励する。	17.2.1 OECD/DACによる寄与のGNIに占める純ODA総額及び後発開発途上国を対象にした額
17.3 複数の財源から、開発途上国のための追加的資金源を動員する。	17.3.1 海外直接投資(FDI)、ODA及び南南協力の国内総予算に占める割合 17.3.2 GDP総額に占める送金額(USドル)
17.4 必要に応じた負債による資金調達、債務救済及び債務再編の促進を目的とした協調的な政策により、開発途上国の長期的な債務の持続可能性の実現を支援し、重債務貧困国(HIPC)の対外債務への対応により債務リスクを軽減する。	17.4.1 財及びサービスの輸出額に占める債務額
17.5 後発開発途上国のための投資促進枠組みを導入及び実施する。	17.5.1 後発開発途上国のための投資促進枠組みを導入及び実施している国の数
技術/Technology 17.6 科学技術イノベーション(STI)及びこれらへのアクセスに関する南北協力、南南協力及び地域的・国際的な三角協力を向上させる。また、国連レベルをはじめとする既存のメカニズム間の調整改善や、全世界的な技術促進メカニズムなどを通じて、相互に合意した条件において知識共有を進める。	17.6.1 各国間における科学技術協力協定及び計画の数(協力形態別) 17.6.2 100人当たりの固定インターネットブロードバンド契約数(回線速度別)
17.7 開発途上国に対し、譲許的・特恵的条件などの相互に合意した有利な条件の下で、環境に配慮した技術の開発、移転、普及及び拡散を促進する。	17.7.1 環境に配慮した技術の開発、移転、普及及び拡散の促進を目的とした開発途上国のための承認された基金の総額

17.8 2017年までに、後発開発途上国のための技術バンク及び科学技術イノベーション能力構築メカニズムを完全運用させ、情報通信技術（ICT）をはじめとする実現技術の利用を強化する。	17.8.1 インターネットを使用している個人の割合
能力構築/Capacity-building 17.9 全ての持続可能な開発目標を実施するための国家計画を支援するべく、南北協力、南南協力及び三角協力などを通じて、開発途上国における効果的かつ的をしぼった能力構築の実施に対する国際的な支援を強化する。	17.9.1 開発途上国にコミットした財政支援額及び技術支援額（南北、南南及び三角協力を含む）（ドル）
貿易/Trade 17.10 ドーハ・ラウンド（DDA）交渉の受諾を含むWTOの下での普遍的でルールに基づいた、差別的でない、公平な多角的貿易体制を促進する。	17.10.1 世界中で加重された関税額の平均
17.11 開発途上国による輸出を大幅に増加させ、特に2020年までに世界の輸出に占める後発開発途上国のシェアを倍増させる。	17.11.1 世界の輸出額シェアに占める開発途上国と後発開発途上国の割合
17.12 後発開発途上国からの輸入に対する特恵的な原産地規則が透明で簡略的かつ市場アクセスの円滑化に寄与するものとなるようにすることを含む世界貿易機関（WTO）の決定に矛盾しない形で、全ての後発開発途上国に対し、永続的な無税・無枠の市場アクセスを適時実施する。	17.12.1 開発途上国、後発開発途上国及び小島嶼開発途上国が直面している関税の平均
体制面/Systemic issues政策・制度的整合性/Policy and institutional coherence 17.13 政策協調や政策の首尾一貫性などを通じて、世界的なマクロ経済の安定を促進する。	17.13.1 マクロ経済ダッシュボード
17.14 持続可能な開発のための政策の一貫性を強化する。	17.14.1 持続可能な開発の政策の一貫性を強化するためのメカニズムがある国の数
17.15 貧困撲滅と持続可能な開発のための政策の確立・実施にあたっては、各国の政策空間及びリーダーシップを尊重する。	17.15,1 開発協力提供者ごとの、その国の持つ結果枠組み及び計画ツールの利用範囲
マルチステークホルダー・パートナーシップ/Multi-stakeholder partnerships 17.16 全ての国々、特に開発途上国での持続可能な開発目標の達成を支援すべく、知識、専門的知見、技術及び資金源を動員、共有するマルチステークホルダー・パートナーシップによっ	17.16.1 持続可能な開発目標の達成を支援するマルチステークホルダー開発有効性モニタリング枠組みにおいて進捗を報告する国の数

て補完しつつ、持続可能な開発のためのグローバル・パートナーシップを強化する。	
17.17 さまざまなパートナーシップの経験や資源戦略を基にした、効果的な公的、官民、市民社会のパートナーシップを奨励・推進する。	**17.17.1** (a)官民パートナーシップにコミットしたUSドルの総額、(b)市民社会パートナーシップにコミットしたUSドルの総額
データ、モニタリング、説明責任/Data, monitoring and accountability **17.18** 2020年までに、後発開発途上国及び小島嶼開発途上国を含む開発途上国に対する能力構築支援を強化し、所得、性別、年齢、人種、民族、居住資格、障害、地理的位置及びその他各国事情に関連する特性別の質が高く、タイムリーかつ信頼性のある非集計型データの入手可能性を向上させる。	**17.18.1** 公的統計の基本原則に従い、ターゲットに関する場合に、各国レベルで完全に詳細集計されて作成されたSDG指標の割合 **17.18.2** 公的統計の基本原則に準じた国家統計法のある国の数 **17.18.3** 十分な資金提供とともに実施されている国家統計計画を持つ国の数(資金源別)
17.19 2030年までに、持続可能な開発の進捗状況を測るGDP以外の尺度を開発する既存の取組を更に前進させ、開発途上国における統計に関する能力構築を支援する。	**17.19.1** 開発途上国における統計能力の強化のために利用可能となった資源のドル額 **17.19.2** a)少なくとも過去10年に人口・住宅センサスを実施した国の割合

国際開発学会 (JASID)「開発経験の実証的考察を通じた発展・開発のあり方の再考」研究部会の開催記録 (2011年度-2019年度)

2011年	12月23日	(主催) 国際開発学会「原発震災から再考する開発・発展のあり方」研究部会発足 (場所：東京外国語大学本郷サテライト)
2012年	7月1日	(主催) 国際開発学会「原発震災から再考する開発・発展のあり方」第3回研究部会 (場所：東京外国語大学本郷サテライト)
	10月13日	(主催) 国際開発学会「原発震災から再考する開発・発展のあり方」研究部会「栃木県北地域と『隠れた被災者』―市民による除染と子どもの安全のための活動を事例として―」(共催) 福島乳幼児・妊産婦プロジェクト (通称：FSP)、宇都宮大学多文化公共圏センター共催 (場所：宇都宮大学)
2013年	2月3日	福島乳幼児妊産婦ニーズ対応プロジェクト (FnnnP) 及び支援プロジェクト (FSP) 公開活動報告・討論会「東日本大震災・原発事故発生からもうすぐ2年、私たちは何をすべきか？」協力 (第5回、場所：東京ウィメンズプラザ)。
	5月11・12日	第6回研究会
	6月9日	国際開発学会第14回春季大会 (続編)「原発事故から2年、第5回アフリカ開発会議 (TICAD V) 年に問い直す開発と発展」(協力)、(場所：宇都宮大学) 国際開発学会東海支部共催「原発のない地域開発を考える―三重県・芦浜現地視察―」合宿 (場所：三重大学)、三重県南伊勢町・大紀町・芦浜の現場視察
	9月29日	「原発産業と琉球開発」(場所：甲南大学)
2014年	6月21日	国際開発学会第15回春季大会企画セッション「原発震災より開発実践・研究を再考する」(場所：同志社大学新町キャンパス)
	7月25日	(主催) 国際開発学会「原発震災から再考する開発・発展のあり方」研究部会・国際開発学会社会連携委員会シンポジウム「まだ続く福島原発震災の困難と目指すべき社会のあり方を考える」共催：宇都宮大学国際学部附

		属多文化公共圏センター福島乳幼児妊産婦プロジェクト、科学研究費事業「原発震災後の人間の安全保障の再検討―北関東の被災者実態調査に基づく学際的考察―」ガバナンス研究会(場所：早稲田奉仕園リバティホール)
2015年	7月31日	国際開発学会「開発経験の実証的考察を通した発展・開発のあり方の再考」研究部会研究会「世界の格差・貧困問題の新たな地平―資本主義・経済開発を見直す―」(場所：明治学院大学白金台キャンパス)
2016年	7月9日	国際開発学会「開発経験の実証的考察を通じた発展・開発のあり方の再考」研究部会沖縄研究会「世界の格差・貧困問題の新たな地平―資本主義・経済開発を見直す―」(場所：沖縄大学)
	7月30日	関東研究部会(場所：明治学院大学白金台キャンパス)
2017年	6月24日	国際開発学会「開発経験の実証的考察を通じた発展・開発のあり方の再考」研究部会「世界の格差・貧困問題の新たな地平―資本主義・経済開発を見直す―」福島研究会(場所：農家民宿「游雲の里」)
	7月15日	関東研究会(場所：明治学院大学白金台キャンパス、後援：明治学院大学国際平和研究所)
2018年	6月16日	国際開発学会「開発経験の実証的考察を通じた発展・開発のあり方の再考」研究部会関西研究会『「発展・開発」概念の再考を試みる―ブータン／GNHからの逆照射―』(場所：甲南大学西宮キャンパス)
	7月14日	関東研究会「グローバル開発協力を考える―開発援助・国際協力を見直す―」(場所：國學院大學渋谷キャンパス)
2019年	6月29日	国際開発学会「開発経験の実証的考察を通じた発展・開発のあり方の再考」研究部会関西研究会『住民参加による開発の民主化―日常生活に根ざしたシティズンシップ実践から探る―』(場所：甲南大学西宮キャンパス)
	7月20日	関東研究会「グローバル開発協力を考える―ロヒンギャ難民支援を事例に―」(場所：聖心女子大学、共催：聖心女子大学グローバル共生研究所、協力：明治学院大学国際平和研究所「平和研究としてのメディアリタラシー　アジアにおける宗教と暴力」プロジェクト)

資料　国際開発学会(JASID)「開発経験の実証的考察を通じた発展・開発のあり方の再考」研究部会の開催記録(2011年度-2019年度)

あとがき

　筆者が日本の政府開発援助（ODA）に本格的に興味を持つきっかけになったのは、1986年のフィリピンのマルコス大統領による日本のODA疑惑が絡む「マルコス疑惑」やJICA職員が関係した開発コンサルタントによる贈賄事件が新聞に報道され、衝撃を受けたことでした。同年3月日本のODAの現状に強い懸念を抱いていた市民が集まり、「日本の援助これでいいのか？市民集会」が開催され、「問い直そう援助を！　市民リーグ」が設立されました。私もその集会に参加したことが、今日の私のODAや開発協力への関心につながりました。

　当時は日本のODAの全盛時代で3年ごとに中期目標で倍増を実現し、途上国の中でも東南アジア諸国の経済発展に大きな影響力を持っていました。その一方、ODAの非公開のベールは厚く情報公開が進んでおらず、現地におけるODAの実態を知ることができなかったことがODAのあり方に自分自身が疑問を持つことへの契機となりました。私は当時外務省の外郭団体「財団法人国際協力推進協会（APIC）」に研究員として所属しNGOと開発教育の研究調査を担当していたことで、ODAには直接関わらず傍にいながら知ることができる立場にいたことも、後にODAや国際協力について客観的に関心を寄せる契機となりました。

　その後、ODAはインドのナルマダ・ダムの円借款供与の中止、インドネシアのコトパンジャン・ダムに対する住民訴訟など数々の問題を起こし、ODAの役割や意義が問われる中、ODAの一般会計予算額は1997年をピークに減少し始め、現在では当時の半分、世界第3位（一時は5位）まで転落しました。2000年以降の開発協力の世界でも、G7をはじめとする欧米諸国の凋落と中国、インドなど新興国の台頭でG0（ゼロ）やG20の時代が来て、その時代の変化に筆者も愕然としました。あのマルコス疑惑から30年の月日が流れ、改めて開発協力の役割や意義が問われ、持続可能な開発目標（SDGs）の実現やグローバル開発協力の変化への対応が求められています。

最近の例として、2019年3月に筆者が訪問したバングラデシュのコックスバザール州にある約70万人が難民キャンプに避難するロヒンギャ難民への支援でも、国連、各国政府、先進国及びバングラデシュをはじめとする南と北のNGOなどとのパートナーシップがいろいろな開発の分野や形態で見ることができました。2019年8月29日に横浜で開催された「第7回アフリカ開発会議（通称：TICAD7）」の中でも、盛んにパートナーシップという用語が使われていました。私が参加した同日のハイレベル・サイドイベント「移動を強いられている人々―連帯とパートナーシップの発展へ向けて―」の中でも難民に関するグローバル・コンパクトと共に、共催者講演の第11代国連難民高等弁務官Filippo Grandiは「人道援助を超えてグローバル・パートナップをどのように進めるのかが重要である」と述べていました。また、2019年9月2日に開催された講演セミナー「OECD DACの役割と日本への期待―グローバルな開発協力の変化への対応―」において、DAC議長Susanna Moorehead は開発協力への民間資金や新興ドナーとの協調、SDGsの達成、アフリカ開発、ジェンダーの是正などグローバル開発協力が大きく変化すると基調講演の中で主張していました。この様に、SDGsの実施と共に、グローバル開発協力への関与は2030年までの最後の頼み綱になるかもしれません。

　本書でも説明している通り、「グローバル開発協力」の思想と提唱は、亡くなられた西川潤先生（早稲田大学名誉教授、国際開発学会元会長）がこの研究会や本書の企画段階で提唱されたことに依拠しています。本書でも西川先生が報告された論文「開発と倫理―倫理的開発学を目指して―」を補章に掲載しています。西川先生は、従来の西欧における開発学に対する問題提起として、倫理的開発学を提示していますが、これは西川先生の私たちに対する最後のメッセージと受け止めます。まさに、今後の開発学において、グローバル開発協力を目指しながら、倫理的開発学を探求していくことが重要であることを西川先生は述べてくれています。西川先生には、1990年代から国際開発学会（JASID）NGO研究部会に呼んでいただいたのを最初に、その後の国際開発学会大会や同研究部会でも報告やコメントをいただく等随分とお世話になりました。個人的にも、私がイギリスの大学院に入る際にご指導して

いただき、ロンドンにあるNGOクリスチャン・エイドに在籍した時ご連絡をいただき、一緒にNGOを訪問し食事をした思い出があります。西川先生のご冥福をお祈りし、本書を捧げたいと思います。

　最後に、本書の執筆者の方々には時間のない中、何度か原稿の書き直しをお願いしたりして、ご協力をいただきました。国際開発学会（JASID）には長年研究部会の資金的なご支援をいただきました。また、同研究部会では、多くの方にご報告やコメントをしていただき、多くの大学に共催や後援団体になって、会場を提供していただきました。明石書店社長の大江道雅さん、森富士夫さんには、本書の原稿作成が度々延びる中、忍耐強くお待ちいただき、発行や編集で大変お世話になりました。関係者の皆様には心からお礼を申し上げます。

2019年10月宇都宮にて
重田　康博

索　引　※ゴシック体は脚注解説のある語とその頁

アグロ・フード・レジーム 116, 117, 127
アジアインフラ投資銀行 14, 15
アジア開発銀行 13, 15, 27
アジアの奇跡 35
アジェンダ21 38, 39, 41
足尾銅山 193
ASEAN経済共同体（AEC） 159, 165
新しい貧困の罠 30, 159, 165, 166, 168, 172-174
アドボカシー 26, 86, 87, 147, 148, 150, 151
アフガニスタン 20, 29, 47, 53, 82, 93, 94, 96-107, 203
アフガニスタン戦争 20
アフガニスタン治安部隊 98
アフリカ社会主義 177, 178
アフリカ重視 49
アフリカの特別なニーズ 40
アルカイダ 19, 20

EUからの離脱（Brexitブレグジット） 21
イエメン難民 21
異議申立手続要領 18, 48
イスラム国（IS） 19, 20, 75, 98, 99, 103
一帯一路構想 14, 15, 20, 50
一本化された政策群 24-26, 51, 199, 201
INADES 190
犬養道子 72
イラク戦争 20, 79
インドシナ難民 72
インドネシア環境フォーラム 17

飢え 191
上村雄彦 25

ウォルフェソン総裁 39
ウジャマー 178, 186, 187
内側から生まれる目標 201-213
『宇宙船地球号操縦マニュアル』 21
ウラン 194

HIV/AIDS 40
栄養 72, 80, 86, 111, 115, 163, 172, 185, 186, 189, 191, 192, 202, 227
栄養失調 80, 185, 186
エコビレッジ 85, 88-90
NGO外務省ODA政策協議会 114
NGO事業補助金 46
NGO Forum on Cambodia 163
エルラー，ブリギッテ 17
エロア（占領地域救済復興基金） 33, 44
援助効果 16, 32, 43, 95
援助効果にかかわるパリ宣言 43

欧州議会 111, 112
オーウェル，ジョージ 221
オーナーシップ 22, 23, 40, 43, 131

ガーナ 43
海外技術協力事業団 45
海外経済協力基金 45
開発援助 13, 14, 17, 21-23, 25, 27-29, 33, 39, 44, 45, 47-49, 55, 73, 81, 93-103, 105, 107-109, 198, 199, 201, 203-211
開発援助委員会（DAC） 13-16, 22, 23, 27, 43, 45
開発教育 74, 87
開発協力 12-16, 18, 21, 24-29, 31, 32, 44, 45, 47, 49-51, 60-62, 65, 74, 81, 85, 93, 97, 112,

113, 131, 134, 158, 170, 175, 178, 189, 194, 198, 199, 201, 203, 205, 206, 210, 212, 213
開発協力大綱 18, 48, 49
開発効果 16, 32, 43, 95, 170
開発のためのグローバル・パートナーシップの推進 22, 23
開発倫理学会(International Development Ethics Association: IDEA) 219
格差 185
カラバルソン開発計画 128
ガリオア(占領地域救済政府基金) 33, 44
ガルトゥング，ヨハン 74
環境持続可能性指数 61
環境社会配慮ガイドライン 18, 48, 123, 126
環境的適正 62
環境と開発に関する世界委員会 38
環境と開発に関するリオ宣言 38, 39
環境問題 49, 50, 52, 56, 58-60, 66, 72, 91
感染症対策 49
カンボジア 20, 30, 45, 72, 134, 135, 138, 141-143, 146, 149, 158-171, 173-175, 202, 205, 210
カンボジア暫定統治機構(UNTAC) 160

ギアツ，クリフォード 220
飢餓 28, 37, 40, 42, 43, 52, 56, 73, 80, 112, 163, 172, 179, 185, 191, 218, 227
機能(Functioning) 36
共感 30, 91, 200, 201, 206, 211-213
協働 24, 30, 67, 151, 154, 178, 200, 201, 206, 211-213

クメール・ルージュ 160
グローバリゼーション 20, 24, 25, 40, 130, 158, 222
グローバル開発協力 21, 24, 26, 28, 51, 52, 61, 62, 65, 134, 199, 206, 212
グローバル・ガバナンス 22, 39, 50, 51
グローバルな開発パートナーシップの構築 41

グローバルな資源配当論 207
グローバル・アドボカシー 26
グローバルな政策提言 26
軍産複合体 83

経済開発 12, 13, 16, 18, 26, 28, 30, 32, 34, 35, 47, 135-137, 152, 159, 174, 198, 202, 203
経済協力開発機構(OECD) 14, 23, 27, 33, 40, 43, 45, 48, 61
『経済協力の理念』 46
経済自由化 34, 178, 186, 189
経済成長 12, 16, 19, 20, 34-36, 49, 50, 58, 59, 84, 117, 128, 158-160, 162, 165, 167, 182, 183, 185, 198, 202, 203, 205, 234
ケーパビリティ／権原論 36, 219
ケーパビリティ・アプローチ 36
ケネディ大統領 34
ケム・ソカ 161
ケルン債務イニシアティブ 19, 39

構造調整 18, 19, 39, 119, 178, 186
構造調整プログラム(SAPs) 18, 19, 39
国際援助 13, 29, 95
国際開発 12-14, 16, 22-25, 34, 40, 74, 84, 85, 87, 91, 97, 177, 178, 194
国際開発学会 12, 13, 25, 84, 85, 87, 91
国際協力 12, 13, 14, 16, 18, 22, 23, 38-40, 47-52, 55, 73, 74, 78, 81, 84-86, 90, 91, 108, 113, 114, 127, 147, 153, 178, 194, 200, 206
国際協力銀行(JBIC) 47
国際協力事業団(JICA) 13, 16-18, 45-47, 49, 85, 87, 105, 113, 115, 119-128, 130, 131, 147
国際協力の日 44, 46
国際協力プラザ 46
国際緊急援助隊 45
国際金融機関 17, 18, 34
国際治安支援部隊(ISAF) 98
国際通貨基金(IMF) 17-20, 34, 39-41, 58, 119,

178
国際復興開発銀行 34, 44
国際労働機関(ILO) 137, 144, 150
国連開発計画(UNDP) 13, 36, 37, 55, 61
国連開発の10年 34
国連環境開発会議(環境と開発に関する国連会議、地球サミット、UNCED) 22, 38, 39, 54
国連機関 22, 27, 39, 144, 146, 163
国連児童基金(ユニセフ、UNICEF) 13, 55, 144
国連食糧農業機関 189
国連人権高等弁務官事務所(OHCHR) 144
国連ミレニアム宣言 54
国連薬物犯罪事務所(UNODC) 144
コリアー、ポール 19
コロンボ・プラン 44, 46
コントラ事件 82

サ

サイード、エドワード・W 218
『最底辺の10億人』 19
債務救済 15, 18, 32, 39, 45
在来知 30, 177, 178, 183, 185, 189, 190, 193, 202, 210
ザックス、ヴォルフガング 36
サブサハラ・アフリカ 19, 179, 182, 191
サム・ランシー 161
サンフランシスコ講和条約 44

シ

CCC 163
G0の時代 50
シヴァ、ヴァンダナ 218
ジェンダーの平等 37, 40
資源・エネルギーの確保 49
持続可能性 19, 22-24, 29, 41, 43, 54, 61-63, 66, 117, 193
持続可能な開発 32
持続可能な開発に関する世界首脳会議(ヨハネスブルグ・サミット) 22, 23, 41
持続可能な開発のための教育の10年(ESD) 41
持続可能な開発のための2030アジェンダ(2030アジェンダ) 42, 52-57, 65, 73, 112
持続可能な開発のためのパートナーシップ 23
持続可能な開発目標(SGDs) 3, 4, 12, 13, 17, 19, 20, 23, 26-30, 32, 41, 43, 49-54, 56-61, 67, 68, 73, 75-77, 80, 85, 91, 108, 109, 112, 118, 131, 134, 148, 151, 152, 154, 159, 163, 172, 175, 177, 178, 192-194, 198-201, 206, 209, 211-213, 220, 221
シハヌーク 160
資本主義 12, 14, 30, 34, 64, 66, 118, 127, 158, 159, 174, 216, 218, 220
市民社会(NGO) 3, 12-14, 16, 17, 19, 22-30, 36, 37, 39-41, 43, 46, 47, 49-51, 54, 56, 67, 68, 72, 74, 77, 78, 81, 86-88, 94, 97, 100-102, 105, 112-115, 118, 120, 122, 123, 126, 131, 134, 140, 143, 146-149, 151, 159, 161, 163, 168, 170-175, 189, 190, 192, 202, 205, 210, 216, 217, 220, 221
市民社会組織(CSO) 16, 27, 43, 123
社会開発 13, 26, 28, 32, 36, 37, 39, 40, 50, 147, 149, 152, 158, 177, 220
社会科学 64, 130, 159, 212
社会的公正 29, 62, 63, 65, 68, 199
ジャパンプラットフォーム(JPF) 78
シューマッハー、エルンスト・F 35
住民参加型アクション・リサーチ 192
住民の相互扶助や在来知・在来資源を活かした発展 177, 178
ジュビリー2000キャンペーン 19
シュムリアップ県チークラエン郡 169-172
消費 59, 63, 73, 94, 114, 138, 140, 148-151, 163, 169, 171, 172, 203, 217, 220, 239
ジョージ、スーザン 17
食の近代化 194
食用植物 191, 192, 194
女性のエンパワーメント 40
シリア動乱 29, 75, 88, 90
シリア難民 21, 80, 82, 88
『死を招く援助』 17
シンガー、ピーター 24
人権型開発論 219, 220

索引 257

新興国　16, 20, 35, 43, 50, 59, 152, 198, 218
新JICA　48, 49

スーダン難民　21
ストリーテン，ポール　220
スモール　イズ　ビューティフル　32, 35

セ

政策環境　26, 28, 148, 150, 175
生産力　217
生存　187
生態系に配慮した農業による（家族経営農家の）生計改善　168
政府開発援助（ODA）　13-18, 22, 23, 28, 29, 32, 41, 44-51, 74, 78, 81, 85, 86, 94-96, 99, 100, 105, 106, 113-118, 120, 124, 128, 131, 204, 205
政府開発援助大綱（ODA大綱）　17, 18, 46, 47, 49, 50
政府開発援助に関する中期政策　46
世界銀行　13, 14, 17-19, 22, 27, 32, 34, 35, 39-41, 44, 48, 58, 128, 178
世界金融危機（リーマン・ショック）　53, 59, 161, 165
世界社会開発サミット　37
世界人権宣言　56, 57, 64
世界人道サミット（WHS）　77
世界保健機関（WHO）　144
セゼール，エメ　218
セラード開発　113, 116
セン，アマルティア　36, 153, 219
『1984年』　221
選挙監視NGO　161
潜在能力（Capability）　36, 125

創意工夫　186
相互のアカウンタビリティ　43
相互扶助　30, 65, 149, 177, 178, 183, 185-187, 189, 191, 193, 202, 210

ソーシャルキャピタル　67
外側で提示された目標　201-213

第1次中期目標（3年倍増計画）　45
対外援助　13, 14, 16, 17, 20, 24, 28, 31-33, 35, 44
第3回援助効果向上に関するハイレベル・フォーラム（アクラ閣僚会議）　43
第4回援助効果向上に関するハイレベル・フォーラム（釜山閣僚会議）　43
ダグ・ハマーショルド財団　35
脱開発　32, 34, 36
脱「開発」の時代　36
多文化型開発論　30, 220, 221
他律的倫理　207, 208, 211, 213
タリバン　96-98
タリバン政権　96, 97
誰一人取り残さない　20, 42, 52, 56, 57, 108, 131, 152, 175, 199
タンザニア　30, 177-179, 182-185, 187, 190-192, 194, 202, 210

チェンバース，ロバート　165
地球規模問題イニシアチブ　46
中国　14-16, 20, 35, 43, 45, 50, 59, 139, 146, 150, 160-162, 167, 183, 205

ツー・ステップ・ローン　45
鶴見和子　35
鶴見良行　74

DAC開発援助戦略　22, 23
ティンバーゲン，ヤン　220

問い直そう援助！市民リーグ（REAL）　17
Do No Harm　108

同時多発テロ事件　20, 37, 47, 53, 59, 96
トップダウン　30, 177, 178, 180, 182, 185, 202, 210
ドラフト・マスタープラン　121
トランジション・タウン　85, 88, 90
トランスパレンシー・インターナショナル　102
トランプ大統領　21, 50
トリクル・ダウン仮説　34

内発的発展　32, 34-36, 178, 218, 221
内発的発展論　32, 34-36
『なぜ世界の半分が飢えるか―食糧危機の構造―』　17
ナルマダ・ダム建設　17, 128
南北問題　34, 59, 60, 74, 83

NIES諸国　35
西川潤　25, 30, 38
西田幾多郎　206, 209
日本青年海外協力隊　45
日本・ビルマ平和条約及び賠償・経済協力協定　44
乳幼児死亡率　179, 183, 185
人間開発　26, 28, 32, 36, 37, 50, 61, 65, 153, 177, 219
人間開発指数　61
人間の安全保障　18, 26, 28, 29, 37, 47, 49, 50, 65, 108, 134, 144, 147, 151, 153, 154, 166, 198, 211, 213, 220

ノ

Not business as usual　131

バーガー，ピーター・L　217
パートナーシップ　16, 22-24, 26, 28-30, 41, 91, 134, 150, 151, 163, 172, 174, 175, 199, 200, 206, 209, 212-214, 247

ピケティ，トマ　159
ビッグブラザー　221
ヒューム，デビッド　24
貧困　12, 13, 16, 17, 19-21, 25, 28-30, 34, 36-43, 50-52, 54, 56, 58, 59, 63, 65, 79-81, 83, 84, 87, 89, 117, 125, 129, 153, 158, 159, 161-168, 170-175, 178, 179, 181-183, 185, 186, 198, 199, 203, 205-207, 210, 212, 213, 218, 220, 226
貧困削減　3, 16, 19-21, 39, 40, 50, 81, 83, 87, 117, 163, 174, 178, 179, 181, 183, 185, 186
貧困削減戦略ペーパー（PRSP）　19, 39-41
貧困の主流化　19

ファノン，フランツ　216
フェアトレード論　219, 220
福田ドクトリン　45
復興支援　12, 28, 47, 49, 97, 98, 105
フラー，バックミンスター　21
ブラストウォール　101, 108
プレゼンス　29, 99, 100-103, 108
ブレトンウッズ体制　34, 44, 58
文化的暴力　73, 74, 130
フン・セン　158, 160, 161, 163
紛争影響国（Conflict-affected country）　93, 94, 97-99, 101-103, 105, 107-109
紛争影響国支援　97, 98, 108

ヘ

平和構築　47, 49, 60, 77, 82, 97
ベーシック・ヒューマン・ニーズ（BHN）　36, 37
ベターエイド（Better Aid）　43

ポイント・フォア　32-34
包括的開発フレームワーク　19, 39
ボールディング，ケネス・E　22
ポスト開発　32, 37, 38, 219

ポスト・グローバル化 32, 37, 38
ボズラップ，エスター 220
ポッゲ，トマス 207
ポピュリズム 21, 222
ポランニー，カール 65, 66
ポンパイチット 136, 137

マーシャル・プラン 32, 33
マルコス疑惑 17
マルコス大統領 17

緑の革命 112, 113
水俣病 184, 185, 194
南スーダン 21, 72
ミレニアム開発目標（MDGs） 17, 19, 22, 23, 26, 40, 41, 47, 54, 56, 57, 59, 73, 77, 85, 112, 118, 159, 163, 177-180, 185, 186
ミレニアム宣言 40, 54, 56

村井吉敬 74

モザンビーク 29, 113-119, 121-124, 126, 129-131, 205, 210
モンテレイ合意 41

薬用植物 190, 192

ヨハネスブルグ宣言 22, 41

リーマン・ショック 37
倫理 24, 25, 30, 62, 63, 74, 83, 117, 118, 130, 144, 153, 207, 208, 211, 213, 214, 216-220, 222

ルワンダ大虐殺 72

ロヒンギャ難民 21

『我が国の政府開発援助（ODA白書）』 23, 46
湾岸戦争 72, 79

執筆者紹介（＊は編者）

＊重田康博（しげた　やすひろ）（序章、第1章、第7章）
宇都宮大学国際学部教授。北九州市立大学大学院社会システム研究科博士後期課程修了（博士・学術）、専門は国際開発研究、国際NGO研究。国際協力NGOセンター政策アドバイザー、JICA環境社会配慮助言委員、開発教育協会評議員。主な著書に『激動するグローバル市民社会——「慈善」から「公正」への発展と展開』（明石書店、20017年）、『グローバル時代の「開発」を考える—世界と関わり、共に生きるための7つのヒント』（共著、明石書店、2017年）など。

＊真崎克彦（まさき　かつひこ）（終章）
甲南大学マネジメント創造学部教授。国際協力の実務に8年間従事した後、サセックス大学大学院開発研究所（IDS）で博士号（開発研究）取得。オルタナティブ開発論、ブータン地域研究。著書に『支援・発想転換・NGO—国際協力の「裏舞台」から』（新評論、2010年）、論文に「ブータンの国民総幸福（GNH）と経済成長路線の「部分的つながり」—脱成長論に対する「重要な示唆」を探る」（『ヒマラヤ学誌』第20号、2019年）など。

＊阪本公美子（さかもと　くみこ）（第8章）
宇都宮大学国際学部准教授。1992年東京外国語大学卒業、1994年早稲田大学大学院経済学研究科修士課程修了、2003年同大学院アジア太平洋研究科博士課程修了、博士（学術）。ユニセフ及びUNDPタンザニア事務所勤務等を経て、現職。主な著作に Social Development, Culture, and Participation（春風社、2009年）、Factors Influencing Child Survival in Tanzania (Springer, 2019)。

古沢広祐（ふるさわ　こうゆう）（第2章）
國學院大學経済学部教授。大阪大学理学部卒、京都大学大学院農学研究科（農林経済）、農学博士。持続可能社会論、総合人間学。「環境・持続社会」研究センター代表理事。著書に、『みんな幸せってどんな世界—共存学のすすめ』（ほんの木、2018年）、『食べるってどんなこと？—あなたと考えたい命のつながりあい』（平凡社、2017年）、『地球文明ビジョン—「環境」が語る脱成長社会』（日本放送出版協会、1995年）など。

平山恵（ひらやま　めぐみ）（第3章）
明治学院大学国際学部教授。国連、世界保健機構、NGO等勤務を経て、筑波大学社会医学から専任教員となり現職。専門は社会開発、国際保健、平和研究。発展途上国を中心に約80か国で調査を行い、平和な社会のあり方を探る。日本が他の地域からものを奪わず、自立することが最高の国際貢献と考え、最近はエコビレッジやトランジション運動の研究を行う。

林裕（はやし　ゆたか）（第4章）
福岡大学商学部准教授。London School of Economics and Political Science (LSE) (MSc. Development Studies)、東京大学大学院新領域創成科学研究科国際協力学専攻博士課程修了（国際協力学博士）。特定非営利活動法人日本紛争予防センターアフガニスタン代表事務所、在ナイジェリア日本国大使館、広島平和構築人材育成センター、独立行政法人国際協力機構、関西学院大学人間福祉学部社会起業学科助教を経て現職。主な著書に『紛争下における地方の自己統治と平和構築—アフガニスタンの農村社会メカニズム』（ミネルヴァ書房、2017年、国際開発学会奨励賞）など。

髙橋清貴（たかはし　きよたか）（第5章）
恵泉女学園大学人間社会学部教授。1982～84年青年海外協力隊としてフィリピンに派遣される。その後、開発コンサルタントを経て、1997年から日本国際ボランティアセンター（JVC）調査研究・政策提言担当。2005年から現職。専門は、平和構築論、NGO・NPO論。主な著書に、『NGOの選択―グローバリゼーションと対テロ戦争の時代に』（共著、めこん、2005年）、『国家・社会変革・NGO―政治への視線／NGO運動はどこへ向かうべきか』（共著、新評論、2006年）、『NGOから見た世界銀行』（共著、ミネルヴァ書房、2013年）など。

齋藤百合子（さいとう　ゆりこ）（第6章）
明治学院大学国際平和研究所研究員。中央大学法学部兼任講師。元明治学院大学国際学部客員教授。専門は開発学、主に国際開発、ジェンダー、移民、多文化共生、人身取引、地域研究（タイ、メコン地域）が研究領域。主な著作は「タイ国における人身取引に対する取組みと課題」『人の国際移動と現代日本の法　人身取引・外国人労働・入管法制』（日本評論社、2017年）、「人身取引問題に見る「人間の安全保障」の課題―「女性」と「子ども」に対するまなざし」『学術の動向』2019年6月号（日本学術協力財団）など。

西川潤（にしかわ　じゅん）（補章）
早稲田大学名誉教授。早稲田大学政治経済学部、パリ大学高等学術研究院卒。専門は経済学史、開発経済学で、南北問題、開発援助、等の理論研究に取り組む。国際開発学会元会長。主な著書に『新・世界経済入門』（岩波新書、2014年）、『人間のための経済学―開発と貧困を考える』（岩波書店、2000年、国際開発・大来佐武郎賞）、『グローバル化を超えて―脱成長期　日本の選択』（日本経済新聞出版社、2011年）などがある。2018年逝去。

SDGs時代のグローバル開発協力論
——開発援助・パートナーシップの再考

2019年10月15日　初版第1刷発行

編著者	重田康博
編著者	真崎克彦
編著者	阪本公美子
発行者	大江道雅
発行所	株式会社 明石書店

〒101-0021　東京都千代田区外神田 6-9-5
電　話　03 (5818) 1171
Ｆ Ａ Ｘ　03 (5818) 1174
振　替　00100-7-24505
http://www.akashi.co.jp

装丁　明石書店デザイン室
印刷　株式会社文化カラー印刷
製本　協栄製本株式会社

(定価はカバーに表示してあります)

ISBN978-4-7503-4912-1

JCOPY 〈出版者著作権管理機構　委託出版物〉
本書の無断複写は著作権法上での例外を除き禁じられています。複写される場合は、そのつど事前に、出版者著作権管理機構(電話 03-5244-5088, FAX 03-5244-5089, e-mail: info@jcopy.or.jp)の許諾を得てください。

〈価格は本体価格です〉

開発なき成長の限界 現代インドの貧困・格差・社会的分断
アマルティア・セン、ジャン・ドレーズ著
湊一樹訳
●4600円

第三世界の農村開発 貧困の解決・私たちにできること
ロバート・チェンバース著
穂積智夫、甲斐田万智子監訳
●3390円

参加型開発と国際協力 変わるのはわたしたち
ロバート・チェンバース著
野田直人、白鳥清志監訳
明石ライブラリー24
●3800円

開発の思想と行動 「責任ある豊かさ」のために
ロバート・チェンバース著
野田直人監訳
明石ライブラリー104
中林さえ子、藤倉達郎訳
●3800円

変容する参加型開発 「専制」を超えて
サミュエル・ヒッキィ、ジャイルズ・モハン編
真崎克彦監修
谷口英里訳
●3900円

グローバル問題とNGO・市民社会
馬橋憲男、高柳彰夫編
●2600円

開発社会学を学ぶための60冊 援助と発展を根本から考えよう
佐藤寛、浜本篤史、佐野麻由子、滝村卓司編著
●2800円

開発政治学を学ぶための60冊 開発途上国のガバナンス理解のために
木村宏恒監修
稲田十一、小山田英治、金丸裕志、杉浦功一編著
●2800円

社会調査からみる途上国開発 アジア6カ国の社会変容の実像
山田満編
●2500円

国際開発援助の変貌と新興国の台頭 被援助国から援助国への転換
エマ・モーズリー著
佐藤眞理子、加藤佳代訳
●4800円

持続可能な暮らしと農村開発 アプローチの展開と新たな挑戦
ICAS日本語シリーズ監修チーム監修
イアン・スクーンズ著
西川芳昭監訳
西川小百合訳
●2400円

激動するグローバル市民社会 「慈善」から「公正」への発展と展開
重田康博
●2400円

開発と汚職 開発途上国の汚職・腐敗との闘いにおける新たな挑戦
小山田英治
●4800円

参加型開発による地域づくりの方法 PRA実践ハンドブック
ソメシュ・クマール著
田中治彦監訳
（特活）開発教育協会企画協力
●3800円

グローバル時代の「開発」を考える 世界と関わり、共に生きるための7つのヒント
西あい、湯本浩之編著
●2300円

未来を切り拓く 女性たちのNPO活動 日米の実践から考える
金谷千慧子、柏木宏
●2400円